戀物

36件臺北故宮國寶，
看見歷史的滄桑與時代的美麗容顏

鄭穎

我想放入您的多寶格中

一件文物就是一個時代的縮影

尋找人在天地間的位置

深深沉浸入古人的生活裡

若復不為無益之事，何以遣有涯之生

子子孫孫永寶用

著認看，入得多寶格？入不得？

點茶、篆香、掛畫、插花

靜極於是思動，讓我們遊山玩水去

文物永遠說得更多

一封來自古代的情書

夢裡尋夢

我真是聽得神搖意奪、顛倒迷離、抓耳搔腮

您好，我是駱以軍。在這裡向各位推薦一本新書，鄭穎的《戀物》。

這些年，一些朋友每每見到我的本人、見到我的小說，會問我一個問題，說：「您看起來長得這麼像鍾馗，您的小說又這麼恐怖，您的妻子扛得住嗎？她怎麼可能在這樣一個整天湧動著、整天創作著所謂的杜思妥也夫斯基（Fyodor Mikhailovich Dostoevsky），所謂卡夫卡（Franz Kafka），所謂波赫士（Jorge Luis Borges）、馬奎斯（Gabriel García Márquez）、魯西迪（Sir Salman Rushdie）、川端芥川大江三島，這些二十世紀西方小說的所有的恐怖噩夢。作為這樣一個小說創作者旁邊的最親近的妻子，她扛得住嗎？」有的甚至說：「她是怎麼活下來的？」

後來他們看到了網絡上我跟我妻子小孩的合照，有一個朋友竟然說：「哎呀喂，你，你這個是強盜土匪去硬擄了可憐的人家、民間的某個人家的小姐吧！」

事實上我太太，我的妻子，我也有點不好意思，公開地講她。

我的太太年輕的時候是一個古典美人，非常害羞，然後個性確實跟我的狂亂完全不一樣，她非常的安靜內向，我跟同輩的創作朋友們的聚會，她幾乎沒有一次參與。

其實這十幾二十年的生命都不容易，但是我也確實會有一種疑惑：她是怎麼樣可

以把自己弄得好像《紅樓夢》裡面的妙玉，《紅樓夢》裡面的人兒一樣，還是乾乾淨淨、細聲細氣。但恰好就是這一次的機緣，我自己細細讀過整本書的文字，關於臺北故宮，我看到她娓娓講述，才知道二十年來她的心靈祕境、她的祕密花園，非常不可思議。

「臺北故宮不就是一個已經非常老舊的博物館」。進廟欺神，我們在臺北，並不覺得臺北故宮有多了不起，但知道它收納了八十年前，那些所有離散、逃亡的大故事，當年被裝箱封裝，用船艦匆匆運來臺灣的這些國寶。我自己聽過鄭穎講過其中的一些故事，我真是聽得神搖意奪、顛倒迷離、抓耳搔腮。

那麼美，每則故事都像一格抽屜，打開後一個一個綻放出那麼繁華、耽美、對美的狂執追尋。

曾經的帝王、大藝術家，心靈如此讓人心醉的、心碎的這些山水畫家，那些不知名的燒窯瓷器工匠，他們在那不同形態的偽宇宙裡做著金光燦爛的夢境，宇宙漣漪般的夢境、往事霸圖的夢境、寂寞的夢境，恐怖亂世，靈魂無以寄託，而找尋那明亮沉靜的、極薄的瓷胎，極妖幻的筆墨，那愈遠愈淡的山中，空曠的夢境。

我聽過她講汝窯的「雨過天晴雲破處」，她講到漢代玉舞人那種，漢代人他們如何對人在時光中流動的姿態、動靜，他們的一種印象派。我聽過她講《谿山行旅圖》，驟然開闊，天地的全景，人如此渺小，我聽到她講大唐仕女俑，唐代的輝煌、恣意、爛漫、動感。

我聽過她講定窯的「大色為白」、建窯的星空燦爛，我聽過她講雍正琺瑯彩瓷那種「不瘋魔不成活」，一個高度內在美學與西方技藝的衝撞的一個實踐。我聽過她講

「毛公鼎」，拉遠到文明起初時刻的國之重器，那珍貴的銘文。我聽過她講顏真卿的《祭姪文稿》，那種悲壯，下筆如鬼神，靈魂出竅，筆墨如驚魂。

幾年前我在南京的一位同父異母的大哥，他到臺北來祭拜他的父親，也就是我父親的靈骨塔。

他的成長是在南京江心洲長大，我的成長是在臺北永和，然後我這個小他二十歲的小老么、小弟，帶他去了日月潭，也去了陽明山的蔣公行館，就是蔣介石在陽明山的草山行館。

我知道我太太鄭穎喜歡故宮，於是特別規畫其中一站，請我太太，他叫「弟妹」，小弟妹，帶他去導覽，去參觀故宮。我沒跟上去，因為我那時候對這些古典的古董並沒有很在心，然後我就在外頭抽菸，等他們。大概過了一個多小時兩個小時，我這個大哥跟我太太走出來，我看到我大哥的眼瞳，像是變成了銀幣一樣，像有什麼東西夢幻地灼燒著。

他對我說：「小弟，弟妹——你媳婦了不起啊，是國寶啊！」

我不知道我太太帶他看了什麼。看了汝窯嗎？看了毛公鼎？她是怎麼跟他描述，她是怎麼跟他講這些文物的故事的？

另外一次是，我這幾年生病了，我開始非常喜歡壽山石。因為我很窮，我是個窮鬼，於是我只能收一些淘寶上賣的破石頭，後來因緣際會，認識了臺灣一群收藏壽山石的老先生，都是超神祕超強的高人。

他們裡頭有一位是福州當地有名的工藝美術大師，石癡先生，還有一些老藏家，其中有一位頂級藏家是華人世界，也就是這個世界上收藏林清卿的薄意雕最大的藏家，還有一位江亭先生，在大陸壽山石的一個論壇上也是明星級的人物，他們都非常厲害。

所以我那時去他們的聚會，就像一個幼兒園學生，都不敢吱聲，他們跟我分享林清卿的雕刻，甚至還有楊玉旋的雕刻作品，如夢幻一般。

有一次他們聽說我太太對這些瓷器頗喜歡、頗有研究，我們便組建了一個團，大家在臺北故宮的樓下集合，由我太太幫大家導覽。

我那時候是第一次跟在旁邊聽我太太講。聽到這些高人，這些超級高手，這些壽山石的高手中的高手，眼高於頂的這些收藏家，他們全部跟我一樣聽得抓耳搔腮、迷幻不已。我聽到我太太一路從最古老的瓷，然後一路講到大廳，講到最美的汝窯，講到南宋官窯，講到定窯，講到鈞窯。

主要講到汝窯的時候，突然汝窯的光——它獨特的天青色——好像從夢境中整個暈散出來，所有的老先生和我都好像喝醉了一樣，在一個夢裡面。

那個時候我才體會到，如同後來我再看到這本書，我太太鄭穎，她講臺北故宮真的是帶著感情，帶著愛，帶著戀慕，在一件一件的講述這些藏品。

我非常喜歡波蘭小說家布魯諾．舒爾茨（Bruno Schulz）的一部短篇小說，叫《肉桂色小鋪》，這是一部非常悲傷的小說。故事講述黃昏的時候一個小男孩，他爸爸帶著他，要去觀賞在他們小城廣場的馬戲團，正準備要上演時，他看到馬戲團在暮色中，各式各樣的漂亮的浮在空中的氣球、星星、騷亂的人群。

但是他爸卻在這個重要的時刻，臉色像卡夫卡小說裡的人物那樣。布魯諾．舒爾茨的小說，有很多這樣父親的形象，就是一種錯愕的、呆滯的、眼神空洞的，其實是被外面世界非常巨大的暴力給傷害了、失語了。這背後有一個一九三〇年代左右歐洲屠殺猶太人的背景，布魯諾．舒爾茨後來也是死在納粹軍官的槍下。

這個故事的展開就是從這個小男孩在這座城市裡開始，滿遠的距離，他開始跑。他為了抄近路，走到了一個區，這個小區應該就是城市裡比較老舊的區域，有一些妓女站街，其實是一個不太適合小孩子闖進去的地方。

可是這個小區有很多類似琉璃廠的小店，這些小店的標誌就是門口會掛著一個黑色的木板，所以叫「肉桂色的小鋪」。

這種小鋪子很像阿城先生講過，他小時候在琉璃廠常見的。他們的伙計好像有一半的臉在燈光中，一半的臉在暗影中，臉上都帶著禮貌，然後很銀白的那種臉，中年人的臉。

重點是在這些小鋪裡，這個小男孩會看到讓他非常著迷的各種物品，包括那些不知名的已經不存在的國家的郵票，包括有孟加拉來的水晶盞、玻璃做的燈飾，包括有南方來的植物的球莖，甚至大麻的種子，包括有活的蜥蜴、蠑螈，或是我們講恐鳥、大嘴鳥的蛋，包括有裝在一個罈子裡的侏儒。

包括有匹茲堡產的，就是歐洲的一個城市，那個年代專門做的鉛皮製機械上發條的玩具小汽車或者玩具小兵，還有天文望遠鏡、顯微鏡，包括有中國的瓷器、剪紙窗花，和一些靛青的顏料。

最重要的是，還有一些看起來對這個小男孩來講，遠超出他能理解的古老書籍畫冊，甚至有一些春宮圖。這個故事我就不多說了，這個小男孩後來穿過了迷宮般的肉桂色小鋪群，他迷路了，他在這個城市裡迷失了，慢慢忘記了他原來的任務。

到天快亮的時候，他還沒有回到家，他父親好像還在前一晚的傍晚，仍然在馬戲團旁邊，像一隻鳥立在那邊等著他，帶來證明他身分的身分證。

這個小說其實是一個弄丟了父親、很哀傷的故事。我自己這幾年也會感受到，我們好像經歷了二十世紀，現在二十一世紀也過去二十年了，我自己承接了這些西方二十世紀最新的文學藝術思想，我們從電視、電影的時代到了電腦網絡的時代，現在訊息完全就像《心經》上講的，就是「夢幻泡影」，所有的悲歡離合、生離死別，每天都像朝花夕拾，不斷地在你的眼睛前面綻放，又幻滅掉。

很多時候你會覺得很像《肉桂色小鋪》，布魯諾·舒爾茨的小說，某一種空曠的、比較抽象的意義上，好像你弄丟了自己那個受了苦難的父親、你找不回那個父親，或者說原屬於父親之前的、神祕的、一個小鎮的男孩，好像這些櫥窗小店的櫥窗，既可以讓他看見過去，追憶似水年華，又可以讓他看見外面的、未來的、將來的、還沒有來臨的世界。

包括天文望遠鏡，包括顯微鏡，這些最新的事物，他的心思是在這樣一個好像巴洛克式的，一層覆一層，百感交集、難以言喻的繁華狀況中，混亂著。

這個心情下，我覺得我應該靜下來，我也推薦朋友們靜下來，可以讀一讀鄭穎的《戀物》，他就很像小男孩可以走進去的，那個讓你眼睛錯換迷離，可是又安靜沉思的，不同時光的故事。

你會覺得是在一個放置了許多不同時光中的迷宮花園裡穿梭遊園，或許你會像穿著潛水裝，背著氧氣瓶，跟著她潛入歷史的深海，打撈那三千年前、兩千年前、一千年前、四百年前、兩百年前，那些巨大沉船的艙體，那些栩栩如生，彷彿就活在昨天而已，那些精緻發出神光的文明，像它的副標題「看見歷史的滄桑與時代的美麗容顏」。

或許在我們正經歷解離、分崩離析、惘惘的威脅，彷彿一百年的心靈痛苦不斷反覆重回，這時，一篇一篇讀完這本書，也許能讓我們內在的那隻節拍器，或對人類文明造夢追尋美與粲然發光、永不放棄的創造力有更安靜、安定的想像。

我是駱以軍，在這裡向您推薦鄭穎的新書《戀物》。

我想把臺北故宮最熠熠生輝的珍寶，放入您的多寶格中

我有時會想，什麼是比寂靜多一點的聲音？什麼是宇宙滴答一聲、如漣漪蕩開的聲音。在我們的時代，人臉、資訊、廣告、指數、明星八卦……有很多明明充滿感覺，但好像全不上心、不走心，只覺得荒蕪，覺得乾枯，覺得無情而草率，彷如置身闇黑密林中，總在張望，渴望找到光的來源、活水的泉源。

一開始是因為帶著學生，不論課程內容是《紅樓夢》，是歷史小說，是武俠小說，是小說課，是高齡照護藝術化，必定帶著他們走訪故宮，像趕赴一場又一場流動的盛宴，站定文物面前述說文物的故事，那些早於我們的千百年來的人們，他們對生命的體悟。當然我除了讚嘆那從古至今的美學傳承，陶醉於它們曾經歷過的滄桑歲月，最關鍵的是，我深深領略過這一份心安的美好，於是，如同一個故宮文物的布道者，我急於想分享，盼想能於人群的水圳大塘，渲染入濃墨重彩，使大家都愛上故宮看文物。因為，我曾經被故宮救癒了。

憂鬱症初起的那些年，每天清晨我急匆匆地將孩子放到幼稚園中，急匆匆地，我

開車到學校上課，急匆匆走到下一間教室，開始下一堂課。當時任教的學校在城市北邊的山上，來不及看紅艷艷的落日，又急匆匆地接了孩子，一家人急匆匆回到家中。就這樣日復一日。直到某一天，茫然呆立於車水馬龍的大街上，突然不知道該怎麼跨出腳步、該怎麼走路，我才發現事態已經非常嚴重。一個結束課程後的下午，我漫無目的地開車到了臺北故宮博物院，這是除了家以外，我最熟悉的地方。一走進展廳，它們都在，宋代的定窯玉壺春瓶、汝窯蓮花溫碗，還有我最愛的北宋汝窯青瓷無紋水仙盆、南宋官窯、黝黑如同粲然宇宙的建盞。我就同於尋常時光，一件一件看過，跟著人們前進、踱步向前。在某種無神或恍惚之間，我突然清醒過來：櫥窗內，我面前的是《寒食帖》，是蘇東坡的真跡啊！我意識到了，千年前的春天，蘇軾被貶到了黃州，「自我來黃州，已過三寒食，年年欲惜春，春去不容惜」。「年」字最後的一筆，被拖得長長的，像不知道終點在哪裡。

我凝視眼前的字，如似可以想像，那個春天，蘇東坡寫下它們，正與我面前的同一張紙，這些字曾經印在他的眼簾，又於千年的時光中，帶著他的瀟灑，他的落拓，投映在不同人的眼前；我開始理解，生命真的有連蘇東坡也無言以對的時候呵。當面對一紙《寒食帖》真跡，藝術的蘇東坡、政治的蘇東坡、文學的蘇東坡，整個的蘇東坡都在我們面前湧現了。隨著時間一路行來，我所凝視的一件件瓷器、一幅幅巨碑山水、堆疊時光的漆器……都是千年。那些我所凝視的文物，也一直凝視著我，用它們的身世與故事撫慰我、告訴我：找回安定的力量，傾聽內心的聲音。

臺北故宮的文物曾經這樣救贖了我，我也想這樣說給您聽。

臺北是一座南方的城市，而這個南方的城市，有一座博物院，因為北方的宮殿而出現。夏天，烈日照射於它的琉璃瓦上，常常隨蒸騰暑氣而顯金光燦爛。每回見到如此金光，我的腦海總會出現畫面，這些畫面很魔幻，又很清晰：遠方炮聲隆隆，一九三一年，日軍發動九一八事變，侵佔東北，平津局勢岌岌可危。如張愛玲說：「惘惘的威脅」、「大難將至，唇乾舌燥」。紫禁城金黃屋瓦紅色磚牆映在湛藍天空下，仍是一派爽颯，像磐石踞立，也像一幅靜物畫，顏色非常鮮濃，筆觸如刻。然而，若聚焦聚睛於色塊交界，則似宣紙起了毛模糊了邊界。原來，建築的內部有實驗正騷動著，一次又一次地重來。古物、圖書、文獻館的故宮人自琉璃廠的老古玩商那裡學來瓷器、玉器、青銅器等易碎文物包、捆、填的包裝方法。唐代的石鼓，被覆上浸潤濕透的高麗紙，並以棉花輕輕按捺，使紙張全無空隙地貼附於上，再將石鼓包上兩層棉被，棉被外用麻繩繫成辮子，纏緊棉被，如此石鼓置入箱中，並以稻草嚴縫塞密，箱外則包上鐵皮條。紫禁城倉庫中，還有景德鎮遠道運來多年仍未開封的瓷器，故宮人觀摩舊法，買來許多普通瓷器反覆試驗，用數層紙張包裹，外面再以草繩層層纏緊，箱內空隙間塞滿棉花，裝箱、釘蓋，讓箱子從高處摔落，確定內中器物無損，再將精挑細選的故宮國寶如盛裝妃子請入箱中。

《快雪時晴帖》也早已走出十全老人的「三希堂」，它和其他珍貴書畫，首先被安放入大鐵皮箱內。砲火步步逼近，這些於時間長河中，一件一件被送入宮中的寶物，又一件一件被裝乘箱內，啟程重入江湖。從此，一萬三千四百二十七箱又六十四包的文物開始一場史上最大的冒險旅程，行旅山間、江流，輾轉海上。

流浪的地圖於經緯線上，如展翅大雁的輪廓線條，每一個點捺揮撇全伴隨著空襲、傾塌、夜行、轟炸，一代的故宮人用生命守護了國寶落腳臺北。有如大型交響樂，起首便是氣勢磅礴，注定臺北故宮院藏的不凡價值，他們曾經是歷代君王摩挲之、把玩之的當代典範；他們有的是帝王求之不得，蒐羅天下，藏諸名山的傳世精品。每一件文物就是一個身世、一段歷史、一個濃縮的藝術史，如緯絲，通經斷緯成文化史。

身為清朝在位最久、一生康泰承平的乾隆皇帝，無疑是中國歷史上最富有且闊綽的「紈褲」子弟。身為宮廷最高指導的藝術總監，他的帝王品味，從來都帶有一點兒遊戲趣味。那些凡走過必留下痕跡的題詩、鐫刻，宮室內部的空間設計，無一不是充滿意趣。其中，巧奪天工的「多寶格」，於提籃、匣子、蒔繪漆盒內，再藏抽屜小格，如同匣中之匣，更造乾坤，天地更開出天地。呵，多麼像我們自小總藏著掩著的那一個兩個小鐵皮盒子，裝入珍藏的玻璃紙、車票、第一封情書、燦亮的珠子，第一只和闐子玉、第一塊定瓷破片……皇帝亦是如此。只有那一刻鐘、兩刻鐘的茶餘飯後時光，喚宮人拿出「紫檀雲龍紋多寶格方盒」，四十七件他所鍾愛的文物盡藏於此，把玩、賞鑒，不論人在何處，當下便是洞天福地。

我也想將臺北故宮最熠熠生輝的珍寶，放入你的多寶格中。

將我一路「戀物」的許多回眸時光，凝定於刻有交通天地密碼的良渚玉琮、纖如掌上舞的漢玉舞人、矯如男子的唐三彩騎射女俑、雨過天青、清朗如少年的汝窯瓷器、金紅旭映的雍正琺瑯山水大碗上，告訴您他們的身世與故事。

那個我們總戲稱適合當藝術家，不適合當皇帝的宋徽宗，或許也曾有過雄才大志，他的《文會圖》，卷首題詩便寫道，他是如何傾慕唐太宗與十八學士饗宴闊談的雅事。而我們於臺北故宮所藏的此圖畫面則看到，兩棵茂密參天巨木下，文士環桌几凳上坐，或交談，或顧盼，或獨酌靜賞，氣氛高雅閑適，桌上有果品清茶、各式茶盞器皿。縱情逸樂，荒顧江山的徽宗皇帝，提詩顯露企慕太宗的廣納天下才士之情；然而，後世的我們所見畫面幾乎如攝影一般，鏡頭前有定窯、青白瓷器，物物具備、樣樣寫真，我們甚至可以於故宮「摶泥幻化」陶瓷展區，找到幾乎相對應的定窯執壺、溫碗、茶盞。此寫真程度與高超的繪畫技巧，著實讓人忽略徽宗大志，只連想到他「已有丹青約，千秋指白頭」，熱愛藝術的特質啊。

於是，文物如同鏡面，凝視著它，它並不僅僅是它，它是它身世的縮影；它不只只是它，它還是它的時代的反影。文物不只是冰冷的存在，我們凝視它，靈光乍現如與迢遠時光中的某一感動素樸相見。

一如臺北故宮的鎮館之寶，北宋汝窯青瓷無紋水仙盤。低低的橢圓盆形，足底四只雲頭，胎骨勻亭；通體施滿天青釉色，瑩潤豐柔，口沿釉薄處微透粉暈色。可喜的是全器素淨無紋，雲淡風輕，像自時光甬道捎來宋代的清雅美感。這是一只名可盆植水仙的器皿，自從遠古先民以土為器以來，為生活所需而製陶。碗、杯、盤器皆實用，從粗鬆陶器，以至施釉為瓷，器具表面得以光潔，釉彩增添變化，除了實用外，又多增加美觀一途。怎能想像於一千年前的宋代，竟出現如此「雨過天青雲破處」的夢幻顏色，帝王抬高下巴，遙遙一指：給朕燒個水仙花盆！工匠不瘋魔不成活，釉中加入瑪瑙粉末，隱隱透出粉色光暈，如此夢幻逸品，絕非偶然，那是《東京夢華錄》的時代，是物質與科技突飛猛進的宋朝啊。臺北故宮並且將宋代瑩白定窯、汝窯青瓷，以及其後的南宋官窯一字排開，一逕素白，類冰又似玉，一派清白，我們恍然大悟：這是宋明理學的時代啊！原來宋代文人於理學靜心格物，節制的思想美學上，連帶日常器用，都素淨如此。自然、觀物、悟道，看似宋代理學家藉物「養心」與「格物」，理學思潮牽動著文學表現，然而，人之為人，皆不免生活需求的實用常軌。因此，多一點思想多一點行動，由心內源頭、活水觀物，雲影變幻、四時佳興，無不風雅。觀物即在養心，清賞即能養志。

由是，我們看到此等清賞、清雅於宋人生活中無處不在，文房珍玩、書齋清供，俯拾皆是文人清雅。

我們都曾經走過捧著一本書讀一本書的年紀，卻於生命的某個水窮之處，突然發覺所有文字，早已如「隨風潛入夜，潤物細無聲。野徑雲俱黑，江船火燭明」，那種支撐心靈，對自由燦亮渴望的人文精神，似一片銀光雨陣，如青田燈光凍章，「一室俱黑，取之，燦如燈輝」。

我是一個讀中文系的人，研究明代小品文時，心中讚嘆，怎麼王綱解紐、處士橫議的時代，就能長出如落英繽紛的美文呢！愛戀《紅樓夢》，細讀不只百回，年歲漸長，不忍再看寶黛愛情，最愛的卻是元春。清代畫家改琦下筆畫元春，背坐著斜倚著，彷彿嘆息凝視遠方的元春。我想知道曹雪芹眼中看到的清朝，是否和雍正帝乾隆爺看到的世界一樣？鳳姊和寶玉堂皇登場，金冠、抹額、領約、珠釵、瓔珞圈。妙玉伺茶，成窯五彩小蓋鍾、犀角杯，盛入以梅花上雪泡的茶，滿紙盡見清代盛世的物質繁華，芹官兒將繁華寫極致了，才襯出落得一片白茫茫大地的滄桑。

我愛周作人，也愛魯迅，但我更愛其他人眼中沒有看到的柔情的魯迅；我於魯迅日記裡讀到他初初到北京城，不過短短四天中，有三天去集市淘買瓷器，喜歡他說：「因為翻衣箱，翻出幾面古銅鏡子來，大概是民國初年初到北京時候買在那裡，『情隨事遷』，全然忘卻，宛如見了隔世的東西了。」他並且喜歡親手繪圖他收到的唐三彩，他說：「如見大唐。」多好的一句：如見大唐！我曾感嘆歷史的錯差，使我們失去了寫小說的沈從文，卻又暗暗慶幸，我們因此得到了研究文物的沈從文。徘徊於錯迕人世，不知如何立足的他，於文物面前找回自己。像與生俱來的本體密語，對細節、手藝、自然的著迷，將沈從文重新放回塵世的秩序軌道上，生活且書寫下去。返回湘西的舟上，他給妻子寫信，寫著：「但真的歷史卻是一條河。從那日夜長流千古不變的水裡石頭和砂子，腐了的草木，破爛的船板，使我觸著平時我們所疏忽了若干年代若干人類的哀樂！」最懂他的弟子汪曾祺記憶老師：「玩物從來非喪志，老來著述為抒情。」我們好像可以看見沈老滿頭銀髮的笑容。

現今的我，任教於臺北醫學大學，三天兩頭就帶著學生往臺北故宮探寶。某次剛打故宮出來，一位牙醫系二年級的學生（現在已經是牙醫了呵）問我：老師，我們已經有這樣華麗龐大的文化在這裡，為什麼我們的居家用物，處處模仿歐美呢？我激動得睜大了眼睛，是啊！誰說理工男不懂文學美感？我們嚮往的宋代「全人」被我們丟棄到哪兒去了？現代的我們將知識一切再切，又分又隔，強迫學生選擇一個專業，等到出了社會，又被區隔窄化了人生，當生命遇到困頓的時候，便不知何去何從。王羲之的《蘭亭集序》號稱書法第一，然而，暮春三月，於水澤之畔，曲水流觴之間的感悟：「當其欣於所遇，不知老之將至」，才是安頓身心的關鍵密碼。米芾拜石成癡，蘇軾、黃庭堅的硯癖、墨癖，收藏與精研何以使人「得之於目而貯之心，每或廢寢食，不去思則又翻成清淨苦海矣」？我帶著「展齡中心」的長者們往臺北故宮觀賞「小時代的日常──一個十七世紀的生活提案」，從青銅、插屏，看到明代孫克弘的《銷閑清課》二十圖，從高枕、禮佛、烹茗、展畫、焚香、月上、主客真率、灌花、摹帖、山游、薄醉、夜坐、聽雨、閱耕、觀史、新筍、洗研、賞雪等林下清課二十幅小圖逐一看去。二、三十位的長者開懷地討論起來，笑道：這正是辛苦了一輩子，總算清閑的我們可以做的事啊。怎麼不是呢！古典時代離我們其實並不遙遠，猶如王羲之所說「後之視今，亦猶今之視昔」，那些曾經的美好，文化的積累，猶在眼前。在求專精求快速的現代，我們可以藉由文物找到身心安頓。

因此，我想把臺北故宮最熠熠生輝的珍寶，放入您的多寶格中。

凝視文物，看到它的時代，找回生活的更多可能與美好的生命質地。

它們會是我們心中永遠的風和日麗。

汝窯青瓷無紋水仙盤

我心中永遠的風和日麗

生命裡，有沒有一件能讓您心神安定的物件呢？它可能是一條小毛毯，從小陪伴你；也可能是一枚小玉石，您把它掛在胸口，每到重要時刻，您都會握著它、親吻祈禱。

在臺北故宮博物院，就有這麼一件能讓我心神安定的文物，無論生命遇見如何沮喪或價值混淆的時刻，只要我走到它的面前，便能「雨過天青」，立即清朗起來。此即為第一件，我想放入您的多寶格中的珍寶——北宋汝窯青瓷無紋水仙盤。

圖一

您也許好奇，一只名為栽種水仙的瓷盤，竟然稱得上臺北故宮博物院的鎮院國寶嗎？關於這點，我們必須先從汝窯說起。「汝窯」是中國瓷器史上永遠的傳奇。我講一件親身經歷的小事，您便可知曉汝窯在世界上有多著名呵。有一年春天，我為了尋找中國瓷器的蹤跡，來到荷蘭小鎮雷瓦登(Leeuwarden)的公主博物館。此間博物館非常特別，館內特意設計了昏暗的展廳，再配以聚焦燈光，讓每一件展品都像發光體，漂浮在黑暗中，陳列有三彩、素三彩、龍泉、青花瓷等等。我不知道在動盪的歲月，它們有過何等不平凡的經歷，最終來到這遠方異鄉，它們就這樣漂浮著，像沒有根的植物。接著，我走到另一個展廳，其間展櫃設計更為別緻，輕柔的紗幔高高自天花板垂下，圍繞於展櫃四周。空無一人的展廳裡，我掀開紗幔，如同窺視他人的房間。一只汝窯天青色圓洗，便靜謐地安坐紗幔裡，我彷彿看見一抹肖像畫裡少女的微笑，又像看見故人一樣親切。一只汝瓷，在異國他鄉的一個小鎮上，被如此貴重以待，可見，汝窯有多麼珍貴。

馮先銘等人編著的《中國陶瓷史》有言：「汝窯不滿百。」此為何意？意即全世界現存的汝窯不足一百件。一九八七年成書的《汝窯的發現》附有一覽表，統計傳世的宋代汝瓷共六十五件。多年以後，北京故宮博物院於二〇一五年十一月十七日召開的汝窯學術研討會，統計世界各地博物館與私人收藏的現存宋代汝瓷，只有九十一件。那麼，接下來您肯定好奇，它們都在哪裡呢？答案是，幾乎全在各大博物館館藏著。其中，兩岸故宮博物院加起來計四十件左右，再有十九件於暫寄大英博物館的戴維德基金會手上。而國際拍賣市場上，由於太過稀有，您幾乎鮮少看見汝窯的身影。也正因如此，人們面對汝窯，總是特別狂熱。二〇一七年，香港蘇富比秋季出現一只流傳有序、由曹興誠交付拍賣的北宋的「汝窯天青釉洗」，最終以超過二．九四億的天價，刷新了中國陶瓷世界拍賣紀錄。展品於預展時，引得大家爭相目睹真容，拍賣開始後更是你爭我奪，汝窯就有這麼搶手。

人們對汝窯的迷戀，僅僅因為物以稀為貴麼？是否惟獨現代人，才對汝窯如此迷戀？顯然不是。自南宋始，直至明代清代，便有各式關於汝窯的記載，於文人之間流傳，若說汝窯為中國瓷器的夢幻逸品，真真一點也不誇張。我們不妨試一試，從古人的筆記中，尋找汝窯的前世，探看它所以顛倒眾生的源由。比如：宋代人周輝曾於《清波雜志》中寫道：「汝窯宮中禁燒，內有瑪瑙末為釉，惟供御揀退方許出賣，近尤難得。」其關鍵字便在「宮中」與「禁燒」，此禁字，並非禁止之意，而是指宮殿，如紫禁城。意即汝窯為北宋皇宮專門燒製，民間不僅不能燒造，更不可能擁有。再者，即使宮中，也極少大批燒製汝窯，傳世汝窯中可見幾種器型，如水仙盤、筆洗，盞、碟，每一件皆有細微差別，可見並非大批燒製。

汝窯之所以夢幻難得，除去產量少，汝窯的生產時間亦極短，汝官窯燒製貢瓷的時間前後總共約只二十年，僅自宋哲宗元祐元年，即公元一〇八六年，到徽宗崇寧五年，即公元一一〇六年。南宋葉寘的《坦齋筆衡》有記：「本朝以定州白瓷有芒，不堪用，遂命汝州造青窯器。」文中的「芒」字，指的是原本佔流行最大宗的定窯白瓷，因有芒口，或太過白亮耀眼，故被天青色的汝窯取代了。「故河北、唐、鄧、耀州悉有之，汝窯為魁」。汝窯成為瓷中之魁。眼見為憑，我們得好好端詳，親自感受汝窯的風采。

此刻，請你想像，我們走入臺北故宮的陶瓷展區。首先映入眼簾的，即為定窯，順著櫥窗緩緩走過，牙白色的定窯，使我們內心有一種安定感，像孩童時期母親撫摸著你的頭髮，又像手裡握著和闐白玉，感受到無比溫潤踏實。

我們繼續前行。驀然看去，我們的眼睛如注入一股清泉般，頓時安靜下來，這是汝窯：「雨過天青雲破處，這般顏色做將來。」驟雨過後，碧空如洗，汝窯的顏色，是白雲微微散去後，最乾淨的藍。汝窯筆洗、蓮花溫碗……而後，全世界惟一一件被稱為「無紋」的汝窯水仙盤出現在我們面前。面對它的一瞬間，內心所有如潮水激狂的、汩汩躁動的聲音，都會安歇下來。從北宋到今日，已有千年之遙。這只水仙盤的身影，曾經被愛新覺羅．胤禛命人畫在他最愛的深柳讀書堂屏風之上，那時候，他仍是皇子的四阿哥。如今，它安坐於臺北故宮博物院的櫥窗中凝視著我們，千年一瞬，人世依然安好。

它是臺北故宮博物院的鎮院國寶。它的美，美在低低的橢圓盆形，足底四隻雲頭，胎骨勻亭。美在通體施滿天青釉色，瑩潤而豐柔，邊緣釉薄處，微微透出粉暈色。尤其可喜於，眼見整件器物素淨無紋，如此雲淡風輕，像宋代的清雅美感穿越時光而來。我們該如何想像那個魔術時刻？一千年前的宋朝，某一日，皇帝抬高下巴，

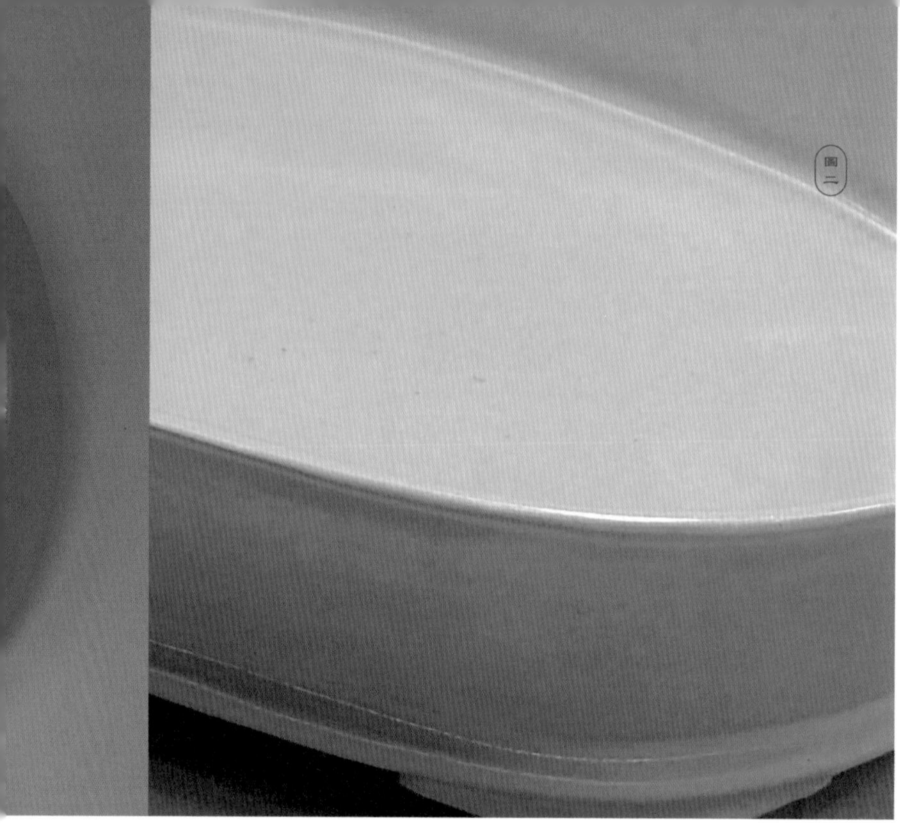
圖二

遙遙一指，言道：給朕燒個水仙花盆！這一聲令下，匠人們不瘋魔不成活，他們於釉裡面加入瑪瑙粉末，隱隱透出粉色光暈。侈口——廣口的水仙盤，其高度恰恰完美呈現蔥綠葉脈挺立的樣貌。現存的汝窯瓷器多數釉面帶有開片，意即釉面開裂的紋樣，此為瓷器燒造過程中必然出現的缺陷。因燒製瓷器時，窯內的溫度由高轉低，由於製作瓷器的胎土和捏製成型後淋上的釉，本為兩種物質，它們於高溫爐中變化凝聚，胎層和釉層膨脹程度不同，出窯後產生開片，此乃天生自然、不可避免的缺陷，但古代瓷器卻往往將此等缺陷變成一種

特殊的裝飾，每一件瓷器開裂的紋路盡皆不同，形成獨一無二的所在。其裂痕如同我們皮膚的紋路一樣自在、渾然天成，卻又如此緻密、曲曲折折，令人傾心。然而，世間竟然存有一只無紋的汝窯青瓷水仙盤，這真是千年一遇的巧合呵。

我們不禁要問：世間人獨愛此汝窯水仙盆，是因為其稀有，或者珍視其美麗不可方物呢？停留佇立時，我總要上上下下端看其器型，它的胎骨勻婷，骨架上勻潤地掛著釉，既有骨骼的秀美，又有肌膚的秀潤。要知道，燒製瓷器時，比如一只碗，其碗口邊沿與碗底的圈足往往難以上釉，然而，臺北故宮這一只汝窯水仙盤卻能整器滿釉，這是怎麼做到的呢？魔鬼藏在細節處，當年製作汝窯瓷器的匠人，發明了支釘法。他們於盤底架起一塊小小墊餅，墊餅上置幾個三角錐，角錐最尖處托頂起瓷器，如此這般，便能於瓷器上通體施釉。待瓷器燒製完成後，再撤去墊餅，瓷器底部只留下了幾處、如同芝麻粒一樣小的釘痕，我們得非常仔細地看，方能看見米黃的胎色。

如今，就算我們密趴於博物館的玻璃櫃前，努力地張望，也看不到器物的底部。古代亦是相同情境啊，器物被安放桌上，底部是看不見的。何以人們看視未及之處，匠人仍然追求完美，使它布滿釉彩？這又是何意呢？我想，民國作家張愛玲也想過類似問題。她的《更衣記》寫道：「在不相干的事物上浪費了精力，正是中國閑階級一貫的態度。惟有世上最清閑的國家裡最閑的人，方才能夠領略到這些細節的妙處。」這讓我想起清代朝珠後方的「背雲」（故宮博物院「集瓊藻」展廳中，可見清代朝珠），為佩戴朝珠時，垂於身後的華麗墜飾，這些不為人所見的地方，正如汝窯瓷器的碗底，古人讓它於人後，也同於人前一樣美好、始終如一；如「慎獨」一詞，一切顯於人前的好，都源自不為人所見、背後的美啊。

而匠人的心與手如此相應如一，不是巧合，而是時代使然。偏偏就是宋朝，在諸多歷史教材中，被以軍事武力為立場思考，被評價為文人主政、積弱不振的宋朝。我們也許該換個角度，轉身看看：宋朝，那是孟元老《東京夢華錄》的時代，也是物質與科技突飛猛進的時代。該書記錄北宋年間的首都東京汴梁，即今日河南省開封。共十卷，有記都城大內的，有寫御街酒樓的，或是肉行魚行，可謂包羅萬象。其中一段寫道：「舉目則青樓畫閣，繡戶珠簾。雕車競駐於天街，寶馬爭馳於御路，金翠耀目，羅綺飄香；新聲巧笑於柳陌花衢，按管調弦於茶坊酒肆。八荒爭湊，萬國咸通。集四海之珍奇，皆歸市易；會寰區之異味，悉在庖廚。」這幾句描寫，光是讀著唸著，是不是就感到一種盛世風景？

臺北故宮的陶瓷展廳將宋代的瑩白定窯、汝窯青瓷，以及其後的南宋官窯一字排開，一派清白，像冰，又像玉。佇立它們面前，我們恍然大悟：這正是宋明理學的時代！原來，宋代文人於理學思想上講究靜心格物，深受如此節制的思想美學影響，連帶日常使用的器物，都素淨如此。

沒有一個人能脫離他生活的時代，器物亦然。但人的生命極其有限，器物卻可於時間流轉中，帶著時代的印記往前走，走到我們的身旁。宋朝離我們很遠，然而，來自宋朝的汝窯，卻可以讓我們看見宋徽宗，看見宋代文人養心養志的清雅。

圖四

二〇〇七年，臺北故宮博物院曾以宋代徽宗皇帝的年號：「大觀」，舉辦了北宋書畫、汝窯、宋版圖書特展，當日展覽專刊的書名，至今仍縈繞心頭，它是：《一生難遇的看》。我們總想能穿梭時空，夢回大唐，領略大明風華。幸運的是，生活在現代，尤其在臺北，我們真的可以適於此心。我們可以一起走進臺北故宮，走到這只北宋汝窯青瓷無紋水仙盤的面前，歲月靜好，這不也是我們「一生難遇的看」，它將會是你我心中永遠的風和日麗。

（圖一）北宋汝窯「青瓷無紋水仙盆」。
（圖二）汝窯邊沿可見粉色光暈。
（圖三）底座可見支釘燒與乾隆刻紋。
（圖四）「大觀」特展，展出北宋汝窯水仙盆配乾隆底座。

#《寒食帖》

——千古文人一東坡

我想請您稍作回憶：您上一次想起「知識分子」這個詞，是什麼時候？「文人」這個詞呢？您是否發覺上述名詞於時間流轉中，已變成更加時髦與現代了，比如「文青」，譬如「學者」。其間的差別是什麼呢？是否古代的文人、民國的知識分子，他們扛起的天下比較大，而我們卻愈來愈安於「小確幸」，只慶幸能照顧好自己呢？

從這裡開始，我想帶您穿梭時空，去追尋一件國寶。讓我們回到千年前，那個和汝窯一樣的年代：宋朝。而它的作者應該是從古至今、從東方到西方，名聲最響亮的文人，蘇軾——蘇東坡。

臺北故宮博物院收藏的蘇軾真跡中，有一件最重要最耀眼，同時最富有他本人的氣息的作品，《寒食帖》絕對當之無愧。何以我視此為最富有蘇東坡氣息的作品呢？這需得從《寒食帖》的身世經歷說起。

元代書法家鮮於樞盛贊《寒食帖》，說它是繼王羲之的《蘭亭序》與顏真卿《祭姪文稿》之後，「天下第三大行書」，於此，確立了此書帖的藝術定位。然而，它的身世卻完全不像彼等養在深宮，千百年來備受呵護的國寶，它同主人蘇東坡一樣，真是命運多舛。從宋朝到明清，《寒食帖》先後到過黃庭堅、明代內府、詞人納蘭性德和乾隆皇帝手中，它的命運渾似歷史興替，輾轉流浪於朝野的浪潮間。直至清朝末年，動盪的狂潮爆起，一八六〇年英法聯軍火燒圓明園，《寒食帖》劫後餘生，流落人間。民國年間，日本收藏家高價購得《寒食帖》，誰知道第二年，也就是公元一九二三年，竟發生關東大地震，連帶大火竄動。一九四五年，二次世界大戰的尾聲，東京遭到轟炸，這一連串的變故，險象環生，人們一度以為《寒食帖》已經人間蒸發了。就在此時，它又像一個傳奇，出現在臺北故宮博物院。

多麼像蘇東坡傳奇的一生啊！自明朝、清代，以至近現代，倘若各時間的人們都能有投票機制，選出心目中最喜歡的古代文人，您會選誰呢？毫無疑問，蘇東坡會是許多人的「千古人氣排行榜第一名」。若是東坡居士本人知曉自己的人氣聲望如此之高，知道有這麼多人愛他，會不會很欣慰呢？他在世時，從來不是我們所謂的「人生贏家」呵！雖然，他的出場曾經驚艷了整個大宋王朝。那是公元一〇五七年，時年二十歲的蘇軾進京趕考，這一年參加科舉的學生除蘇軾、蘇轍，並有張載、程顥、程頤、曾鞏等等，光看名字已十分驚人，用我們今日流行的話來說便是「神仙陣容」，難怪這一屆科考也被稱為「千年科舉第一榜」。其主考官更是大名鼎鼎的歐陽修，他閱畢蘇軾的考卷，讚嘆不已，心裡已經認定：這篇文章當得第一。然而，歐陽修誤判該篇文章的作者應屬曾鞏，曾鞏又是他的學生，為了避嫌，他於是主動將此試卷改定為第二名，如此周折，陰差陽錯，蘇軾成了第二。當然，試卷解封後，歐陽修方曉第二名竟是蘇軾。他為之一震，立馬尋看蘇軾其他文章，他忍不住連連感嘆，說：「讀軾書，不覺汗出，快哉快哉，老夫當避路，放他出一頭地也。」此亦為「出人頭地」成語的來源啊。

看起來像極了古代的童話故事，堪稱經典的成功典範，從此之後，蘇軾的才氣的確開始天下聞名。然而，故事的發展路線，不知道從哪裡開始亂了套，全天下的人都愛蘇軾的才華，甚至包括北宋在位的幾個皇帝。但令人不解的是，皇帝一邊詠嘆、朗誦著他的詩句，另一邊卻將他下詔入獄，然後又將他一貶再貶。金榜題名之後，我們的主角蘇軾非但沒有出人頭地，反而走出了一張他的流浪地圖：他像是背負著北宋沉重的政治鬥

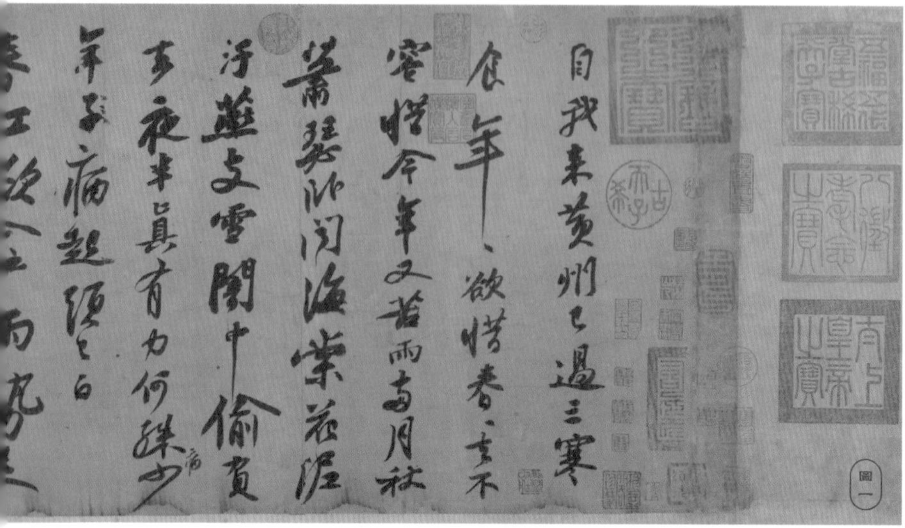

圖一

爭踽踽獨行，從開封到杭州，從杭州、徐州、湖州又到黃州。

您可以想像嗎？人生開高走低，倘換作他人，可能早已放棄。反觀蘇軾，卻從來不曾辭官引退，他始終心懷天下，不論這個天下是大，還是小。因此，黃州成為蘇軾生命的另一個起點。於黃州，他脫去文人的長袍方巾，換穿農夫的芒鞋短褂，築水壩，建魚池，他成為「東坡居士」，此時，人生已經到了下半場。民國學者，人稱幽默大師的林語堂曾寫道：「每個中國人心中，都有一個蘇東坡。」的確，他的每一首、每一闕我們喜歡的詩詞，都勾勒出蘇軾的側臉。不論是「十年生死兩茫茫，不思量，自難忘」那靜寂無聲的哀思。或

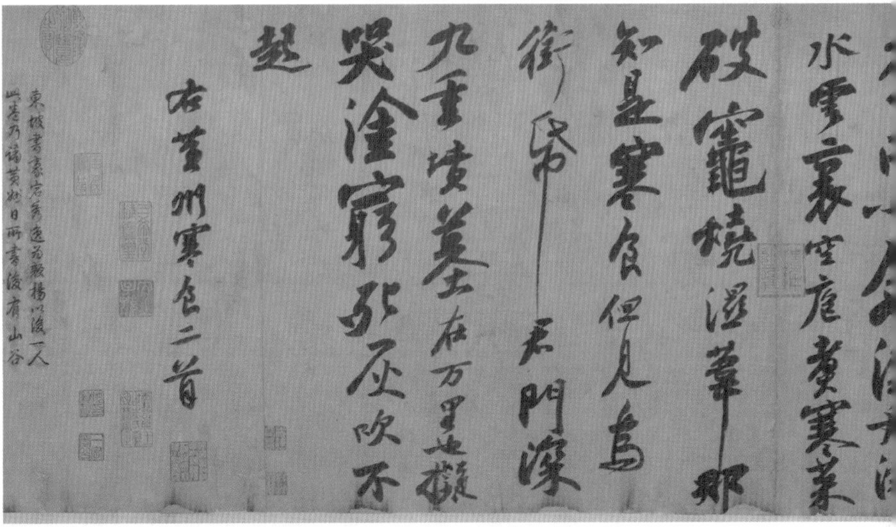

者是「莫聽穿林打葉聲，何妨吟嘯且徐行」、「泥上偶然留指爪，鴻飛那復計東西」的過眼雲煙，我們愛的就是那困頓中依然「不合時宜」，處之泰然的他呵。沒有這個仕途失意的蘇軾，沒有黃州，便不存在《寒食帖》。

《寒食帖》開頭，蘇軾寫道：「自我來黃州，已過三寒食；年年欲惜春，春去不容惜……」那是北宋神宗元豐五年，公元一〇八二年陰曆三月三日，季節的變換引發蘇軾對人生變化的感傷，於是，他作了此二首五言古詩。第一首詩藉海棠花的凋殘，感嘆自己身體病痛、年華老去；第二首則描寫當時惡劣的處境，以及遭謫貶在外的心情。他盼想回朝任職，可那君門有九重之深，希冀回歸故里，家鄉又在萬里之遠。此幅長軸之上，蘇軾以他最擅長的行書，將詩中的情境轉化成具體的文字形象。全文十七行，一百二十九個字，字體由小漸漸變大，由疏朗變為緊湊，運筆越來越快、越來越快。尤其第二首詩中的「破竈」與「塗窮」，字顯得特別大，一如書寫者的情緒由平靜而漸漸激動。整件作品墨色深黑濃潤，筆劃間相互呼應，每行重心隨著字形左右變化，使得整卷形成一種複雜而豐富的節奏與美感。隨著每一個字往下看，不由得心懸著盪著，我們好像也經歷了一場那年春天寒食時節，蘇東坡的奇幻旅程。

您還能不能回想起第一次寫書法，與選擇習字帖的經歷？不論顏真卿、柳公權、歐陽詢……我們的老師們似乎很少會挑選一個字跡忽大忽小、凌亂擺盪的字帖交予我們臨摹。成熟的大人們總希望我們正襟危坐、橫筆要平、豎筆要直，最好寫出科舉必備的蠅頭小楷，規矩整齊，如同期待一條康莊大道。但人生哪，真能一路平坦、邁向康莊嗎？生命裡有些時刻，連才氣縱橫的蘇東坡也無言以對啊！人生不如意事十常八九，又當如何面對？教科書總是忘記教導我們，該如何面對失敗。幸運的是，我們還有蘇東坡。他用困蹇的生命歷程，寫下灑脫的可能。那年春天，他用《寒食帖》，告訴我們：可以如實寫下生命的艱難，不必掩飾、不要偽裝。

閱讀至此，您會不會以為蘇東坡必定是個無可救藥的樂觀主義者。當然不是，他的達觀或直視生命，恐怕還與宋朝一整代文人的養成有關。自漢唐以至魏晉，儒釋道眾家思想不斷融合、發酵。到了宋代，文人主政，理學思想如同繁花盛開。自然、萬物與人，三位一體，不斷換位、互為主體的結果，就是個人與心的個性化彰顯。舉例來說，宋代四大書法家之一，人稱米癲的米芾，他愛石成癡，鎮日沉迷賞石觀石鑑石。每見偉峨奇石，便一拜再拜，如某次難得一塊端石燕山，他愛不釋手，連著三日抱石入睡，甚至為它揮墨，留下千古名帖《燕然山銘》。他亦提出「賞石四法」：要瘦、要皺、要漏、要透。此為何意呢？指的是形象要瘦要秀，外皮要皺，不要圓滑，整體更要通透。此四法雖為品石，實則將石視為友朋，賞石的標準更像是觀人、相人呵。同樣的，蘇東坡絕非無可救藥的快樂寶寶，作為中國文人畫的宗師，他的「詩畫本一律，天工與清新」與「天真爛漫是吾師」，其詩書畫的本質，皆發源自文人的心靈與思想。

蘇軾亦曾如此讚頌王維：「味摩詰之詩，詩中有畫；觀摩詰之畫，畫中有詩。」「摩詰」為王維的字，他一心嚮往佛教中維摩詰的境界，在詩中尋找自己的淨土。蘇軾讚頌王維，一如他所寫下的《寒食帖》，其詩書畫的中源仍是文人之心，文人之眼。在那乍暖還寒時節，家中苦寂，思潮翻湧，文人蘇東坡將「年年欲惜春」的「年」字末筆拉得長長、長長的，彷彿不知流浪的終點在何處。而「破竈燒濕葦」的「破竈」

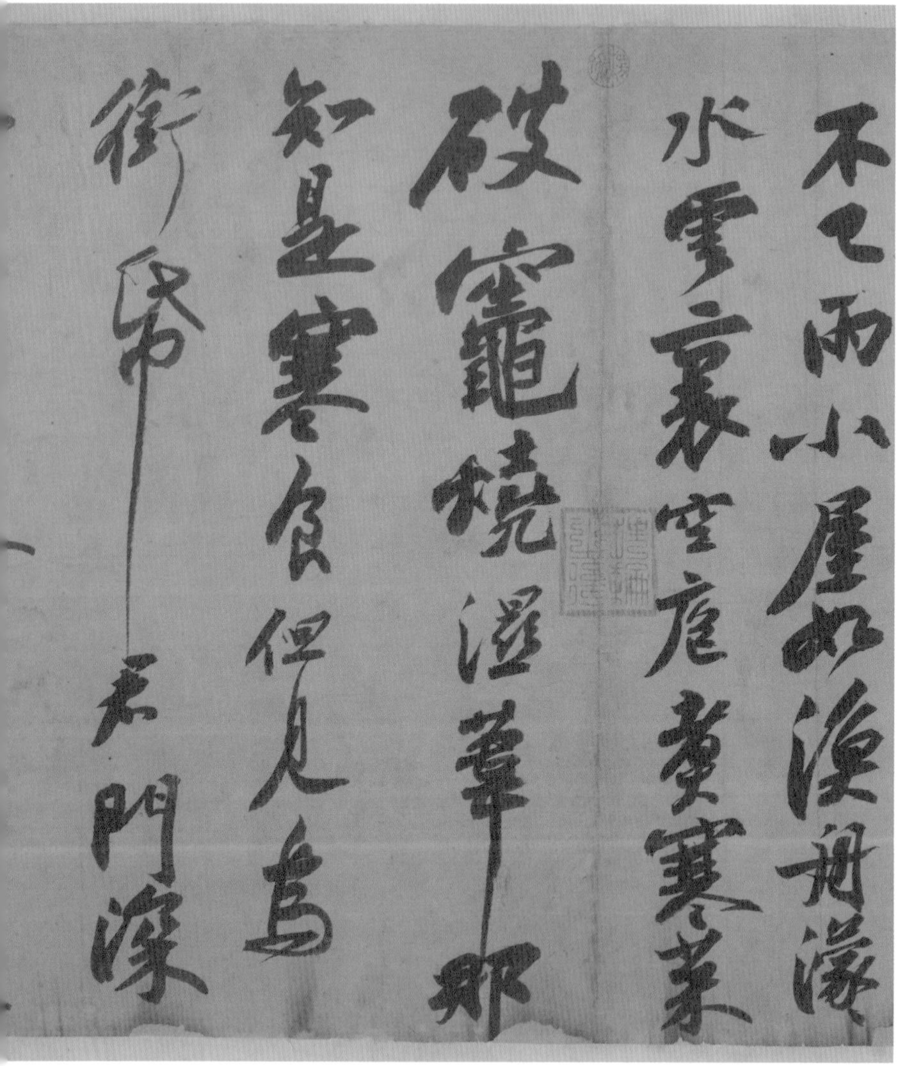
不已雨小屋如漁舟濛水雲裏空庖煮寒菜破竈燒濕葦那知是寒食但見烏銜帋君門深

圖二

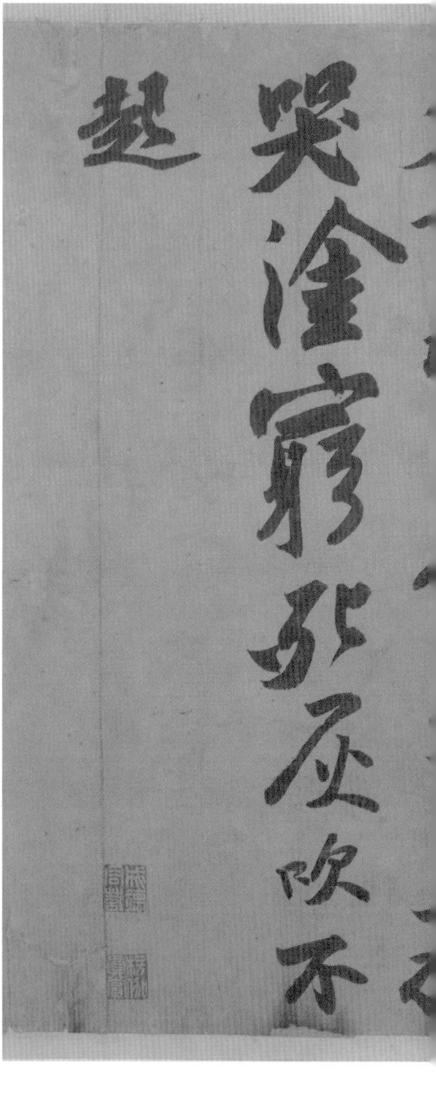

二字特別特別的大，像梵谷畫裡貧苦的農家，空洞牆壁下無用的家具。那已然潮濕的、點也點不著的葦草啊，我們好像可以自尾端被拉長的葦字中，看到東坡深鎖的愁眉。一字一字地看下去，一路讀到《寒食帖》最後兩句：「君門深九重，墳墓在萬里；也擬哭塗窮，死灰吹不起。」我們已經哀傷得無以復加了。

這是一張悲傷的《寒食帖》，但也因為他難得的、於書法中毫不掩飾的悲傷，我們更珍惜那個醉筆寫下「大江東去，浪濤盡，千古風流人物」的豪放詞人蘇東坡，我們更會心一笑那個「無竹令人俗，無肉令人瘦」的美食家蘇軾，身處宋代貴族視羊肉為珍饌美味的潮流之外，既然吃不起羊肉，便將豬肉料理成無上佳餚「東坡肉」。難怪林語堂說：「蘇東坡是一個無可救藥的樂天派、一個偉大的人道主義者、一個百姓的朋友、一個大文豪、大書法家、創新的畫家、造酒試驗家、一個工程師、一位瑜伽修行者佛教徒、巨儒政治家、厚道的法官、一位在政治上專唱反調的人。一個月夜徘徊者、一個詩人……」啊。

我的公公是一位中國思想史的教授，晚年退休在家，十分寂寞。某一天，他非常興奮地拿了報紙告訴家人，將要前往參加「蘇東坡文化之旅」，行程中可以造訪開封、杭州等地，一路行至海南島。我們心裡偷偷想：這哪裡是蘇東坡「文化」之旅，不折不扣是一趟蘇東坡的「貶謫」之旅啊。雖然，公公當時年事已高，但因為這是他最愛的文人蘇東坡，家人仍應允讓他出門了。果然，旅行到廬山山腳下，越洋傳來他中風倒下的病危通知。我先生趕赴江西接他時，只見他的行囊裡還裝了幾個卷軸，是蘇東坡的書法複製品。我有時會不由地想像，老人家生命的最後時光，那些我們不在場的空間、可能的情節。我想，在旅行過程中跟隨蘇東坡的腳步，吟頌他的詩詞，看著他曾經入眼的大山、大江，心裡一定非常甜蜜吧！

於今，每當我有機會停佇臺北故宮的《寒食帖》前，也是這般心情，想到千年以前的春天，蘇東坡面對同樣的一張紙，正同於我眼前的這張紙，寫下他落拓的心情，千年後的我，面對這一紙，所有我所知道的蘇東坡，不論是詩詞、或書畫，甚至他的人生，甚至是北宋那個朝代，全部都蜂擁到眼前來。尤其，中國書畫還有特別的題跋習慣，歷來的收藏者多於藏品上題字、藏章。此些題字和印章都附隨長卷，與作品一同流傳於世，成為它們的履歷證明。《寒食帖》的卷後，當然也少不了題跋的痕跡。蘇軾好友，北宋書法名家黃庭堅、明代的董其昌都有跋文相襯，非常珍貴。除此之外，此等重要書帖，怎麼能少了乾隆皇帝，「蓋章狂魔」隆哥凡走過必留下的痕跡呢。今日所見的《寒食帖》卷首，便是乾隆皇帝手題的「雪堂餘韻」四個大字。當然，隆哥也在他長達數十年的觀看歷程中蓋下好幾枚印章，其中包括：天府珍藏、御賞、神品、乾隆宸翰、乾隆澄心等等。

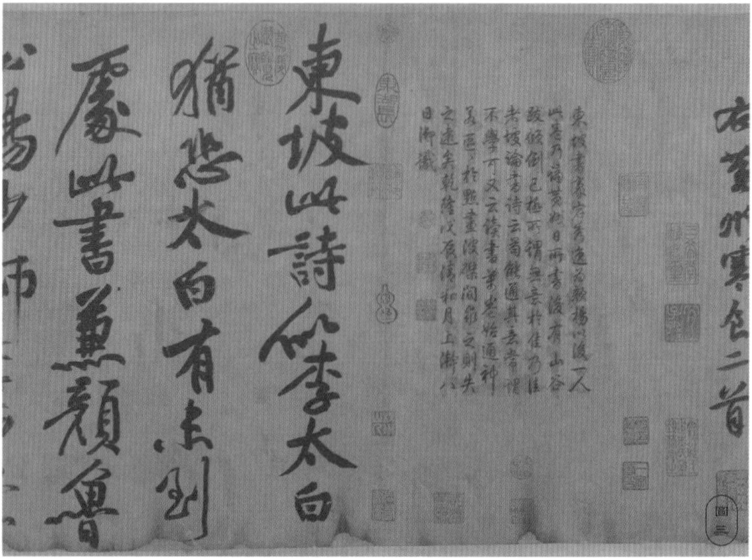

這幅書帖被乾隆珍藏於紫禁城的三希堂，每隔一段時間，他便在《寒食帖》留下新印記。其中有一枚印章，是「宜子孫」三個字，他認為，留給子孫最好的寶物，便是文化；《寒食帖》這件寶物，就從乾隆手中傳遞下去，又像半生流離的蘇軾，於流傳千年的時光中，歷經了不可思議的天災與人禍，而今安放在博物館中。如果文物也會說話，它會不會也悠悠唸出東坡詞呢？

「回首相來蕭瑟處，也無風雨，也無晴。」

（圖一）《寒食帖》。
（圖二）《寒食帖》起頭。
（圖三）《寒食帖》後，好友與收藏家題記。

圖一

漢代玉舞人

纖纖掌上舞

迢迢牽牛星，皎皎河漢女。纖纖擢素手，箚箚弄機杼。終日不成章，泣涕零如雨。河漢清且淺，相去復幾許？盈盈一水間，脈脈不得語。

這是《古詩十九首》的一首，內容描述牛郎與織女的故事，寫下的時間是漢代。短短的十句詩中，布置「迢迢」、「皎皎」、「纖纖」、「盈盈」、「脈脈」六個疊音詞；有了這些疊音詞，我們好像就能想像：遠方傳來織布機的聲音、恍兮惚兮如有黃鸝清麗嚶啼，這些聲音似乎來自薄霧的清晨，霧中風景，人影樹影，所有的一切都娉娉嫋嫋起來。

在此，我們要一起回到漢代，並將一件珍寶放入您的多寶格中。

漢代，是怎樣的一個時代呢？那是漢賦與漢樂府的時代！漢賦最是誇張華麗，最重詞藻鋪陳，專寫宮殿華廈，大型宴會，通宵玩樂，巡遊田獵。漢樂府卻最是小情小愛、長相思、恨別離，戰爭離苦，男男女女於田埂與柴門之間相思纏綿。這些聽起來是不是如同我們今天的M型社會呢：上流社會衣香鬢影，絲織羅綺，底層百姓卻仍是「上山採蘼蕪，下山逢故夫」、「織縑日一疋，織素五丈餘」的桑麻時代。但它畢竟是距今兩千年的時代，所有場景不免帶有《詩經》的模樣，有著植物光影搖曳的生氣，它也仍是《楚辭》的姿態，諸神神彩飄逸、彩霞流光；漢代真是一個去古未遠，仍古意盎然、原始的生命力勃發的時代。如同臺北故宮博物院所藏的漢代玉舞人，小小地不足盈手的體量，卻充滿時代氣息。

首先，說到玉，您的腦海裡會浮現怎樣的顏色呢？是森林般的嫣綠色？還是如凝脂的瑩潤白色？前者，如森林般的嫣綠色，是翡翠的顏色，它在明代才進入中國人的視野，雖說在唐代的某些出土文物中已經出現翡翠的蹤影，但它大量出現在中國，還需等到明代，比如明崇禎時期，大旅行家徐霞客就在他的《滇游日記》中記載，雲南騰衝等地有人對玉石進行加工製作，這些玉石也就是後來我們說的翡翠。

那麼，漢代的玉石又來自何處？以此漢代玉舞人視之，它是和闐玉，即中國自古以來說的「君子如玉」的那個玉。當遙遠的洪荒時代，先民在自然裡學習光與熱，風與火，可食與不可食，可用與不可用。所有天地日月、山川草木皆有靈性；在可用與不可用之間，竟存在如此珍稀的、堅硬的，瑩如月色的美麗石頭，中國古代字書《說文解字》裡說的「石之美，曰玉」，就是最寫實的描述。

我們無法知曉，在苦寒的年代，這樣美麗的石頭曾經如何奇蹟般出現，又幫助我們的先民度過怎樣的難關，我們看到現在出土的玉，顯然在古代社會扮演重要角色，如玉璧、玉圭、玉琮等，每一件出土玉器都伴隨著一段傳奇與故事。於臺北故宮的「敬天格物」玉器展區裡，我們甚至能看到玉琮上刻載了神祕的符碼。良渚的玉璧上，並且刻繪有鳥立在祭壇上的符號。通靈的美玉，顯然是神巫和王，對話天地的媒介啊。

因此，玉自古以來便被視為帶有神性的、帶有權力的、帶有一切期許作用的、可為誓約。從殷商時代開始，和闐玉從新疆等地進入中原，迢迢千里啊，從新疆經過甘肅、陝西或山西，才能抵達河南，長路漫漫，因此越顯珍貴。玉成為國家最高等級的象徵之物，於祭祀，儀典場合，玉是神與人溝通的媒介，非玉不可。《天工開物》說：「凡玉，貴重者盡出於闐。」指的就是瑩白潤澤的和闐白玉。《詩經．衛風》篇形容美人：「手如柔荑，膚如凝脂，領如蝤蠐，齒如瓠犀，螓首蛾眉。巧笑倩兮，美目盼兮。」其中的膚如凝脂，既是形容美人膚感，亦是形容最好的和闐白玉，羊脂白玉。我們不妨想像一下，「凝脂」是如何質地？「凝脂」是什麼？無疑是凝結的動物油脂。天啊，對講究健康養生，清淡飲食的二十一世紀的我們來說，確實不是太雅觀的意象，然而，在距今兩千年前，這恐怕是人世間最美麗而天然的白色了。這個白，帶有厚度，帶有潤度，因為厚度與潤度，自然出現了瑩瑩光澤，這也多麼像我們喜歡的內斂性格，我們總喜曖曖內含光，而非閃閃發光的鑽石。

關於玉，臺北故宮博物院有其劃分方式，距今八千年到四千年前的時期，稱作「玉之靈」。隨後的時期，則稱為「玉之德」與「玉之華」。從此開始，玉從神界走向人間。在如此漫長的時光甬道中，我們經歷了夏、商、周、秦、漢，各地文化漸漸

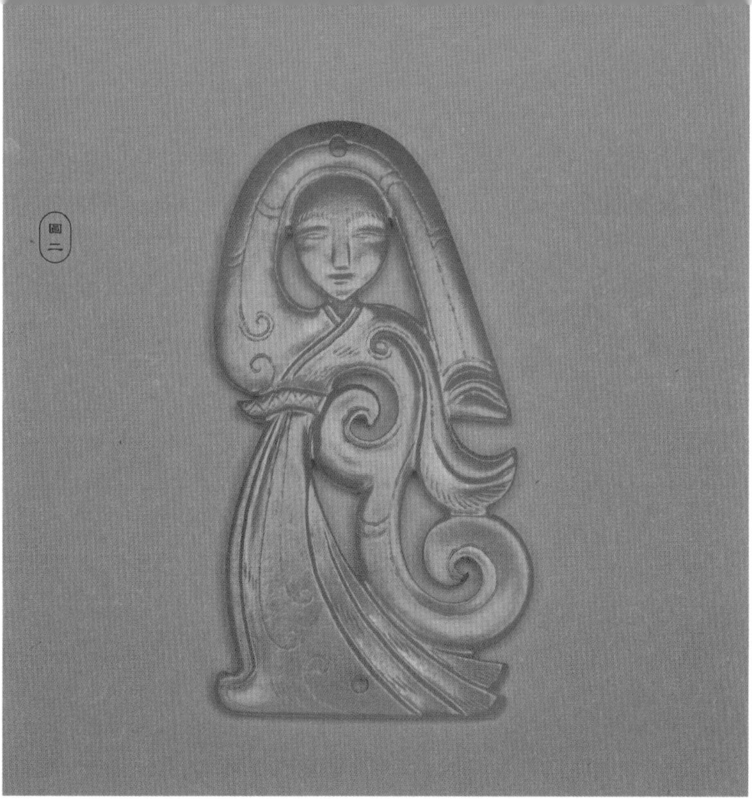

融合，到漢代時已大致融為一體。有時候，我會想像這樣的畫面：那些曾經被巫師、王者高舉的玉鷹、飛騰的龍、神人等等，在這條長長的時光甬道中走著走著，不斷幻化，而我們在漢代的時間出口等待，迎面而來的，就是翩翩起舞的玉人兒啊。

以玉製作的舞人題材，從戰國末年開始出現，直到漢代，這正是我們此前提到，從「玉之靈」走向「玉之德」的過程。我們總說周公創建了禮和樂，禮、樂進行中，藉由儀式確立正統。但是我想探問的是：如此這般正樂，其鐘鼓齊鳴，莊重恢弘；然而，這是人們樂於享受，或愛聽的嗎？

《禮記．樂記》有一則故事，魏文侯問子夏：「吾端冕而聽古樂，則惟恐臥；聽鄭衛之音，則不知倦。」怎麼回事呢？魏文侯說，我聽古樂就昏昏欲睡，聽流行音樂則完全不覺得累呢？您也許也同我一樣會心微笑了！儀式性的音樂為顯示堂堂皇皇，不免中正平和，較少變化；而所謂「禮崩樂壞」下的靡靡之音，卻是太平盛世的世俗娛樂需求啊，這種需求，今天的我們也一直有。因此，年代稍晚於屈原的辭賦大家宋玉就說過，器物有大有小，小有小的好處，大有大的用處；鄭音、雅樂各有適合演出的地方，就如今日，既能聽周杰倫的演唱會，也能聽崑曲、折子戲。亦同於孔子所說：一弛一張，有勞有逸；這便是古代聖賢周文王、武王的施政法則。雅樂，用於天子的宗廟演奏，可協和人與神的溝通對應；鄭、衛這一類俗樂則在非正式場合，使賓客們促膝而坐，歡樂愉快地度過悠閑時光，雖非關教化，但聽聽又有什麼害處呢？

行文至此，讓我們在腦海裡上演一齣漢代宮廷大戲吧！想像一下：音樂響起，歌隊吟頌、美人身穿層層纏繞的深衣，長長、長長的袖袍，襯托出窄窄的腰身，再加上飄逸的絲質綬帶，綬帶上掛著環璫玉佩，舞動之間，深衣透出刺繡紋樣，暗影浮動，下擺如繁花綻放。現在，請你記住這位美人的樣子，然後將她縮小，縮小，再縮小，縮小到大約3公分寬、6公分高。是的，這便是臺北故宮博物院館藏的漢代玉舞人的大小。她的左袖高高揚起，拋擲過頭部，右袖則擺動下垂成翻捲雲狀，長裙委地，柳枝細腰像隨時要扭動起來。

臺北故宮曾有一場名為「實幻之間——院藏戰國到漢代玉器特展」，策展人蔡慶良博士說：「漢代工匠精確地捕捉舞動中最精彩的瞬間。其銳角三角形的構圖，產生向上的視覺力量。不過，秀項、纖腰至裙襬則呈現出曲線身形，使中軸微妙地偏移，形成傾斜不穩定的動感，暗示橫向的舞動方向，加之長袖蜿蜒至尾端捲起，營造長袖翻飛的動感。」我們總說眼見為憑，而戰國到漢代的工匠，正是使用高超卓越的視覺藝術，從我們的眼睛引導我們的想像，讓明明靜止不動的玉片，產生動感。成語「長袖善舞」，用以形容善於經營人際關係，善於周旋，其實不折不扣是漢代的寫實場景啊。漢朝延續了楚國文化，長袖舞的形成，與楚人崇尚浪漫、充滿幻想的審美觀念和社會風尚有密切的關聯。「楚王好細腰」，楚人多以小腰秀頸、長袖拂面作為判斷美女的標準。漢代玉舞人正顯示楚人的審美趣味。

今天的我們也許會覺得這種審美已經過時，以為它不過是一種推崇輕柔羸弱的美學，真是如此嗎？其實未必，讓我們再看看玉舞人，此樣身體姿態對舞者有極高的要求，她必須具備纖細的腰肢和柔韌的身體，這無疑是力與美的表現，二者兼有，才是漢朝。不然，哪裡來的大漢天下呢？

從前，人們以詩形容漢武帝的李夫人：「北方有佳人，絕世而獨立，一顧傾人城，再顧傾人國。」後來，又有可以掌中輕舞的趙飛燕。只要您專注凝視這件只有拇指高度的漢玉舞人，恍惚可以看見她們的身影。如果再細看，還能看到美人瞇起的細長雙眼，正對您淺淺盈盈微笑。文物的魅力正在於此，當您知道的關於他的身世越多，就想看得更多，我們會拼了命想貼近玻璃展櫃，在喜歡的文物面前看了又看，嘆了又嘆，於博物館裡流連忘返啊。真的，乘著文學與文物的雙翼，我們是可以看見時代的美麗容顏的。

（圖一）新石器時代玉璧。
（圖二）玉舞人佩。

《谿山行旅圖》

尋找人在天地間的位置

您是否同我一樣，每到一座城市，一定造訪當地的博物館呢？我酷愛中國古代文物，每當有機會去到世界各地，必定前往當地博物館探尋，好像這樣，就能跟它們說聲：「嗨，別來無恙啊！」

例如每回於北京工作結束

後，我定會留一天給紫禁城，前往看看琉璃瓦和紅牆是否依舊。而行程的最後，則會走到御花園中的故宮書店，帶回新出版的文物相關書籍。

二〇一九年的初冬時節，我如候鳥循著約定去了老地方，紫禁城裡處處有銀杏葉紛飛落下。在書店裡，我用最慢的目光巡禮，一個書名印入眼簾：《谿山可行旅》，書被膠紙封住，不能翻閱，但我完全不加思考，立即帶走。「谿山可行旅」，正是千百年來中國山水畫，最令人神往欣羨的所在啊。此次，我們的故事就從這裡開始。

北宋范寬的《谿山行旅圖》，被譽為中國山水畫裡最崇高的一座山，無論東方與西方，冀盼瞭解中國山水畫時，一定不能不提到它。看過這幅畫的人幾乎都說「一見難忘」，許多人好奇，許多人感動……臺北故宮博物院前副院長李霖燦曾提到一件往事：畫家劉國松站在此畫之前，感激地流下眼淚了。身為臺灣現代畫派的畫家，在一幅千年古畫前感激地流下眼淚，一幅畫因何有如此力量呢？首先，它的尺寸的確非常大，高有206公分，寬103公分，當之無愧是「中國山水畫裡最高的一座山」。中國山水畫有一類畫作被稱為「巨碑山水」。《谿山行旅圖》即屬巨碑山水。我們不禁要問：206公分，不過就是一位籃球運動員的身高，這能稱得上「巨」嗎？實際觀之，則可以知道，所謂「巨碑山水」指的是一種構圖方式，畫家將主山擺置於畫面中央，宛如巨碑聳立。現如今，北宋傳世的山水畫原已難得，而臺北故宮便有三幅，分別是范寬的《谿山行旅圖》、郭熙的《早春圖》以及李唐的《萬壑松風圖》，因此，此三幅書畫珍寶並被稱為臺北故宮的「三大巨碑」。

您一定看過山水畫，您還記得它們的樣子麼？是水氣氤氳、煙波裊裊，還是樹木林蔭、鬱鬱蔥蔥？它們有沒有顏色？中國繪畫裡，有顏色的稱為「設色」，可以寫實，趨近自然。若僅憑墨色，則可濃淡暈染，適於寫意。無論您所見山水畫是否設色，又或是濃淡墨色，它們大概都有一個特點，即大唐才子王維《山水論》所述。他言道：「凡畫山水，意在筆先。丈山尺樹，寸馬分人。遠人無目，遠樹無枝。遠山無石，隱隱如眉；遠水無波，高與雲齊。此是訣也。」意即欲畫山水，心中必須先有畫意。如何構圖？山與樹，馬與人，遠與近，比例如何，都各有訣竅。自大漢以迄大唐，其間經歷了一個饒富趣味的時代，說是饒有趣味，其實是苦難中得見真實自我的時代——是的，便是魏晉南北朝。夾在兩個超穩定朝代之間，魏晉充滿不確定性，也充滿四處洴溢的實驗性格，它以老莊之道為本，幻化成各種玄學，各種清談。

不論是偽裝也好，真是避難遠禍也罷，退隱和歸隱的身影，比起大唐文人閑暇時的山水田園詩歌之樂，魏晉文人早已走得更遠、更徹底，更走進自然。由於政治的不確定性使得文人、藝術家必須不斷尋索穩定的力量，因而出現了我前文所述，充滿實驗性格的藝術。

劉勰於《文心雕龍》裡寫：「莊老告退，而山水方滋。」意即，惟有遠離形而上的老莊思想，老老實實地寫山水，真正意義上的山水詩這才出現。當崇尚老莊思想的清談之風漸漸消褪，中國才出現第一位專以山水為題材的詩人，謝靈運。為尋求詩作的靈感，他身體力行地走到大自然的山水之間。這個中國政治最混亂、最痛苦的時代，卻是精神史上極自由、極解放，富於智慧、也最富有藝術創作精神的一個

時代。除了謝靈運，王羲之父子的字，顧愷之的畫，嵇康的廣陵散琴曲，曹植、阮籍、陶淵明、謝靈運、鮑照、謝脁的詩，無一不是文化的瑰麗之作。

山水畫亦同於文人詩作。當畫家不標榜老莊思想，真正地走到自然山水間，山水畫才能經歷一段「看山是山，看山不是山，看山又是山」的過程。您是否想過：為什麼從古至今，舉凡說到中國繪畫，一定會想到山水畫呢？或者可以反向提問，為什麼中國繪畫會出現大量的山水題材，並成為中國繪畫的主軸呢？我自己思想，恐怕還是由於中國文人、知識分子的生命與為官之道連結得太過緊密呵。我們總說士農工商，總言齊家治國平天下，對文人來說，倘若有一天將遠離朝堂，當然只能隱居江湖。《世說新語》寫過一個故事：東晉畫家顧愷之，從會稽辭官返家，有人問他：一路上山水美嗎？顧愷之言：「千巖競秀，萬壑爭流，草木蒙籠其上，若雲興霞蔚。」寥寥數語不正是後代山水畫境界與所處環境的絕妙寫照麼？偉大的山水畫意境，即在自然與個人內心的對望觀照之間啊。亦同於宗白華的一段話，他寫道：「晉人向外發現了自然，向內發現了自己的深情。山水虛靈化了，也情致化了。」當文人在朝為官，不能縱情山水，便將可以行，可以望，可以遊，可以居的山水畫掛到書房內；等到不願為官，或不能為官，卻能真正走到山水之間。這好像成了兩條不同的生命路途，但這兩條生命方向，美麗交織出了中國山水畫的風景。

讓我們回到看范寬與他的《谿山行旅圖》。

在資訊不發達的古代，藝術家比文人更名不見經傳。宋代官方設有畫院組織，名為「翰林圖畫院」，但我們在其中並未覓得范寬的名字，可見，他並非畫院的職業畫家。那麼，他以何營生？除了畫家之外，有無其他身分？這些都成了歷史之謎。甚至，他的名字也未能真正確實，有記載其名「中正」，也有人說其字為「中立」，范寬究竟是名或字號？惟一的官方記載來自宋徽宗時代編撰的《宣和畫譜》，其內記有：畫家范氏，性格「風儀峭古，進止疏野，性嗜酒，落魄不拘世故。」當時關中人有一種說法，「性緩為寬」，所以根據范氏的性格，大家便名其曰范寬。

人生在世，能被稱為「寬」，以「寬」行走天下，也是一件傲人的事啊。《宣和畫譜》又記，他「常往來於雍雒與京洛之間」，即今日陝西關中到河南洛陽之間，可見范寬所繪山水的創作源流，主要也來自此一地區。除了他的個性寬厚、舉止率真、嗜酒好道以外。另一項吸引我們注意，亦為影響中國繪畫最重要的記載是，他擅長山水畫，最初模仿五代的畫家李成，後來他覺悟到：「前人之法，未嘗不近取諸物，吾與其師於人者，未若師諸物也；吾與其師於物者，未若師諸心。」真叫人頓時想撫扣腦門，是啊是啊，前人畫家的繪畫，多以觀察事物而來，我與其模仿他們，不如直接從事物中學習；又，世間萬物不外乎自然的展現，我還是直接回來傾聽自己內心的聲音。於是，范寬隱居終南太華山，觀察日月山川景物，留心山林間，煙雲變化，風雨陰晴，各種時光的風景，當時人盛讚他：「善與山傳神。」

您是否覺察，咱們兜了一圈，又回到宋朝人的生命觀、宋朝人的宇宙哲學來了。他們所畫的，從來不只是真實山水，而是心靈的山水啊！從《道德經》的：「人法地，地法天，天法道，道法自然。」到了竹林七賢的阮籍，不兜圈子了，直接說「道即自然」。范寬此言，無非三個創作階段：一、學前輩，二、從大自然找靈感，三、畫自己的感動。我們不得不說，一件偉大作品的出現，其實濃縮了藝術家一生的生命風格與人格的展現，其中當然包括哲學思維的種種。即使歷史對范寬記載如此寥寥可數，但《谿山行旅圖》已經說了一切。

當我們站在 206 公分高的《谿山行旅圖》面前，映入眼簾的，是佔據畫面三分之二的遠景的主山，山形渾圓，巨大高聳，龐大而幽深。其高達三分之二比例，幾乎讓人感覺到滿幅畫面都是主山，此座主山多麼像莊嚴而崇高的天。又因為千年時光的水墨黝黑，帶出某種神祕，甚至是宗教性的聳立。乍一看會被深深震懾，但隨即會有平和而穩定之感。此一主山甚至讓我們感覺如同樂山大佛，自高處低眉斂目看著芸芸眾生。此畫經典之處，尤其在於獨特的構圖：前景、中景、遠景比例恰恰一比三比九，等比級數的構圖比例，造成一種視覺的跳躍效果，因此也有研究者寫過，這幅畫「其實很數學」。我們可以看到畫家匠心獨運，這前景的1，與中景的3，正是為了凸顯深遠主山的9啊。

年輕時，猶為博士生的我，曾旅行至雲南昆明的滇池，見山邊高處一座觀音廟，廟前的照壁上既不寫佛號，也不寫阿彌陀佛，反而寫了巨大的四個字：「一往情深」。我當時笑了笑，想怎麼回事？又不是拍瓊瑤片，怎麼廟前寫上浪漫口號。但年歲漸長，我好像懂了。宇宙天體籠罩著、守護著、俯瞰著人間，那不也是情不知所起，一往而情深嗎？

此幅山水畫，中景畫有茂林、老樹、岩石、水氣蒸騰。而前景則畫成承載行旅的大地。巍峨的高山頂立，全幅山石以密如雨點的墨痕和鋸齒般的岩石皴紋，刻畫出山石渾厚蒼勁的感覺。山頭灌木叢生，結成密林，兩側有隨從似的高山簇擁著。樹林中

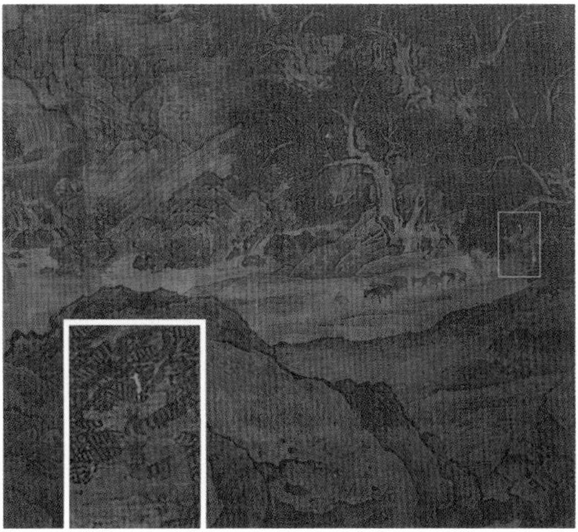

有小樓寺廟微微露出，小山丘與岩石之間一群馱隊正匆匆趕路。遠景中，一道飛瀑自主山筆直而下，貫通了天地。是的，中國山水畫面的山，永遠常是靜止，因此，「水」的各種型態便極為重要。《谿山行旅圖》就藉由一道飛瀉而下的瀑布，打破了天地的寂靜，我們彷彿能聽到溪澗流泉於山谷間迴蕩，山水依然在人間啊。小小的商旅駝隊打山腳走過，庶民百姓雖日常而勤苦，但像被天地呵護著、祝福著。

而《谿山行旅圖》於臺北故宮，還有一個傳說，或者說是一個尋寶遊戲。

每位前來觀畫的人，都會尋找：「范寬」在哪裡？

據說一九五八年時，一位書畫處研究員站於畫前，正準備策展掛畫，便請工友牛伯伯將畫搬下，當畫被掛回去時，牛伯伯突然說：咦，這個地方好像有字耶！研究員細看才發現，於畫幅右下角的樹葉之間竟有「范寬」兩個小字，畫家就這樣，把自己藏在了作品之中。從此，尋找范寬的遊戲便開始了。

行文至此，不免又要提起乾隆皇帝。《谿山行旅圖》曾經收藏於紫禁城宮中，以乾隆皇帝對於重視的畫作，向來有蓋「一璽三璽五璽七璽」的習慣，然而，此畫進入清宮收藏以來，只蓋上了「乾隆御覽之寶」一章，以及收藏地章「重華宮鑑藏寶」、「樂善堂圖書記」兩枚。顯見咱們隆哥一輩子都未曾發現「范寬」兩個字，說不定還以為此畫為仿品呵。

倘若您有機會遇見《谿山行旅圖》，一定要試試「尋找范寬」啊。

（圖一）北宋范寬《谿山行旅圖》。
（圖二）小小的商旅駝隊打山腳走過。
（圖三）一道飛瀑自主山筆直而下。
（圖四）范寬放大圖（圖中方框標出者即是）。

灰陶加彩仕女俑

故宮第一美人

不知道您是否去過臺北故宮博物院？您印象最深刻的是哪一處呢？也許您會記得那段鋪著紅毯的階梯，沿著堂皇的階梯上去，轉進入二樓的陶瓷展廳。您會記得，迎接您的，那一尊淺笑盈盈、體態豐潤的大唐美人。

此處，讓我們放心大膽地，從頭到腳將她打量一番：首先，美人有細細的彎眉，微微瞇起的雙眼，櫻桃小口露出笑意。她的秀髮蓬鬆，挽著唐代流行的雙環望仙高髻。穿著寬鬆的尖領長袍，袍子的幅度從頸部、肩線滑順地下垂，裙襬垂地，裙袍下則露出尖尖翹起的胡人款式的鞋子。在當時，這可是最流行的款式，並且能使長幅裙襬留於翹首鞋內，行走更自在無虞。

安置於故宮二樓陶瓷展廳前的，便是這樣一尊灰陶加彩仕女俑。

仕女身高75公分，約莫是半個嬌小女性的高度，由灰陶材質制成。工匠為使外部的彩繪更加栩栩如生，因此，在本體灰陶之上，上了一層化妝土。不僅掩蓋胎底的顏色，也像現代妝容粉底功效一樣，在化妝土上再畫就各色粉彩，日本陶藝有「粉引」一途，亦是類似工藝。直到今天，倘若我們定睛細看，仍能隱約得

見淡淡的黛青眉色，粉粉的胭紅顏色等等。全世界各地凡有收藏中國文物的博物館，幾乎都有自己的鎮館大唐第一美人。臺北故宮所藏文物，因為多數都紫禁城的宮中舊藏，故而出土品較少，常設展區中，就是這尊，我們稱她為臺北故宮博物院的大唐第一美人，當之無愧。

也許您也去過陝西博物館或者南京博物院？或是巴黎的吉美博物館，倫敦的 V&A 博物館。在這些地方，你會看到她們不止一個，而是十個、二十個地被排列在一起，真會令人產生一種錯覺，彷彿走進了房舍之間、街道之間、酒館茶肆之間，走進了大唐。他們如此笑容可掬，栩栩如真，難怪研究者總說：大唐的陪葬品就是大唐生活的百科全書。是的，他們全是陪葬品，一如某些歷史小說，或者前些年流行的盜墓題材小說所寫「明器」這個詞。這些穿越時空而來，被錯放於時間河流與我們相遇的，全是當時為了陪伴亡者而製作的。這是中國人非常特殊的風俗習慣，《禮記》所述：「敬其所尊，愛其所親。事死如事生，事亡如事存，孝之至也。」

事死如事生，是對於未知的不安全感，於是僅能以此生想像死後的世界。從春秋戰國、兩漢魏晉，越是大型墓葬，陪葬品越是豐富，林林總總，從房舍穀倉，豬狗家畜等仿真物，到珠釵玉璧，絲織繡襦等生活享用，無所不有；從王公貴族，到小老百姓，豐簡由人。但是，為什麼我們獨獨強調大唐的陪葬品是生活百科全書呢？大唐真的不同，因為他們除因循「事死如事生」的風俗外，更有「炫富」的目的。唐代強調隆重的葬禮儀式，總以豐厚的物品陪葬，他們一方面期望死者的來生可以衣食無缺、盡享生活之樂；另一方面，更要炫耀死者家屬的財富。因此，我們在唐代的墓葬裡，經常可見大量的、以陶土製作的人形俑作為陪葬品，此仕女俑便是其一。

臺灣上世紀六、七〇年代知名歷史小說家，當時號稱：「有井水處有金庸，有村鎮處有高陽。」許晏駢，高陽先生。他寫小說如治史，善用史料重現擬真的場景。其首發的歷史小說《李娃》，便極其華麗地鋪寫世族大家出身的滎陽鄭生的故事：他為科考來到長安，卻和名妓李娃相戀，沉醉於煙花溫柔鄉，以至科考無名，遭老鴇設計淪落於「兇肆」中。所謂兇肆，即包辦葬儀的場所，如同我們今日的殯儀館。鄭生於此扮演「孝女白瓊」，為陌生人唱挽歌。書中一段精彩情節，就寫長安最繁華街道上，東市與西市正舉行一年一度的葬儀大比拼。高陽寫到：「只見幾十里長的儀帳、明器、假人假馬、朱絲彩繡等等，鄭生唱起：『蒿里誰家地？聚斂魂魄無賢愚……』聽者莫不感受到生命的無常，不論是英雄末路，少年孤苦，老來伶仃，人世間一切的無告，欲哭無淚的傷心、委屈、抑鬱，都在挽歌之間盡情宣泄。」以文字重塑歷史場景，十分逼真寫實，如在眼前。

《新唐書》也有記載，大唐歷經安史之亂後，政局穩定，民生繁盛，厚葬之風又起，每每一場葬禮之後「罄竭家產，多至雕敝」！傾盡家產，以至於破產，這顯然已遠遠超過「孝之至也」的本意了。恐怕其華麗豪奢的葬禮，不單單是為死去的人預備，更大的目的在於炫耀，誇耀豪門大家的財富與社會地位。如此「厚葬」，究竟「厚」到什麼程度，豪奢到什麼程度呢？皇帝本人的葬禮自不待言，即使是皇帝身邊的人，其葬儀規模也毫不遜色。公元八六九年，唐懿宗心愛的女兒文懿公主去世，他悲痛不已，不僅命令公主的乳母殉葬，盛怒之下，殺了二十多位醫官陪葬。並且親自送葬、為女兒舉辦了極其豪奢的葬禮。史料記載：「以服玩殉葬，每物皆百二十輿。錦繡珠玉，輝煥三十餘里。」服飾文玩、各種珍寶各一百二十車，送葬車隊長達三十多里。我們可以想像如此場景：陪葬品被人擡著、被車運載著沿路展示，送葬的隊伍則為長安街市不定期上演的嘉年華歡會，百姓爭相觀賞，品頭論足又有什麼新奇的陪葬品，街頭就是炫富的伸展臺。

陪葬品如此，墓穴亦是同等奢華。今日在西安仍可見出土的壁畫，精緻寫實如流動的彩繪電影，走過長長的墓道，就像參加了一場宮廷宴會，難怪一場葬禮下來，大到國庫空虛，小則家破人亡。大唐愈加虛空不振了。但這一切卻留給時間長河下游的我們一筆寶貴的文化遺產，比紀錄片更加真實。從墓室壁畫到陶俑明器，從豐腴貴婦到黑膚捲髮的崑崙奴，從仕女到侍女，不論貴族或丫鬟，無一不寫實豐富，要細節有細節，要姿態有姿態，不只落實了文學描述，甚至比文學描寫更翔實縝密，倘若以出土的文物作為資料庫，完全可以再現一部火紅之極的《長安十二時辰》。

然而，此處並非止步於討論大唐的陪葬品有多麼豐厚，唐人的生活是如何豪奢！而是想要進一步感受文物究竟從遠方傳來何種訊息。因此，讓我們重新回頭注視臺北故宮的大唐第一美人。您有沒有想過，她如雲堆高聳的秀髮，可能正是一部大唐的繁盛史？也許您和我一樣留著長髮，或家中有長髮的女性，您會知道，無論頭髮如何茂

圖三

密，也絕對不可能盤繞出唐詩所寫的「臉橫秋水髻盤鴨」啊！更不用說，我們在《簪花仕女圖》或《搗練圖》中見到的螺髻、反綰髻、半翻髻、驚鵠髻、百合髻、雙鬟望仙髻、盤桓髻、同心髻、交心髻、回鶻髻、雙平髻、鳳髻、花髻、雲髻、雙髻、寶髻、飛髻等等，令人眼花繚亂，如特技一般的髮型呵，今天的我們甚至看到名稱也想像不出它們的形態。然而，可以肯定的是，這些繁複無比的髮型，都需要倚賴一樣重要的物品。您猜到了嗎？是的，答案就是假髮。

唐代女子愛美，社會風氣開放，女子追求「高髻」。長安歌謠唱道：「城中好高髻，四方高一尺。」按照今天的單位換算，一唐尺相當於30公分，那麼，「四方高一尺」亦即女子頭頂著30公分高的髮髻行走來去。這顯然還只是基本款，一旦高髻流行起來，就變成高還要更高，甚且出現「平頂式」髮型，即於頭上架出一層又一層平臺，創造出空間，得以方便插滿各式美麗的簪子與步搖等珠寶，這好像又是另一種「炫富」行徑啊。難怪溫庭筠寫了「小山重疊金明滅」，如同現今我們所見日本藝伎，她們亦是承襲了大唐遺風，一柄又一柄的玉梳子，像一座又一座春帶彩的小山往髮上堆疊。

既要做出如此龐大而繁複的髮型，個人的頭髮長度與厚度又畢竟有限，當如何是好呢？唐朝中期，朝鮮半島（即今日韓國），當時的高句麗與百濟為大唐所滅，大唐於此設立「安東都護府」。史料記載：新羅國王「夏四月，遣使入唐，獻果下馬一匹，人參、美髢」。文中的美髢，指的便是進獻美麗的假髮。除了進貢，當然更有商業進口了。因此，從美人的髮型，我們還可以看到大唐的國力與經濟。

於古董市場上，此類大唐仕女俑被稱為「胖姑娘」；古籍多有稱唐代美女是「美人無肩，有肉無骨，身材豐腴」。普世皆知唐人以肥為美，的確，繪畫中的她們多數臉若銀盆，潤似滿月。然而，真是以「肥」為美嗎？越胖越好嗎？當然不是，唐人眼中看到的，是「健康美」，或可說是「達觀美」。臺北故宮博物院的這尊大唐美人的臉部，就像其他所有同類陶俑一樣——請注意，我用了「所有」兩個字——匠人以流利簡潔的刀工，刻出睚起的眼睛的弧線，這媲美漢八刀的刀工，使得每一位美人皆盈盈微笑。她們有的撚花微笑，也有挽著花籃，亦有捧杯微笑，有的如似逗弄手上的、將要飛起的小鳥，各種姿態都顯現出一致的氣象，彷彿全在說著同一句話：「我大唐……」是的，我大唐，葡萄美酒、苜蓿胡餅、音樂胡服，四方來朝，大唐便是世界的中心，美人雍容閑雅卻天真無憂的姿容，正是大唐的時代容顏啊。

我的一位學生，見過本尊唐代美人後，作業寫下幾句詩，如下：

圖四

亦或是無憂 無喜 無情 無欲
才讓青春永遠留駐
唉！那些紙片般的美人啊！
千年以前
豐潤豐腴才是王道啊！

如果您再次走上臺北故宮博物院二樓的展廳前，記得站在這位大唐美人的五點鐘方向，據研究員告訴我們，這是她最美的角度啊。

（圖一）灰陶加彩仕女俑。
（圖二）灰陶加彩仕女俑。
（圖三）三彩馬球仕女俑。
（圖四）灰陶加彩仕女俑（手執鳥）。

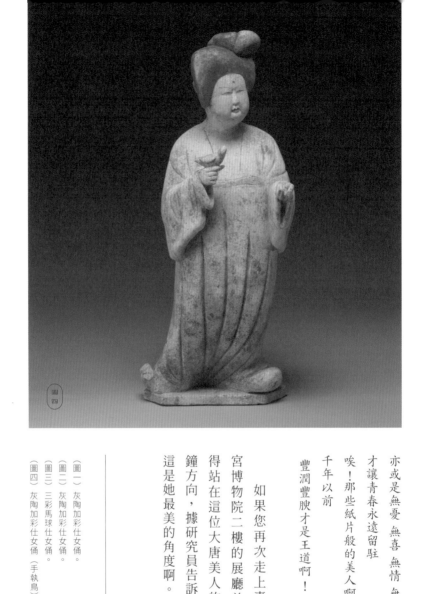

定窯娃娃瓷枕

瑩白類雪

說到白色，此時，在你腦海出現的白，是怎樣的白呢？是白雲的白，是梅花的白，是顏料的白，還是每日捧在手上喝茶喝咖啡的骨瓷的白？

深諳科學的朋友，您也許知道，歐洲文藝復興時期身兼科學家、發明家、建築工程師、畫家於一身的天才達文西，在他《給藝術家的建議》中曾經說過：最簡單最原初的色彩是白，儘管有些人不承認黑色或白色是色彩，因為黑色是一切色彩的來源或是接收者；白色，則是被剝奪了一切色彩。而繪畫不過是一種光與影的效果，是明與暗的對照。所以，白色是最早被看見的，接著是黃色、綠色、藍色和紅色，最後才是黑色。白色可以被視為是光線的代表，沒有它，其他顏色都無法被看見。這是科學的說法。關於白色，在英國女詩人克里斯蒂娜．羅塞蒂（Christina Georgina Rossetti）口中則充滿詩意，她說：「什麼是白？天鵝是白，在光中滑行。」

親愛的朋友，您所想到的白，是怎樣的顏色呢？從陶瓷發展史看來，現如今我們處處可見的白色，對古代工匠來說，卻是一條追求完美的白瓷之路。

這些年，盛世興收藏的風潮之下，屢創天價的，常常是完美精工、華麗雍容的明、清瓷器。然而，每當我跨入臺北故宮的陶瓷展廳，在一整列的宋代瓷器前，心中仍要不食人間煙火似地讚嘆一聲：這一字排開的宋瓷，才是中國文化最優雅、最溫柔卻最精粹、最不言而喻的身姿啊。

展廳中首先登場的，便是瑩白類雪，引領宋代第一波美感風尚的定窯瓷器。我們文前所說的白色：白雲的白，梅花的白，顏料的白，骨瓷茶杯的白；前兩者是天然的白色，後兩者則是人工的白。在陶瓷演進中，要達到潔白素淨，達到我們所有人想像中的白色，工匠們真真是走了千年之遙。比如之前談及的大唐仕女俑，因為胎土呈現灰泥顏色，製作過程中必須先敷上潔白的化妝土，再能上彩。天然大地屢屢可見的白色，在可供燒造成陶的材料裡，卻不多見。中國要到隋唐時期的邢窯，白色的胎體質地已足夠細膩，方才不需另罩化妝土。倘若我們說：白色胎土是工匠千百年來苦苦尋覓的珍寶，一點也不為過。您可能會納悶了，為何辛苦追尋白色呢？灰泥，紅陶不是也很漂亮麼？這真是我們血液裡神祕的符碼了！就形上因素來看，白色向來有潔白、崇高的象徵，尤其向以玉比君子的我們，素潔的白，尤其是自然界中難得可見，工匠便愈是追尋。但若以使用者的心理來看，每日使用的杯碗茶盞，若是一派深黑幽暗，是否不如瑩亮潤白來得清新可人，較不負擔呢。總之，當邢窯突破白色的困境後，「北白南青」遂成為千年來中國陶瓷的美感傾向：北方喜歡如白雲、雪山，如木蘭花的白；而南方則迷醉於千峰翠色、類玉似冰的青瓷。號稱宋代五大窯之一的定瓷，就是在這樣的背景下出現。

白瓷的出現，當真是劃過長空的一道美麗煙花，是陶瓷工藝在材料與技術的一大進步。由於製作一件白瓷，無論是胎土或釉色，皆需嚴格控管金屬氧化物的作用，無論是鐵料、鈷料、鉛料等等。然而，鐵的化合物在自然界中卻是無所不在。我在帶領學生學習故宮陶瓷內容時，為了彌補博物館文物只可遠觀的缺憾，便請了一位大收藏家好朋友——「柴菴」主人，帶了自家收藏的宋代瓷器來讓學生上手，把玩撫摸、真切感受宋瓷的質地。學生上手前，他先講一個小專題，題目是：「鐵粉三千年」。同學們都

圖一

圖二

笑了，多麼現代、接地氣的講題。而實際上，其意在於：三千年來，瓷器成色的變化，全在「鐵」的作用啊！鐵愈多愈多，即成為之後將討論的建窯瓷器，甚者，入手沉重。反之，鐵愈少愈少，便漸漸白淨起來。因此，我們可以說，白瓷便是青瓷去鐵化以及材料精緻化的產物。現存的古代瓷器中，鐵元素測定最少的，大概是永樂朝的「甜白」，其釉料中，鐵含量約在千分之九以下。而宋代的定窯和明代德化窯，大約是百分之一。如此一來，因為鐵含量的座標游動，同樣是白瓷，便有了甜白、青白、卵白、牙白、瑩白等不同稱呼。從大唐的邢窯開始，潔白的胎質，光潤的釉面，白瓷愈加成熟穩定、系統化生產。宋太祖結束五代十國的紛亂局面後，北

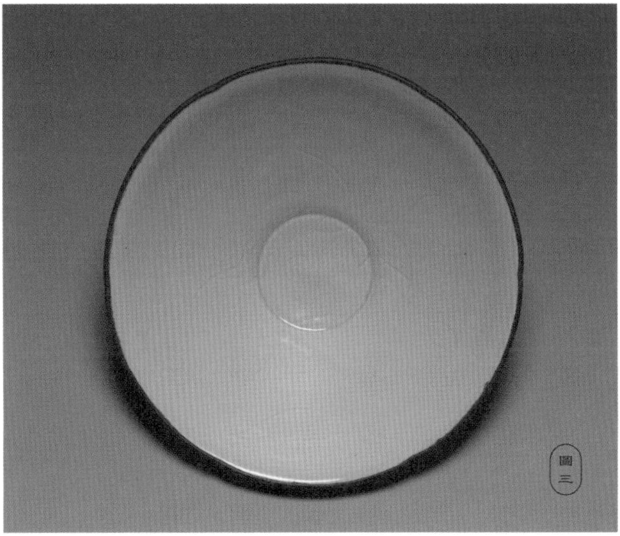

圖三

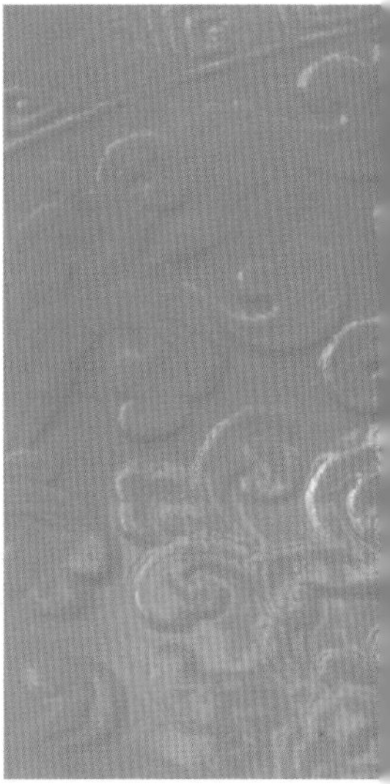

方的定州（今日的曲陽）一方面吸取邢窯白瓷精華，一方面學習越窯、耀州窯的刻劃花裝飾法，定窯於是兼具南北優點於一身。待宋代立國後，天下便只知有定，不知有邢了。至此，釉色晶瑩、胎骨腴潤，造型端重的定瓷，優雅登場了。

千餘年來，我們眼前這些未曾具名、未曾落款的文物，我們深信他們全都出自一雙雙熟練至極，或本身便具備高度才華的藝術家之手。定窯瓷器從邢窯那兒繼承來的，是瑩白釉色，與腴潤的胎骨，但今日於我們眼前的定窯瓷器遠遠不止於此。工匠在胎底猶仍濕潤之際，用刻花、劃花、印花的方式，使得上釉燒製後的瑩白釉色下，花樣如同內蘊的、不張揚的淡雅肌理；尤其，印花花樣有來源自宋代流行的緙絲圖案、金銀器的壓制圖案，布局嚴謹，層次分明。構圖有序，從四季花卉、寶相花紋，到蓮塘雁鴨，各種嬰戲圖案，熱鬧卻典雅。熟悉中國藝術的朋友，您一定已經敏銳地發覺了：這些圖案，在宋代的繪畫上也是成就非凡啊！從黃筌父子工緻富麗的黃家富貴牡丹、花鳥，到畫家崔白精妙絕倫的鵪、蟬、雀三絕，它們早就是宋代史上繪畫精彩的一頁。再者，印花、刻花技術，在宋代另一類耀州窯上，也是碧青中的暗花浮動。是的，這正是我想與您分享的觀察心得：每一個時間橫軸上的所有因素都是流動著、互相影響的，如空氣，如流雲。現今的說法叫「蝴蝶效應」，您想像遠方的一隻幻美蝴蝶拍了拍翅膀，攪動了周圍的空氣，或花粉的傳遞，細微的變化從翅翼流瀉而出，影響到了千里之遙的遠方。每一個時代的流動的影響，像有千萬雙翅翼拍動，流風所及，互相影響互相浸潤。而這一切又皆統攝於同一時代的文化之下。

當您走進臺北故宮博物院一整列的宋代定窯展區，一件一件看過去，您便會察覺定窯的統一風格便是她優雅的造型：如同鵝頸細細延展的玉壺春瓶，小巧的喇叭形侈口，全器施牙白色釉，釉薄而明亮，器面留有流淌的「淚痕」。臺北故宮的研究員兼策展人，甚至貼心地將淚痕朝向觀眾，讓您如見美人垂淚。又如圈足小巧，碗壁呈四十五度直線如一頂精緻斗笠的茶盞，又如薄胎淺形的八方碟，暗花浮動於規整的幾何器形內，真真讓人想到上朝議事，下朝風雅填詞的北宋詞人晏殊、歐陽修啊，器物就像她的時代的縮影，定窯便是如此雅致又典麗十足的大宋風情。從民間流行到宮廷，傳世千年的宋徽宗《文會圖》，如真地繪錄了百餘件茶器具，一半多是白中帶著牙色的器具，元朝劉祁的《歸潛志》所述「定州花瓷甌，顏色天下白」，正是這一波白色美學。

一件器物就是他時代的縮影，另一個例子是臺北故宮另一件國寶——北宋定窯陶瓷娃娃枕。以他為動畫造型的國寶娃娃歷險記，十分天真逗趣，他堪稱是臺北故宮的第一童星。古人習慣枕高枕，完全是強調舒適、符合人體工學的現代人不可想像的時代差異，古人說：「三寸長壽，四寸無憂。」高枕能透風涼爽，能維持髮髻不至凌亂的理由，我們大致可以接受；但9公分，12公分高，如這只北宋定窯娃娃枕甚且高達18公分，實在讓我們無法不憂了。好在其造型著實俏皮可愛，以潤白定窯做一男娃娃俯臥於床榻，兩臂環抱墊於頭下，月兒彎彎似的眉、明亮的杏眼和挺直的鼻樑十分清秀可人。微微吐舌的神情，顯出活潑可愛的個性，胖嘟嘟的臉頰則令人想捏上一把，而彎曲的背弓，正好作為枕面。身穿長衣坎肩，床榻有精美花紋，兩隻腳交叉往上翹起，好像歡喜快樂撒嬌。陶工精湛的技術，將娃娃表現得栩栩如生又討喜。因為瓷枕為空心，為防燒製時爆裂，其翹起腳下部位有巧妙的雙頭如意狀，如意捲起的中央，

圖四

正好是預留的孔洞。為要留下孔洞，便將鑽下的小泥團向內推去，據說竟成了瓷枕中可噹噹作響的小祕密。同樣造型的娃娃枕，全世界現存僅有三件，一件較為溫潤樸素藏於北京故宮，臺北故宮則有兩件，我們不妨稱他們為定窯三兄弟。其中，大哥最為富貴逼人，背心上有如刺繡圖案的印花裝飾，俏皮可愛中顯露華麗氣息。這樣的嬰孩造型，不得不讓我們聯想起臺北故宮館藏的許多嬰戲題材，最有名的如宋代蘇漢臣的《秋庭嬰戲圖》，繪有一男一女兩娃娃正在庭園中玩著「推棗磨」的遊戲。定窯盤盞上嬰戲牡丹、嬰戲蓮花、嬰戲蓮塘趕鴨等等，大量的嬰戲題材，除了是多子多孫富貴連綿的吉祥寓意外，與宋代皇家子嗣不豐，由上而下鼓勵生育的人口政策也有關連。尤其與西夏、遼國戰事連延，後又避往南方，嬰戲題材更是普遍流行。您說，這不正是從文物看見時代！

臺北故宮所藏娃娃枕，看起來像是閨閣用品，但他可是咱們隆哥，乾隆皇帝的喜愛之物。從乾隆三十六年到四十一年間，經由他自己的蒐集或臣子的進貢，乾隆於短短時

圖五

間便獲得了十一件定瓷娃娃枕。他非常喜愛這些寶貝，密集寫了十首詩來吟詠定瓷娃娃枕。不僅如此，皇帝不愧為宮廷內層級最高的藝術總監；乾隆皇帝更為娃娃枕設計了「紫檀木羅漢床」及宋錦特製的墊被。乾隆三十九年呈進宮中的一件定瓷娃娃枕，完成紫檀座搭宋錦墊後，皇帝更「傳旨著在新做養性殿玻璃格內換擺」，清楚點出其作為陳設品擺設的性質。一件閨房之物，被擺到帝王起居之所，當然不免帶有某種聖世的期許，原因正在那噹噹作響的小泥團：一來，皇帝期許自己能如古代賢良帝王「武丁遙企能夢賢」，夢中得見輔國良臣；二來，也藉此「警枕」提醒自己切勿貪睡。

臺北故宮經常坐鎮展出的是三兄弟中的大哥，研究員談及：某次，院內將大哥請入庫房休息維護時，為擔心觀眾來到故宮，見不到擁有高人氣的娃娃枕，因此將二哥請上展櫃。沒想到竟有不少眼尖的觀眾投書至故宮，責備它們未能保護好展品，怎麼白白嫩嫩的定窯，變黃了呢！可見觀眾也很是細心。

民國散文家，也是沈從文先生的大弟子汪曾祺，生前最後一篇散文，由他的女兒發表時寫道：

父親年輕時寫的文章能讓人感到他對色彩的敏感，老了以後寫得短了，手法也接近白描。但在去世前一年有一篇散文卻只寫顏色：

魚肚白
珍珠母
珠灰
葡萄灰（以上皆天色）
大紅
朱紅

牡丹紅
玫瑰紅
胭脂紅
干紅（《水滸傳》等書動輒言「干紅」，不知究竟是怎樣的紅）
淺紅
粉紅
水紅
單衫杏子紅
霽紅（釉色）
豇豆紅（粉綠地泛出豇豆紅，釉色，極嬌美）
天竺
湖藍
春水碧於藍
雨過天青雲破處（釉色）
鴨蛋青
蔥綠
鸚哥綠

孔雀綠
松耳綠
「嘎吧綠」
明黃
赭黃
土黃
藤黃（出東埔寨者佳）
梨皮黃（釉色）
杏黃
鵝黃
老僧衣
茶葉末
芝麻醬（以上皆釉色）
這世界充滿了顏色

親愛的朋友，當您看過一只又一只的定窯瓷器，也許我們可以接續汪先生這顏色的世界，補上各種白色啊。

（圖一）邢窯「白瓷穿帶壺」。
（圖二）定窯「印花石榴嬰兒碗」。
（圖三）定窯「劃花蓮花碗」。
（圖四）宋徽宗《文會圖》。
（圖五）定窯「白瓷嬰兒枕」。

圖一

建窯

幽暗美學

對於顏色，我們有沒有既有的固定印象呢？譬如粉紅色，是春天的戀愛的顏色，紅色是喜慶的顏色……等。如此一想，黑色與白色，大概是最現代的顏色了，尤其黑色，代表極簡，也代表個性。但您知道麼？千年之前、最文雅古典的宋朝，黑色的茶盞曾經風靡一時，甚至流傳有序，遠渡日本，被視為國寶，開一派幽暗美學啊。

這又是一件文物，就濃縮了一整個時代的氣息，且不只濃縮了一整個時代，還足以代表一段中國歷史上最璀璨精緻的茶文化。我是一個歷史小說迷，捧卷閱讀歷史小說時，最愛其仿真、擬真、似真的歷史場景。由於中國的語言未帶時態變化，即使標註昨日、去年，也不如寫出整個過去時光的場景，更容易帶領讀者進入時光甬道，回到某一歷史場景。現代的我們，除了藉由閱讀外，電視劇、電影好像更容易幫助我們還原現場、重置場景，幫助我們穿梭前去古代。然而，不知道是否因為清朝離我們近一些，紫禁城依然屹立北京，有照片或建築方便可供重建歷史。長期以來，數不清的清宮劇不斷上演，《步步驚心》、《延禧攻略》、《如懿傳》，清代簡直清晰如昨日的夢境。近幾年，電視劇總算從鳳穿牡丹的清宮，走向鶯啼木蘭的宋朝了！從《知否知否》到《清平樂》，夢境的顏色從大紅色走向光度暗去的棗紅色。建築空間敞開了，家具高度降下了，我們開始可以看見角色們的手部動作，篆香、插花、掛畫、點茶，宋代的風雅從影像中活色生香起來。其中常見一個細節最讓我癡迷，便是手執茶筅在茶碗中規律反覆打轉，這看似無心卻規矩，看似繁複卻從容淡雅的動作，十足正是宋朝的寫照啊！所有看起來素樸無華的成果，從書法到陶瓷，從製香到一碗茶，都是無數精緻的鍛鍊，從無需張揚，只是光華內定。

素白瑩潤的定窯瓷器，引領了宋朝第一波美感風尚，繼之而起的是晴藍的汝、清亮的龍泉。然而，其中卻有一類瓷器，雖未被明清文人納入宋代五大名窯之列，卻因為深具特色與功能而獨樹一格，至今仍領一代風騷的，便是我們在陶瓷史上慣常稱呼的建窯，又因喝茶的茶盞著名，即一般所稱的「建盞」。為深入了解「建盞」，我們必須穿越一下，放下我們手邊的原片茶葉，搭乘時光機器，回到唐朝五代，從「泡茶」回到「煮茶」的時代。

中國飲茶的習慣由來久遠，相傳神農氏已將茶作為藥飲。世人皆知的茶聖陸羽，其囊括茶的各類知識匯聚成《茶經》，他筆下記述唐代喝茶法有粗茶、散茶、末茶、茶餅四類。其中粗茶與散茶即是今時習慣的葉茶。然於大唐時代，最主要的，是茶餅一類，也就是煮茶一法；尤其風行於文人與僧道之間，詩文中屢被提及的「煎茶」便是了。《茶經》有一卷專門記載茶的煎煮方式記述：煮茶以餅茶研碾成末後為之。而茶餅的工序則需將茶葉：採之、蒸之、搗之、拍之、焙之，穿之、封之，您可以想像其加工過程極其繁瑣。待到茶餅成形，並需經過備茶→煮水→投茶→分茶，才能入到您的唇邊。和今天最大不同處，一是備茶時，先將茶餅再次炙烤，使香氣出，待涼後，將茶餅碾磨成粉末。第二不同處，是將調味鹽，是的，您沒有看錯，是鹽，與茶粉一同投入風爐上的茶釜中，並不斷拂擊攪動煮沸的滾水。過程中，且需像我們煮餃子時，兩次點水，再滾，至此完成，才能分茶飲用。這聽起來像是不帶感情的煮茶指南，然而，歷史總留給我們更多線索與見證。當我們轉身觀看陝西扶風法門寺出土的金銀絲結條籠子（用以焙炙茶餅的）、鎏金鴻雁紋雲紋茶碾子（碾碎茶餅用）、鎏金仙人駕鶴紋壺門茶羅子（用以存放茶粉）、鎏金飛鴻紋銀茶則（舀放適量茶粉的）、鎏金摩羯紋銀鹽臺（置放將加入茶中的鹽）、鎏金流雲紋長柄銀匙（為了拂擊點茶用）……這鎏金的一切，正是歷史留給後來的我們最大的驚喜！唐禧宗絕對不會知道，他當日供獻佛前的器具，會在一千多年後，讓我們實證了陸羽的《茶經》，並且再一次親眼目睹了大唐風華。

圖二

法門寺當然也出土了不同材質的茶碗，祕色茶碗，淡黃色玻璃茶托茶碗……它們相較我們後來看到的宋代茶盞，唐代茶碗顯然較為低淺，這現象加上唐代茶具中的茶釜，便清楚說明，唐代的茶碗單純是用以喝茶。而被加高且深腹的宋代茶碗，則具備完整從點茶到飲茶的功能，有點像我們今天說的All in One。因此，我們可以開始跑動腦中的畫面：首先，請您先拿起一柄小搥將茶餅擣碎；此時，您會看到茶餅表面的黑色保護層被捶碎，而出現白色茶末。將搥碎後的茶，移到茶碾中研磨成細細粉末，用如細篩的羅篩濾過，茶末將更加細緻。這時，茶末可以置入茶盞中，加上少許水，調成乳膠狀。您可以手提執壺，注入約莫六成滾沸的湯水，用茶匙盡情攪拌，即可飲用。當然，如果您更講究，則必須拿出「茶筅」，這是一截由竹筒精緻切割而成的竹刷，南宋人稱它為竺副帥，您可以知道它在點茶時的地位了。因有竹筅，您可以緩急有序地將茶湯拂打出湯花，高手更可以拂擊出緊貼住碗壁四周的細緻浮沫啊，甚

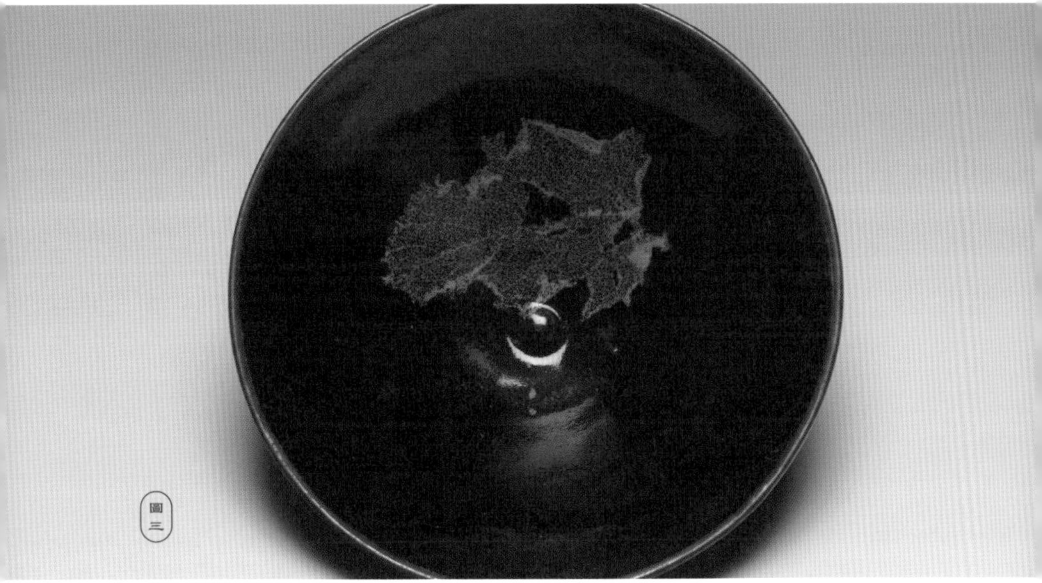

圖三

且不退，稱之為「咬盞」。宋代就因為此種特殊的點茶法，使得喫茶成為一種帶有高度技巧的藝術，甚至成為比賽，比賽誰的湯花能持續咬盞最久，即為「鬥茶」！鬥茶一風起，上至宮廷，下至百姓，人人瘋鬥茶。

而風靡宋代的茶餅，便是出自福建。由此我們知道，建窯所以名聞天下，還與地緣因素有關。大宋朝的茶葉製作之講究，恐怕遠遠超出我們所有的想像。早在宋太宗初初即位，便派出轉運使（即貢茶使）前往北苑督造貢茶，並且頒布龍鳳圖案模型，製作龍鳳團茶，當時的北苑，正是福建的建安。我們熟悉的宋代書法大家蔡襄，便曾任福建路轉運使，他除寫下精道的《茶錄》一書，更開創「小龍團」茶餅。大詩人歐陽修寫到：「建安三千里，京師三月嚐新茶！」蘇軾、陸游都寫過飲茶詩，喫茶一事，在宋朝是全民大事。然而，說到最佳代言人，當然還是徽宗皇帝本人了。貴為天子，他不僅自己點茶，並且寫出一部《大觀茶論》，從地產、天時、採擇、蒸壓、製作，到盞、筅、瓶、杓……水、味、色、香，洋洋灑灑二十篇。如茶之〈盞〉一篇說道：「盞色貴青黑，玉毫條達者為上，取其煥發茶採色也。底必差深而微寬，底深則茶宜立而易於取乳，寬則運筅旋徹不礙擊拂，然須度茶之多少。用盞之大小，盞高茶少則掩蔽茶色，茶多盞小則受湯不盡。盞惟熱則茶發立耐久。」一讀便知，他是真正深諳此道的高手啊。不僅如此，臺北故宮所藏他所繪《文會圖》，左下角就有小童點茶的實況。

有此最佳代言人，難怪建安茶與建盞成為名符其實的天下第一茶！

行文至此，主角建盞該登場了！由於鬥茶比的是誰的湯花泡沫可以停留碗壁的時間最長，我們可以試想，白色的浮沫在哪一種顏色的茶盞中最為顯色？最跳動？答案當然是黑色。尤其，鬥茶不僅僅需要高超的技巧，茶色亦是以白色為上乘，那麼，黑釉茶盞便成為鬥茶文化中最好的飲茶器具了。宋代人《方輿勝覽》所稱：「茶色白，入黑盞其痕亦驗。」即為此意。由是，我們可以理解建窯茶盞，不止來自團茶、茶餅的製作地，它最是懂茶，以至茶人的需求；可以說是為宋代點茶、飲茶而生的器具。我們曾說過「鐵粉三千年」，白色的定瓷，在以白為上的風尚中出現，但工匠不僅僅只以做出白色器具而滿足，定瓷除呈現瑩潤的白、溫暖的白，更刻花、劃花、印花、篦劃出內蘊風華的美。那麼，釉黑的建盞呢？在不知名的一整代工匠手中，他們巧妙地使鐵粉的作用最大化，凝聚成最深邃的黑，而這黑裡，卻不是死寂的；那黑，是銀河之外，仍有最初的光。鐵與其他金屬在工匠的心手之間，流淌、點劃，氧化、還原，成為密布於黑釉之上的兔毫、油滴與斑斕的鷓鴣羽紋。德瑞克．賈曼（Derek Jarman）在《色度》寫道：「黑色是絕望的嗎？暴風雨的烏雲不都鑲有銀邊嗎？黑暗中存有希望的可能啊！」

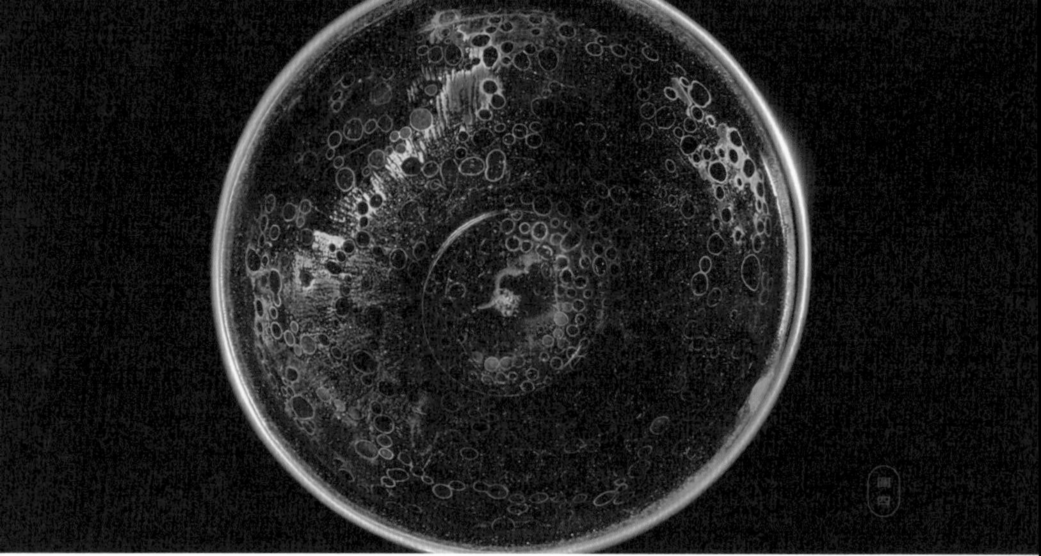

圖四

走進臺北故宮博物院的瓷器展廳，建盞就在定窯、汝窯、官窯、耀州窯的白色與青色之後，以黑色之姿搶眼登場：有敞口的，有斂口的，它們像是倒了過來的半個地球，或如覆蓋而下的斗笠。我的學生在期末報告中，交上一則動畫，他們將一只又一只建盞倒了過來，讓它們飛動著，不斷朝屏幕前方飛來，並且配上星際大戰的背景音樂，我們彷彿置身於無垠的星宇之間，一切的想像都在黑暗中，無限可能地奔馳著。

喜愛博物館、喜歡品茶的朋友，您一定發現了，同樣類型的黑釉茶碗，在日本被稱為天目碗。但若細細考究，便會發現中國的天目山並未有窯燒遺址啊。是的，早在宋代，遊學、遊歷浙江天目山的日本禪僧與和尚，便將黑釉茶盞及飲茶方式帶回日本。直到今日甚且有三件宋代建盞，被日本政府評定為國寶，它們是全世界現存的四件「曜變」天目茶碗中的三件整器，分別藏於東京靜嘉堂文庫美術館、大阪藤田美術館、京都大德寺。而另一件有四分之一缺損的，則遲至二〇〇九年才在杭州出土，兩岸故宮都未有曜變茶碗。從「曜變」中的曜，如星曜之曜，您可以想像他的釉色。如同在黝黑宇宙裡，有湛藍寶光，展示著天體的幽深奧祕。黑色，原是僧侶之心，又如禪定之不染塵世煙火，深受日本僧侶和尚愛慕，帶回日本，這容易理解。但怎麼僅存世間的三只曜變，都成日本國寶呢？原因之一，應與明太祖朱元璋提倡大茶壺有關，喝茶習慣改變，建盞需求相對不再。反之，元末明初，日本茶道大盛，商人大肆蒐求建盞，也使得大量茶器，經由餽贈或買賣東渡海外。另一個原因，或可以用日本文學家，追求惟美以致發展出《陰翳禮讚》美學的谷崎潤一郎來說明，他在書中寫到日本漆器的美，只有置身於朦朧的微光中，才能發揮得淋漓盡致，他說：「如果不將『幽暗』列入條件的話，可以說絕無法體察漆器之美。」谷崎潤一郎所稱頌的漆器，與我們這裡所說的建盞，的確都是由無數的「幽暗」所堆疊，而它們卻又因為堆疊出了無數的幽暗，反而自成了帶了光的發光體，在喜愛自然光線，習慣豆亮燭光的環境空間中，反而散發出淡雅幽靜，不需言說、卻說了一切奧祕啊。

二〇一九年初夏，三只曜變天目碗因緣際會前後展出，我有幸趕上藤田美術館館藏的那只，在奈良博物館的展出。啊！總只在書本上看見，無論如何也想看看，那究竟是如何夢幻的夜空星辰啊！那一日，幾乎是天降暴雨，也因此排隊人數少了許多，於是排隊半小時，換得與他短暫交會的三十秒；那樣如窺天機的悸動，至今仍怦怦可觸。不知道當日燒出此夢幻逸品的窯工，該是怎樣的驚喜，又該是怎麼的焦慮害怕自己是否偷窺天機，燒出了宇宙的祕密。

撰寫建盞的此時，我的手邊正有一只宋代的兔毫茶盞，因為土咬嚴重，原本肥潤的釉色已不再光澤熠熠，我反而喜歡它的繁華落盡。每日捧它喝茶，感覺口沿微微的曲線，這是工匠貼心留下，以方便就口，又不會使茶湯外漏的巧思。某次，正忙亂又口渴時，來不及捧飲，完全不假思索地將大拇指扣著碗內，虎口就碗，單手拿起就喝，沒想到竟然稱手妥貼得很。我不禁笑出來，在宋代，一只建盞應該也是上至官家，下至小老百姓，各有各的喝法吧。我真喜愛那個將喫茶喫到超乎止渴作用，全民喫茶喫到風雅，因而豐富了人們精神生活的大宋朝啊。

（圖一）宋建窯「黑釉兔毫盞」。
（圖二）宋建窯「黑釉兔毫盞」。
（圖三）吉州窯「黑釉木葉紋茶盞」。
（圖四）藤田美術館藏「曜變天目碗」。

南宋官窯

我的美麗與哀愁

每到博物館，我會和自己玩一個小遊戲：刻意避看說明卡，用自己的直覺來猜：啊，這是黃庭堅的手筆，啊，這出廓璧，應該是漢代的形制，這瓷器肯定是清朝末年，國力不振的表現啊。當然，有時像中了獎，更多時候是接受教育，且印象更為深刻。走進臺北故宮「摶泥幻化」陶瓷展廳，在瑩潤的定窯之後，是雨過天青的汝窯，從小洗子、紙搥瓶、青瓷蓮花溫碗、青瓷無紋水仙盆……青瓷奩、青瓷尊、青瓷弦紋樽，好似走在一條宋代的長廊：高雅、凝重、天青色的釉色晶瑩、胎骨腴潤、造型端重，真是清風徐來，一派文人風雅！但再多走兩步，眼睛眨了又眨，好像有哪裡不太對！快快停

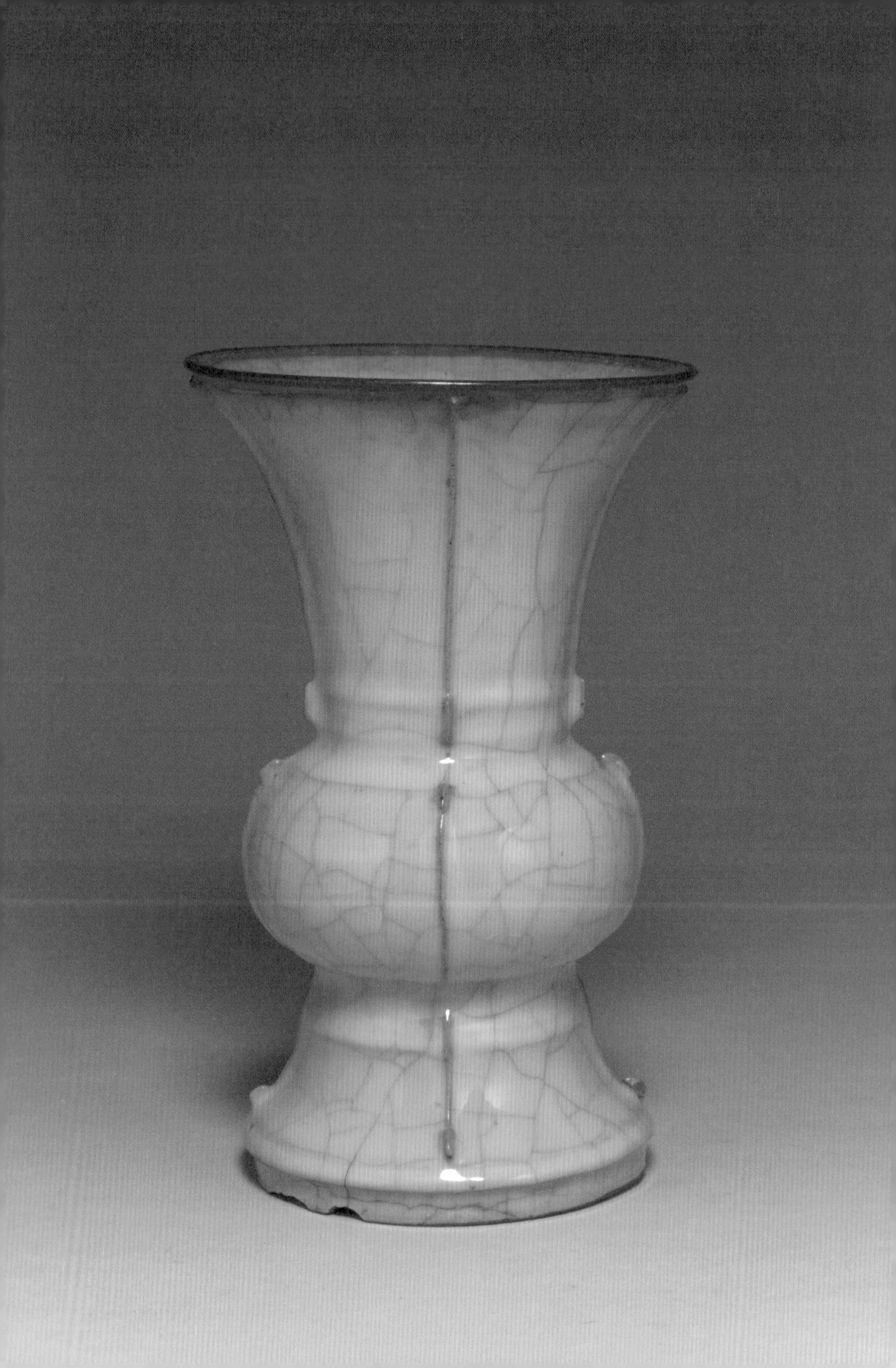

下腳步，是了！什麼時候，眼前的青瓷，在說明卡上已從汝窯一轉南宋官窯。這汝與官，分明係出同門，然而，就是不一樣；乍看相似，但定睛一看就是不同。

不同在哪裡呢？十多年前，我瘋魔似地在海內外四處看陶瓷器，看窯址。對於有能力的收藏家，可以出入各大拍賣場收藏完美瓷器。然而，對於愛好者、學習者的我們，看窯址，看破片也已精彩至極。倘若說博物館的藏品是華麗登堂，破片，則讓我們看到了它的家譜，它的身世。因此，看青花，當然不能錯過景德鎮；看官窯，當然非到杭州不可。在杭州的南宋官窯博物館，除了櫥窗內修復的整器、套盒、有「內苑」款的盤底、精緻難得的鏤雕瓷瓶外，最叫人驚艷的，當是館內腳踏的透明墊之下，滿地滿地的官窯破片了，全世界大概沒有任何一個地方能豪邁地鋪出這一屋子官窯曾經存在的痕跡。此博物館是以郊壇下南宋官窯古窯址建立的，然而，若為探尋更多官窯的身世，我還得走一趟二〇〇〇年前後才發掘，且被海內外專家一致評判為南宋修內司遺址的老虎洞窯址。我攤開地圖（那時真還不太會用 app 呢！），標註得語焉不詳，問了官窯博物館的警衛，才知道必須抵達萬松書院，再往裡走。萬松書院可是知名景點，那是相傳梁山伯與祝英台同窗讀書的地方。

一入萬松書院，庭院中人頭竄動，地上鋪滿 A4 紙，我一人穿梭其間偷偷瞄著，心中納悶：怎麼這麼多的尋人啟事？照片，年齡、職業……怎麼都是成年男女？我突然恍然大悟，是徵婚啟事，幾乎都是父母為孩子尋覓終身伴侶的。我像被喜事感染般往院內走去，總算看到一個小小、不起眼的指標，再往山後走，越走越是荒涼，經過一座座墳頭，越走越是心慌。好不容易終於讓我找到絕無人跡、原汁原味，完全像剛剛被清理過的挖掘現場，好看非常，彷彿走在人們離去後，被清空的場景。我踱著步緩緩走著，於附近小屋出來一位管理員，他說：啊，好久沒有人來過了，上次也有一位臺北故宮的研究員來過！我請教他：書本上說，南宋當時將窯廠設置在此，乃因周圍盛產「紫金土」，是這樣嗎？他笑了，並且帶我往前走一小段，就在山邊的土坡，撿起一堅硬土塊，交在我手上。天啊！就這麼一小如掌心的土塊，其重量卻堪比一整章陶瓷專書，它的艷赭色渾似豬肝，我知道，就是它，使得南宋官窯在天青如汝的凝潤釉色下，開裂出黃昏將至的艷紫色阡陌河渠！凝厚的天青色、粉青色，開裂成片。胎骨顏色更深，口沿和胎底，釉掛不住的地方，幾乎成黑褐色，再加上多用墊圈來支燒，南宋官窯因此被冠上紫口鐵足的稱號。南宋人葉寘在他的《坦齋筆衡》寫道：「中興渡江，襲故宮遺制，置窯于修內司，造青器名內窯。澄泥為範，極其精緻。釉色瑩澈，為世所珍。」說的就是這承襲故宮舊制，造出的青瓷了。乾隆皇帝亦曾盛讚：「李唐越器久稱無，趙宋官窯珍以孤。色自粉青泯火氣，紋猶鱔血裂冰膚。」

當我們走進臺北故宮，只須把握紫口鐵足的特色，便可細細分出汝窯與官窯的不同。但是，為什麼，我要強調南宋官窯的「美麗與哀愁」呢？官窯的「美麗」與汝窯，係出同門，都是宋代美學的最高表現，我們一目可了然。而南宋官窯，從器型上來看，真真就是宋代國朝南渡的一頁滄桑史啊！我帶著學生在故宮上課，我們總會從年代最久的青銅器看起，到了瓷器展廳，我會請同學佇立在南宋官窯前，問問他們：造型是不是覺得有些熟悉？眼尖的同學馬上會說：跟三樓的青銅器好像！可不是嗎？青瓷簋、青瓷尊、青瓷弦紋樽……怎麼回事？南宋走復古風嗎？

這便是南宋官窯的「哀愁」了。靖康之亂後，金兵佔據北方，徽宗第九子趙構臨危稱帝，倉皇南渡；從健康府（今南京市）到越州（今浙江紹興），隨後又逃到明州（今浙江寧波），並自明州到定海（今浙江舟山），漂泊海上，逃到溫州（今屬浙江）。直到第四年，金兵撤離江南後，趙構才又回到紹興府（今浙江紹興）、臨安府，並將臨安府定為南宋的「行在」，天子所在之處，而不稱都城，這流浪的四年，其間莫不是帶著濃厚的流離之感。我們不難想像國朝南遷的畫面，宗室親貴，從隨身細軟到國之重器，必是兵馬雜沓，尤其不知目的、一路遷徙，沿路不知毀損遺棄多少珍貴物件。我們在徽宗皇帝敕命編撰的《宣和博古圖》，見到宋代皇室收藏的，自商代至唐朝的青銅器就有八百三十九件，還不包括宋徽宗驕傲製作的「新禮器」。經過這一路顛沛流離，南宋總算定都臨安，國朝祭典，竟擺不出祭祀用的青銅禮器，該如何以儀式彰顯其正統呢？這可不是巨大的哀愁麼？尤其，自古視為最高儀禮象徵的玉器、青銅器，材料全在北方，就算局面穩定，企圖再造，也只能唉嘆一聲、作罷了。在此情況之下，只好就地取材，製作陶瓷器、木器，這類仿銅、仿玉器的造型。這在北宋絕對不會出現，官窯恰恰出現於此背景下。

難怪我們眼前的南宋官窯，在柔美的天青粉青之下，總有種稜角分明的線條，不像我們曾一起欣賞的汝窯水仙盆，斜斜的邊坡也有肉眼難以察覺的溫柔弧度。因為南宋官窯有他天生被賦予的歷史滄桑啊。一開始，官窯就擔負了取代青銅禮器的歷史責任，它天生便具備堅毅性格。例如南宋官窯青瓷尊，它完全是古代青銅「尊」的造型；喇叭口、略略壓扁的球形腹部，以及微微撇出的厚重足部。器身表面上了濃厚而均勻的青釉，釉層潤澤光亮。器身外壁有四條如同青銅的邊稜線，因釉層比較薄，顯露出紫金土原有的深褐色。我們說汝、官窯系出同門，皆屬於青瓷系統，官窯的粉青中一樣有種淡淡的、鴨蛋殼似淺淺淡淡的粉紅色，它的質地如玉，內蘊寶光，然其胎底薄，能呈現這樣質地，顯然經過多次上釉，才能多次掛釉。也因此，光釉層表面於燒造過程中，釉料和胎土熱脹冷縮的速率不同，表面於是出現不規則的淺色裂紋，這便是所謂「開片」了。從造型到釉色，我們深切感受到它全部的優雅與莊重，是由內而外，

圖二

圖三

圖四

整體的展現。同樣的特色，即使是在南宋局面逐漸安定之後，從廟堂的必須，走向日常生活的必須，南宋官窯仍不脫方整，規矩甚至俐落的身姿。從孟元老的《東京夢華錄》到吳自牧的《夢粱錄》，我們讀著讀著只感覺繁華之極，如夢似幻，像是一部文字版的《清明上河圖》，您可以知道南宋重拾舊山河之後的臨安時代，必是物阜民豐，四般閑事「焚香、點茶、掛畫、插花」，加上「琴棋書畫」四藝的文人時尚，生活又是雅趣盎然。因此，臺北故宮博物院也收藏了譬如：南宋官窯六瓣葵口茶盞，形制與宋代流行的斗笠形茶盞相近。即使秀美如此茶盞，線條亦是俐落。

我卻最愛南宋官窯身上掛釉不易的口沿、邊線和弦紋，他們是多層上釉也掩蓋不去的本色，時間日久，越見本色。在柔美瑩潤的釉色下，像天圓地方，像外柔內剛，也像文人的和而不群，我們總有內心謹守的，屬於自己的性格的線。

（圖一）南宋官窯「青瓷尊」。
（圖二）官窯「青瓷簋」。
（圖三）官窯「青瓷弦紋樽」。
（圖四）官窯「青瓷葵口茶盞」。

《宋人書房》

自己的房間

當我們連續幾篇文字，細數宋代的瓷器與文化，您會不會不知不覺想捧起茶碗，想點個香呢？這次，讓咱們再縱情地沉浸到宋人的生活裡。我們的時代，有許多流行的網路語言，其中一個生動無比，彷彿有吃瓜民眾在旁鼓譟敲碗的，就是「有圖有真相」這個詞！古代，沒有攝影機相機的年代，還真有這麼一類繪畫，就怕您不知道品茶賞翫是如何情景；那文人清賞的洞天福地又是怎樣的妙境，就想畫給你看，有圖有真相！這是臺北故宮院所藏《宋人書房》。

從定窯、建盞到官窯瓷器，有宋一朝自宮廷高層至士人百姓，

「風雅」，如同一場全民運動；點茶、焚香、插花、掛畫，甚至被宋人並稱為生活的四藝，或「四事」。這四種風雅之事，透過嗅覺、味覺、觸覺與視覺，品味日常生活，並將日常生活提升至藝術境界，進而充實內在涵養與修為。您看，透過生活進而修養，透過生活進而體察人與天地自然，這完全是宋代人的思維啊。當時的文人雅士追求別緻的生活，影響所及又至大眾的日常。以迄今時，我們走到博物館，透過書籍影像，從瓷器典雅簡潔的線條，可以感覺宋朝的婉約、秀麗；透過書法，感覺到宋代的氣韻生動；透過山水，感覺宋人如何師法自然。我們深深呼吸，感受那自文物傳遞而來的時代信息。我們甚至可以喃喃捧讀宋代人的詩，宋代人的詞，如：

閣兒雖不大，都無半點俗。
窗兒根底數竿竹。畫展江南山景、兩三幅。
彝鼎燒異香，膽瓶插嫩菊。
翛然無事淨心目。

此詞帶我們走進一間小小書房，窗前有竹，書房內掛有山水畫，擺置青銅彝鼎，點著沉香；官窯膽瓶插上新鮮菊花，一派悠然的閑情油然而生。這正是從大唐開始，賞翫名家所描述的洞天福地：「明窗淨几羅列，布置篆香居中，佳客玉立相映。時取古人妙跡，以觀鳥篆蝸書，奇峰遠水。摩娑鐘鼎，親見商周。端硯湧巖泉，焦桐鳴玉佩。不知人世所謂受用清福，孰有逾此者乎？」（宋代趙希鵠．《洞天清祿集》序）清亮的窗，乾淨的桌，好朋友前來，一同布置篆香。此時，拿出古人法帖，遙想甲骨文的古遠時代；捧起青銅器，摩挲其上的金文，彷彿商代周代的氣息依

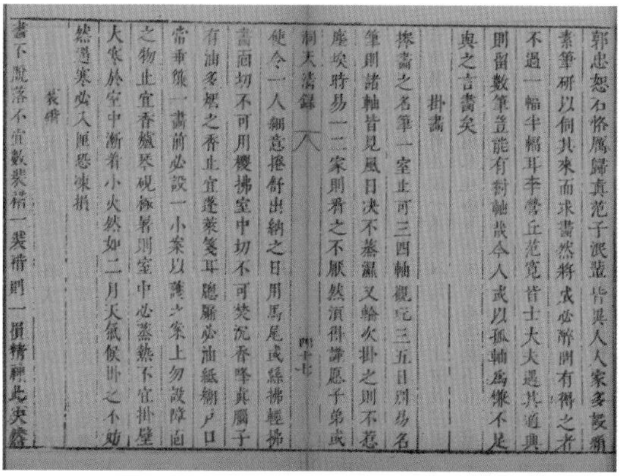
郭忠恕石恪厲歸眞范子浤蕭皆異人人家多贋蹟
素筆研以伺其來而求書然將求必辨而有得之者
不過一幅半幅耳李營丘范寬皆士大夫遇其適興
則留數筆豈能有對軸哉今人或以孤軸爲嫌不足
與之言書矣
掛畫
掛畫之名筆一室止可三四軸觀玩三五日別易名
筆則諸軸皆見風日決不蒸濕又輪次掛之則不惹
塵埃時易一二家則看之不厭然須得謹愿子弟或
洞天淸錄 四十七
使令一人細意捲舒出納之日用馬尾或絲拂輕拂
畫面切不可用梭拂室中切不可焚沉香降眞腦子
有油多煙之香止宜蓬萊箋耳窗牖必油紙糊戶口
常垂簾一畫前必設一小案以護之案上勿設障面
之物止宜香爐琴硯極暑則室中必蒸熱不宜掛壁
大寒於室中漸着小火然如二月天氣候卧之不妨
然遇寒必入匣恐凍損
裝褫
畫不脫落不宜數裝褙一裝褙則一損精神此決然

圖二

然圍繞我們。桌上置有秀麗端硯，她的質地如玉，發墨潤澤如似迢遠的巖岩巨石泉湧而來，素樸的古琴像空山迴響的噹噹玉擊之聲。

我們讀古典詩詞，沉浸於文字之間，腦海裡自然浮現屬於我們自己的想像，當然是無比幸福之事，此即文學作品難以改編成電影、戲劇的原因。如若讀過《紅樓夢》，人人心中自有此間無二的林妹妹，林妹妹本該素素雅雅、雙眉顰顰微蹙，怎可以濃妝艷抹！滿頭珠釵，真想喊一聲：還我的林妹妹來。然而，身處於影像時代的我們，去古已然遙遠，比如宋朝，古書寫的這洞天福地，究竟該是何樣呢？想像始終飄飄渺渺不得其法。此時，我們真會忍不住也跟著吃瓜民眾吶喊：「有圖有真相」！是呢，不擔心，歷史真就留給我們這一類畫作，完全不亞於現代相片，甚至有些自拍的妙趣。

臺北故宮博物院典藏的《宋人書房》，由於未曾落款，只好以無名氏名之。畫面中央，繪有一架佔據整面牆的巨大的屏風，屏風前，則有頭戴束冠的，看似文人裝束的主人翁，單腿盤坐於榻上。一手拿著筆，另一手微微抬高手上的書卷，他的衣帶舒暢而下，腳踩蹋上，一隻鞋閑散落下。主人翁面龐豐腴圓潤，留著小鬍子、短髯，臉部以勻細墨線勾勒出五官輪廓，肌肉線條柔和、非常自然地側著頭，凝看小僮執壺斟酒。環繞臥榻左右的，則有案桌，桌上有琴、棋、書、畫，蓮形的紅爐、紗罩茶盞。左前方砌疊的片石之上，供著鮮活盆花，十足十地一幅文人書房寫真。雖是室內場景，卻由於未曾畫出建築物的邊界，再加上屏風繪畫了汀渚水澤水鳥雁鴨，和蒹葭蒼蒼，此未著窗欄邊界的一幅畫中，文人和他雅好之物同在，更顯得天寬地闊、恬適澹然。

此類畫有人物於房舍內，兼以畫物的作品，於中國繪畫的發展過程中，恐怕比山水畫更早成熟，譬如《女史箴圖》，又譬如我們之後會談及，同樣是臺北故宮典藏的《唐人宮樂圖》。類同於此《宋人書房》的構圖，也出現於現存南京大學的南唐五代王齊翰所畫的《挑耳圖》。該圖畫面正中央也是大大的一座屏風，屏風上畫著水氣氤氳的群山峻嶺。屏風前也是一座臥榻，主人翁坐在一旁的扶椅上，左手自然擱著，抬起右手挑挖耳朵，身體微微傾斜，長鬚柔順垂下，蹺腿而坐，眼睛細細瞇成一縫，您看他的面部表情，只覺得不知有多麼暢快適意。他的衣服線條圓勁又帶轉折、頓挫流漫而下，微略翹起的足尖，呼應側頭，挑耳斜目勘書的神態，十分怡然愜意。屏風前的長榻上有書冊、畫卷、琴囊等「物」，與挑耳勘書情境，同時被放置於大型三疊山水屏風之前，屏風畫面層巒蒼翠，林木蒼鬱；雖是書房，卻如在山林，有清風徐來的快意。

當我們像觀看靜物彩繪一樣，掃描過整個畫面，畫面中的某個物件，會緊緊抓住我們的眼球。正是，與《挑耳圖》不同處，《宋人書房》中高掛於屏風上端的，另有一幅

圖三

圖四

掛軸，正是畫面主人翁的自畫像、半身全畫面的自畫像。啊，原來古人也喜歡掛自己的自畫像。而且，這顯然不是繪畫史上惟一一幅，文學作品中也有所謂類型，比如類型小說，有愛情、推理、科幻等等。繪畫上，也有所謂的類型，比如說：花鳥、山水、人物等等。我們這張無款的《宋人書房》，元素裡包含幾個物件，有人物、屏風，有書案、几榻，有文人雅好的文物，如同模組，成了一類「書房寫真」。我再舉幾例，您就更清楚了。元代四大家之一的倪瓚，素來以高潔著稱於世。臺北故宮院藏的《倪瓚像》，不知何人繪製，然其上有倪瓚好友張雨題字，因此，畫中的主人翁為倪瓚，大概千真萬確。畫面中央，一樣是座大型屏風，屏風前亦有臥榻。畫中的倪瓚身穿道袍，盤腿安坐於榻上，一手持筆，一手拿書卷，屏風上畫就典型倪瓚式疏落蕭瑟的隔江山水。環繞榻的周圍，一邊是手提洗水匜、水壺的仕女，一邊則有手執拂塵的小僮，桌上有青銅卣，青銅爵，筆山……清瞿俊朗，又乾淨簡潔，完全畫出文人記載中，只喝挑水擔前面那桶、不喝身後那桶水的，帶有潔癖性格的倪瓚。您看，這布局構圖不也正符合「書房寫真」的類型。

再看一幅，簡直是如擬其境，向大師致敬了。此為現藏於北京故宮博物院的另一幅極其有名的《乾隆．是一是二圖》。二〇一三年臺北故宮展出「清高宗的藝術品味特展」時，曾有緣一見。我們所說的《宋人書房》圖，於乾隆仍為皇太子時期入清宮內府典藏。他對此畫甚感興趣，於是，令宮廷畫家丁觀鵬等人模仿此布局，共繪製了五張，取名為《是一是二圖》。畫中那身著服巾道袍的主角，則由乾隆本人所取代，身上並穿了漢人衣裝，一樣微側著頭看小廝侍茶。當然，環繞周圍的，堂堂皇皇畫滿了清宮收藏的各類青銅觚、玉璧架、新莽的嘉量，各類青花瓷器，從扁壺到洗子，完全就是皇家氣象了，因此此畫又名《弘曆鑒古圖》。然而，正如《宋人書房》一樣，此畫最吸睛處，也是高高掛在大型山水屏風上、隆哥的自畫像。圖卷上，隆哥並且提有：「儒可墨可，何慮何思，是一是二，不即不離。」一有題識，不僅僅是自拍、自戀或美圖的趣味，竟成了哲學或形上思索：是一是二，是儒是墨？為皇為帝，是滿是漢？或文人或帝王，都是我，隆哥本人啊。

圖五

不論這自畫像最初被畫到文人書房內，乃因某種真實生活的反影，或是文人理想的思索，文人書房寫真，深刻成為中國繪畫的一種類型。我們無從得知，古代的畫家，是為了趣味，為了流存影像，或為了紀念、相贈。迢遠的時光過去，這些畫，竟都散發著班雅明（Walter Benjamin）所述的：「靈光」了。《迎向靈光消逝的年代》，使用「靈光」二字，魔術化攝影所捕捉的剎那，此底片上短暫顯現的片刻，如氣韻之環「有時仍繚繞著已經過時的橢圓相框，美麗而適切」。畫作將古代文人用生命愛文物的真切絲毫必現、存活下來。凝視畫作，看著他們祥和愉悅的面部表情，閑情悠悠，耳邊好像可以聽見古人喃喃自語：「若復不為無益之事，則安能悅有涯之生？」啊！我們都該有一個「能悅有涯之生」的「自己的房間」呢。

（圖一）《宋人書房》。
（圖二）南宋趙希鵠《洞天清錄》掛畫。
（圖三）元張雨題字《倪瓚像》卷1。
（圖四）元張雨題字《倪瓚像》卷2。
（圖五）乾隆《是一是二圖》。

毛公鼎

國之重寶

「時間」是多麼奇妙的事，有時，亙古如長夜；有時，一切的奇幻、驚喜，都在一瞬之間發生，電光石火，不可思議，且影響深遠。也有些事情，當時移事往，環境不再、因素不同，我們幾乎難以想像它的發生，只覺如天外星辰遠不可觸。此前，我們說過的文物，於悠悠時光中，它們是工匠一生累積的成就。譬如高古的玉器，由於玉之堅硬，僅能以硬度更高的金屬礦物，製成解玉砂，如切如磋，如琢如磨。無論是外型如蟠螭如雲龍，或細如髮絲的線條，您可以想像時間之河於工匠身邊無聲流過，他們神情專注，成就無與倫比的美麗。也譬如瓷器，它們號稱是火與土的結晶，除了胎土與釉色的呈現外，從成品中無法肉眼見得的，是溫度。我們今日所見的高古瓷器，其燒結溫度多在一千三百度以上，在沒有溫度計，只有炭燒、柴燒的手工時代，等待，這件事，耗盡瓷工們多少的生命時光，或者是一生懸命的所在。這些品項，我們多可以想像一個孤獨身影，孜孜煢煢，日夜皜首。然而，也有某些文物，兩千年的時光過去，我們越來越知道，他們是特定時光中才能存在，今日的我們不僅難以復刻，只要想到時間因素、時代因素、物質條件，我們只能瞠目結舌、驚呼連連！我們眼前的青銅器，便是如此，倘若細細考究，便會明白，沒有一件青銅器，是可以個人之力完成的，它們非集結龐大的眾人之力。從開採銅礦，到鑄模，澆模，任何的個人都太過渺小，青銅器非得依靠國家、族裔的意志才能完成。

臺北故宮博物院的「毛公鼎」，我們稱他為國之重寶。然而，長期關注中國文物與博物館收藏的朋友一定知道，現存出土最重的青銅器，為中國歷史博物館館藏的「后母戊鼎」（舊稱：司母戊方鼎），重達 832.84 公斤。然而，「毛公鼎」雖非最重之鼎，由於此鼎之上，刻有今日出土青銅器中最多的銘文，即金文，文字最多的一個，就文字傳承文明與文化的意義上，它無疑是重中之重。

首先，您應該好奇，為什麼中國在距今五千到兩千年的時間段落，要製造如此之

多的青銅器呢？此正為我們熟悉的夏商周時期，除了文內所述主角，號稱一言九「鼎」的鼎以外，他們煌煌大觀、炫技似地包括與鼎搭配的「簋」等青銅食器、酒器、水器，編鍾等樂器，以及許多兵器，品類繁眾。德國學者雷德侯（Lothar Ledderose），在他著名的專書《萬物——中國藝術中的模件化和規模化生產》，提出他對此現象的看法。他寫道：「一個最簡單的解釋，是他們掌握著特別豐富的原料。古代中國中原河北地區的銅、錫礦比世界其他地區都要豐富。不像他們在中東和希臘的同行（同行的說法，實在生動有趣！），中國青銅工匠不曾受到原料短缺的困擾。中國人甚至可以允許自己大量浪費金屬，並且毫不吝惜地將其埋入地下。」雷德侯的說法，我們在考古現場也得到實證。中國內地豐富的銅礦資源，從長江到川滇和甘肅，這些佔了全國產量三分之二以上的礦區，幾乎都發現古代的老礦井。這的確解釋了大量青銅器出土的現象，但卻未能說明，這些青銅器為何鑄造得如此華美典麗，遠遠超乎於實用，他們身上甚至被鑄上文字，像承載了誓言與期許，承載了時代的重量。

而答案，儒家經典《禮記》早在兩千年前就已經寫下。《禮記．周禮》有言：「國之大事，在祀與戎。」我們恍然大悟，原來如此！國家、族裔最重要的事，在於祭祀與戰爭，凡面對這兩件事，皆需使用最高規格對待，使用最貴重的材料，不惜動用龐大的人力物力。您必定同時想到我們在之前談及，用以「敬天格物」的玉器了。「祀」

與「戎」，如此精準地涵括其內在精神宇宙，以及外在務實的世界。從祖先崇拜到君權神授，與天地同在的祖先不僅是權力傳承的來源，也能溝通天地。敬天與祭祖，如同取得宇宙蒼穹的保護罩，這是精神層面、無可比擬的大事；而統治者亦不能僅憑精神慰藉、坐以待斃，他們非常清楚，為保有現世權力與榮耀，不能僅僅焚香祝禱，他們必須依靠武力，或者說是精良的兵器，華麗的儀仗，他們需要青銅器加持，秦始皇的青銅帝國正是青銅在兵戎之事上最耀眼的示現。

那些大量從地下出土的，我們必須咬文嚼字才能唸出的青銅器型名稱，簡單者如豆，如爵，如鼎，如簠，如鬲，艱難者如簋（音鬼，但因北京有條簋街，簋字倒是經常可見），如甗（音眼）等等。商代前期，青銅酒器與食器已出現成套組合，以迄商代後期，更加成熟：如食器的鼎、甗、鬲和簋、豆；酒器的觚、爵、觶、斝和罍、瓿、尊、卣；以及水器的盂、盤等組合已十分常見，說明「青銅」除是備餐與飲宴的實用器具外，已然是成熟禮儀體制下最重要的禮器了。

您曾不曾疑惑過？如今於我們眼前黑漆古色的青銅器，布滿綠鏽的青銅器，難道？在三、五千年前，古人就拿這黝綠的鍋具、杯盤器皿來煮飯吃飯嗎？如果您聽過「吉金」兩個字，您便知曉，古代的青銅器被製作出來時，是粲然生輝熠熠有光的啊！青銅因為銅與錫、鉛等合金，相較純銅更具備硬度高、溶點低、抗腐蝕性，尤其更具金屬光澤。博物館所看到的黝黑青綠，不折不扣乃時間沉澱出來的古色！八〇年代的一齣電視劇《琉璃廠傳奇》，講述三個主角在不同的人生際遇，他們在不同管道下以古玩發跡，十分寫實生動，好比置身古玩文物的生存遊戲裡搏命向前。有一個橋段，我至今想起仍會忍不住發笑：劇裡一個不長進的小伙計，為想博店主稱讚，竟然把店主費了好大勁淘來的烏黑青銅器，刷個

圖二

金光燦亮，老闆一看暈死過去了。另一段則搬演了民國初年的不肖商人，因為西方人熱衷購買中國青銅器，於是先從陶範、鑄模、澆銅汁，仿造了金光閃閃的青銅器，再淋上豬狗驢馬的尿液，將青銅器埋入深山之中，一段時間後，再領著外國人入山、親自挖掘出盈滿松綠鏽斑的器皿。這看起來非常戲劇化的情節，卻生動重演了青銅器的打造過程。青銅器被稱為「吉金」自有其道理：金，指燦亮金屬，那麼，吉呢？甲骨文中的「吉」字，都是由一個向上的箭頭及下方的口字組成，那向上的箭頭，正正呼應我們開頭所述：國之大事，在祀與戎。那自上方而來的旨意，何等重要！能通曉上天旨意的巫師或王，順理成章擁有世間權柄；他們以尊貴的青銅祭祀上天，並享有使用吉金的權力。青銅器成為身分的象徵，並漸次發展成為嚴格無比的儀禮規範，誰能使用？多少品秩？多少數量？藉此描繪出一張階級圖像。青銅器上的繁複圖案，正是增加判斷以及識別階級最好的方式。當然，更多的家族圖徽，更多的意志與期待，都在此一一添入。銅器上常見的獸面紋、鳳鳥紋和夔龍紋，作為上通天界、祖靈的媒介，也逐步演變幻化，形成龍鳳紋與獸面動物紋結合且多變的瑰麗風貌。每一件布滿紋飾的青銅器，我們可以從那雙目圓瞪的饕餮紋形找起，夔龍紋、各種獸紋出現更多變形。主視覺之外，如繁花盛開的雷紋、鼓釘紋、羽狀紋鋪滿神州大地，只要您駐足專注一件青銅器，仔仔細細一吋一吋地看，真會不由讚嘆：那個三千年前的中國怎能奇幻如此？究竟是多少諸神飛騰，才能留下這樣華麗的紋飾！

從紋飾開始，先民透過青銅器的造型與紋飾，寄託他們對上天與祖先的敬畏與心靈的溝通；接著，被稱為「天雨粟、鬼夜哭」的文字也被加入了。臺北故宮院藏的青銅缶上，可見三層圖案，從戰爭到慶典，他們如同寫實派繪畫被鑄刻於上，我們可以看圖說故事。然而，當文字逐漸被約定俗成，經由鑄刻於吉金之上的金文、「銘文」，則可以實錄更多歷史場景，祭典饗宴，直接說出征伐、賞賜、乃至冊命等國之大事。臺北故宮的「毛公鼎」，便是以文字大勝的國之重寶。以器形來看，其半球形的器身極簡地立於三蹄足之上，口沿邊有兩個敦實的耳朵，除了器身口沿下方，有一圈環繞的圈形、扁圈形紋飾，以及一道凸出的弦紋之外，再沒有其他多餘的裝飾。卻也正因為如此素樸的、端正的、渾厚的外在器形，當您趨身墊起腳尖，一眼飽覽他厚實壁體之內，滿滿的、樸實的、典麗的銘文，真的會心生感動啊！這便是青銅文明，為了祭祀與兵戎，銅器現身最重要、最歡樂喜慶的場合，他們最華麗、迷魅的身影！在周代人「其命維新」，強調禮制作樂的「郁郁周文」中，轉化為更深入思想與文化的表述方式。經過寫稿、刻銘、泥範與翻鑄等工序，呈顯出高超的書寫藝術；比起甲骨文的隨意，因為將鑄刻於青銅器之上，金文更規整、更圓轉緻密，已有「大篆」的雛形；這些在周代中後期出現在青銅器、越來越長的銘文，無疑驗證「文存周金」的「郁郁乎文哉」實況。

尤其「毛公鼎」，三十二行，共五百字，被鑄造入小於50公分的鼎內、腹部位置。當您環顧而看，會發現即使鼎的內部如同大的深鍋有明顯幅度，那安置於內的每一個字都行列整齊，絕對不歪斜，此乃工匠高超的技藝啊！這篇金文被拓下的圖案，恰如兩隻向左向右撇出的靴子形狀，工匠巧妙構思此法，才能順著幅度沿鼎壁而上，仍然堂堂皇皇。五百個字，鐫下西周「宣王中興」的歷史，前段表述宣王對叔父毛公的訓誥之辭，描寫他於即位之初緬懷周文王、武王如何享有天命、開創國家，以及他即位後對其所繼承的天命是如何戒慎恐懼。後段詳載宣王贈予毛公的豐厚賞賜。毛公則於文章後段表達其對宣王深切感謝，並願以此鼎傳之於後世，最末尾一句便是：「子子孫孫永寶用」。此篇金文不但見證「宣王中興」的歷史，也與傳世典籍《尚書．文侯之命》的訓詁文體相互輝映，彌足珍貴。銘文以古雅精奧的文風表達了宣王對毛公的諄諄告誡、殷切期待，任重道遠之情，今日讀來仍令人為之動容。

臺北故宮院藏文物，多來自紫禁城宮中舊藏，然而，由於歷史的機緣，當日遷徙時，也曾匯聚了籌備中的中央博物館與中央研究院歷史語言研究所的文物，包括上世紀三〇年代在安陽陰墟考古出土的重大成就。而此「毛公鼎」卻是早在道光三十年便於陝西歧山出土。當日先後被古董商及清末重臣端方收藏，一度險些流入日本人手中，其驚險過程有如諜報大片，所幸民國外交大員葉恭綽、葉公超叔姪一路護持，據

說葉恭綽曾囑咐葉公超：「美國人和日本人兩次出高價購買毛公鼎，我都沒有答應。現在我把毛公鼎託付給你，不得變賣，不得典質，更不能讓它出國。有朝一日，可以獻給國家。」為此，葉公超甚至令人假造了一只毛公鼎騙過日本人，而將真鼎運至香港，抗戰勝利後，收歸中央博物院籌備處，並隨之渡海來臺。

走上臺北故宮博物院三樓的「吉金耀采——院藏銅器精華展」，除了有些鑲嵌於上的錯金錯銀仍熠熠生輝。青銅器於三、五千年的時光中（天啊，我們如何一日一日，一小時一小時數過

圖四

三千、五千年），他們被時光浸潤，綠繡斑斕。他們的故事被嵌入金屬質地的肌理中，羽狀紋、雷紋共鳴出相同的震幅：子子孫孫永寶用。我們將會記得他們的故事與身姿。

（圖一）毛公鼎。
（圖二）毛公鼎。
（圖三）毛公鼎搨片。
（圖四）毛公鼎搨片。

《唐人宮樂圖》

——蓬萊宮中日月長

說起唐代，您腦海中最深刻的印象是什麼呢？是任俠浪漫的李白？是大漠孤煙直的邊塞風情？是故人具雞粟的田園之樂？還是盤桓不去、纏綿悱惻的唐明皇與楊貴妃的愛情呢？此篇開始，我想一連將三件臺北故宮典藏的大唐國寶，放進您的多寶格中，讓您的多寶格渲染出金碧輝煌的大唐氣象。

第一件大唐國寶，便是十足「中國紅」的《唐人宮樂圖》。這幅精工描繪唐代後宮嬪妃生活題材的作品，為橫長近70公分，寬約50公分的「設色」絹本。由於中國古代繪畫以濃淡山水為主流，我們即使想到顏色，也多半會依著白描墨色、煙雲似地敷上淡彩，如展子虔《遊春圖》那一汪春水，碧綠盈盈。然而，同樣是設色，中國繪畫亦如「西子」（西施）淡妝濃抹總相宜，有淡妝，有濃彩。尤其出自富有四方的天朝上國、大唐盛世，同樣的設色，當然亦是大紅大金冶艷嫵媚，此幅絹本便這般紅艷得非常精神。其構圖好似有一攝影鏡頭，裝置於屋樑高處，廣角收攝了一整個房間的動態。畫面正中央，為一張巨大的矮桌，由於唐朝的起居坐臥仍配合地板高度，此時家具尚未向上提升。後宮嬪妃十人便圍坐於此四方矮桌周圍，方桌之上則有一只如巨大方桌一樣醒目的巨大茶碗。除去中央四位持篳篥、琵琶、古箏與笙的仕女外，其餘諸人無論捧著盞，或執拿茶杓，盡皆一派悠閑地品著茶。而旁立兩名侍女當中的一人輕敲牙板，打著節拍，所有動作雖然皆為進行式，全是動態，但彷彿僅餘樂聲低吟，低吟至極悠閑極緩慢，緩慢到與桌上的器物，桌下靜謐即將酣酣睡去的小狗，一同於時光中停滯凝止了。而這一切卻未在光影中漸漸淡去，反是將大唐最熾熱的顏色與光影留了下來。

未能留下畫家姓名的此幅絹本，原來籤題為《元人宮樂圖》，原圖並無印璽。現存其上的十二方印，全部來自清宮的收藏章，包括我們非常熟悉的乾隆御覽之寶、乾隆鑑賞、石渠寶笈、三希堂精鑑璽、宜子孫、嘉慶御覽之寶、宣統御覽之寶等等。臺北故宮博物院依循清代「石渠寶笈續編」，將此圖年代判定為元朝，因此，一九五六

圖一

年初版的《故宮書畫錄》，便援引清代原籤題，訂為元人畫作；九年之後，改訂為五代，而一九八九年時，書畫處劉芳如處長又依畫中人物臉型、妝髮、服飾、樂器等判為晚唐，可謂三次易名。所以能將成畫年分一再往前改提，實則與此畫的精準與精細有關，它像是把鏡頭焦聚靠近又靠近，叫你不得不承認：這，這不是唐朝當代，不可能畫出啊！

首先是：畫中仕女們的「衣」與「妝」，她們「袒胸露乳、高腰長裙、披帛」，與唐代張萱的名畫《搗練圖》、《虢國夫人春遊圖》，不僅如出一轍，《宮樂圖》恐怕更勝一籌。畫家將十二人直接置於鏡頭之前，由於近景，所有的錦緞、細紗、布料，乃至透紗與褶皺

都清晰無比，我們可以覺察到衣裳的垂墜感。十位嬪妃圍繞桌旁，有斜倚，有傾身，畫家畫出柔軟貼服身體的衣服，間接顯出豐滿盈潤的體態，真會讓人聯想到「侍兒扶起嬌無力」的大唐美人。再者，是唐代人特殊的化妝「三白法」。她們喜歡於額頭、鼻樑與下巴，塗上濃重白粉，以造成強烈的立體感，眼部上方與兩頰，則敷以淡淡的朱砂色。《宮樂圖》中有四位，沿著眉毛及眼睛邊際，還刻意留出一道明顯的白色地帶，更凸顯這種反差的效果，仕女們的雙唇，並且塗上鮮紅色的朱砂。這樣極其強烈的妝容，即使身處二十一世紀，看過多少現代、後現代景觀的我們，敢於嘗試、勇於嘗試的，恐怕還是少數。然而，若您將場景放回燈光隱隱綽綽，或者只依靠月光照明的古代，您一定知道，惟有這樣的妝容，五官才能立體起來，才能被看見啊，至今仍保留於日本傳統歌舞伎、藝伎臉龐上的，便是大唐遺風。

畫中六位仕女的眉心上方，描畫或黏貼有金色花鈿，邊緣更襯以淡青色暈染，妝容瞬間華麗起來。此金色貼花，又進一層次呼應了烏黑雲鬢上的繁複髮飾。畫中人物的髮式，有的是髮髻梳向一側的「墜馬髻」，也有將髮髻向兩邊梳開，於耳旁束成球形的「垂髻」，亦有頭戴「花冠」……不愧是能將金線延打成細線，再編織的、金工藝非凡的大唐。其華麗飾品，髮釵步搖層層疊疊於頭頂，又一次印證了「小山重疊金明滅」詩句所言。由於大唐兼容並蓄、多民族融合且民風開放，上衣開領比起歷朝歷代都較低，女性身著抹胸，酥胸微露，宮廷用色更為華麗，我們今天所稱撞色、對比色，早已是大唐本色。《宮樂圖》所見嬪妃，身穿低領上衣、寬袖，長裙作高腰、繫繩帶，肩臂上則垂掛以薄紗羅製成的「披帛」。沈從文先生著名的、論中國服飾的相關論著中，就有〈談錦〉一篇，他寫道，錦的花紋受到古代竹篾編織物影響發展，因此以矩形紋樣居多。然而，唐代裝飾藝術高度發展，出現團團滿滿，以寶相、牡丹、地黃、交枝小簇花為主的植物紋樣。並且和鴛鴦、鸞鳳，和其他鳥鵲含綬穿花等圖案交織處理。我們在臺北故宮院藏《唐人宮樂圖》看到米白，或艷紅，或石綠衣料表面，裝綴有黃、白、綠、紅等不同顏色的團花、纏枝紋，或幾何紋樣，甚至還有以泥金鉤繪者，滿眼皆是絢爛風采。凡此種種，無一不符合唐代女性的裝束。

如果，可以將鏡頭再從人物身上，轉移至器物，焦聚對準這只龐大可容十位嬪妃團團圍坐的大桌，即使只是襯托人物的背景，您也可以清楚看見畫家一絲不苟、工筆細畫了桌面繃著的竹席紋樣。此經緯粗細交織出的菱格紋，與後代強調花梨、紫檀等天生木質紋理極其不同，這是草席、竹紋編織的古意，一覽無遺，這顯然又是另類大唐風華。我於黃正建先生的一篇論文〈試論唐代前期皇帝消費的某些側面〉讀到，他將唐代《通典》所記載的貢品詳錄，推看宮廷的生活需求。您知道，唐代各地進貢入宮廷的水果多為何類呢？竟是棗、梨和柑。您猜對了麼。由《通典》亦可看到，於鋪設家具類貢物中，十分顯著的是「席」，其種類與數量最為龐大，計有葵草席、龍鬚席、蔗心席、水葱席、鳳翮席、莞席、蘇薰席七種，草席不僅鋪置床榻，更用以繃在桌、几榻上。更據此推想：大唐前期的帝王大多怕熱，席類大量使用，可能正與他們的這一體質狀況有關。除此論述，近年許多研究都指向，大唐時期氣候進入溫暖期，不僅稻黍能於較北區域種植。陶谷《清異錄》甚至記載有消暑涼飯，清風飯，供皇家專享。杜甫《槐葉冷淘》更有以碧綠槐葉和麵以成的涼麵。可見有唐一朝，上至帝王與豐滿雍容的後宮美人，連同平民百姓都亟需解熱良方。此繃上竹席的大桌、腰子狀的月牙几子、飲酒用的羽觴，以及琵琶橫持，並以手持撥子的方式彈奏等，皆與晚唐時尚不謀而和。因此，雖然清代「石渠寶笈續編」將此圖成作年代判為元朝，臺北故宮博物院卻將此畫三改其名，最終定為《唐人宮樂圖》。

此畫顯然以它自身的工筆細節，在在證明了自己的出身，更加「有圖有真相」地，給予我們溢出於言表之外的大唐風華。西方學者中，以研究中國繪畫卓然有成的高居翰（James Cahill），曾經舉唐代的《搗練圖》為例，寫道：「畫家把宮廷婦女的起居生活加以理想化，使它引出一種素靜的氣氛。這種在動與靜之間，平衡體與不平衡體之間相互作用著的優美關係，是光依靠揮灑線條使畫面生動化的南北朝畫家所無法企及的。唐代畫家像唐代雕刻家一樣，專心致力於體積和動態的表現。此外他們又喜歡處理把一小群人物安置在畫面空間中的特殊構圖。」您看，《唐人宮樂圖》正是如此，十位麗人圍坐，再加上立於左側的兩位身著中性女官服飾的侍女，各有各的姿態。然而，不論是左傾，背對畫面，或近乎斜靠，都各自構成生活的鮮活動態。而由十二人所構成的一幅畫，卻能全體輻射出後宮獨有的氛圍，一切都慢去，一切都被籠入暗影中的、白居易《長恨歌》所繪寫、時光悠悠的「蓬萊宮中日月長」。

我忽忽由衷地感激一千多年前畫下這幅絹畫的畫家呵，不知道他因何畫下此一時光中暫停的畫面？是像《韓熙載夜宴圖》嗎？皇帝不便前往大臣韓熙載家參加派對，又無比好奇，心癢難耐，只好命令畫家前去，並如實寫真畫下。又或是因為當時流行的「宮體詩」，連帶宮樂題材也成為熱門畫題。不論真實原因為何？這幅畫帶給我們的，遠遠超過藝術本身。服飾研究者可以藉此看到織品發展史，家具研究者可以考據中國家具的形制、室內布置。我則看到顏色，看到妝容，看到微弱光影下的美人心情。您看到的是什麼呢？

（圖一）《唐人宮樂圖》軸。
（圖二）《唐人宮樂圖》軸。
（圖三）《唐人宮樂圖》軸。

《明皇幸蜀圖》

真耶！夢耶！

前文與您分享的《唐人宮樂圖》，我們驚嘆畫家的寫實功力，好似有一臺隱形攝影機高高架起在房間上方，他不但畫出人物、衣飾、樂器、室內家具，還畫出了有無之間的氛圍。您會不會有此疑惑？大唐畫家的寫實功力，看起來遠勝於同時期的山水畫啊！恐怕真是如此。相較仍處於發展階段的山水畫，畫人、畫物等寫實題材，的確穩定成熟許多。

早期繪畫發展中，當山水畫仍處於尋思如何擺脫單線局限的過程，人物、故事畫，畫人、畫「物」方式，早早便掌握如實呈現的技巧，那是山水題材尚未主導中國繪畫的時代，我們可以藉著相傳為東晉顧愷之所繪的《洛神賦圖》來瞭解一二。《洛神賦圖》裡，主體為人物與故事，山水元素不過用以區隔情節。畫家顯然尚未掌握以筆墨表現真實山水的能力，於是出現人大於山樹的突兀畫面。同樣的現象，也可見今存世的唐代絹臨本《女史箴圖》。它以連環漫畫般的組圖方式，描繪並訓誡後宮女子的完美典範。此長達245公分的長卷中，山水也只是作為區間隔屏而存在。不需繪畫背後場景，僅僅依靠人與物所呈現的動作行為圖畫，已經十分妥貼鮮活。相較於畫家呈現自然山水實驗過程中，遲遲未能掌握的比例問題，或線條該如何傳達立體感等問題。人物肖像畫，雖然仍有「求真」的摸索，然而，「擬」或「似」，並不如山水畫困難。精細，顯然是畫人畫物的第一要務：掌握準確的比例與線條，使用複麗色彩與敷白作亮的效果，真實相去不遠。

山水畫遭遇的困難，是否表示中國繪畫顯然有比寫實更高的內在要求。「山水畫」從來不只是「風景畫」，中國山水畫要求「寫胸中臆氣」；蘇東坡則言「畫竹必先得成竹於胸中」（〈文與可畫筼簹谷偃竹記〉）。所謂的寫意，於實際創作狀態中，是極其高規格的要求，胸中臆氣當從何處來？世間哪裡能有多少胸中自帶臆氣的天才呢？這便有賴中國畫家另一個真正的身分了，即為「文人」。即使非正統文人身分，必然亦深深浸潤於儒釋道修習之中。惟賴此深深浸潤一途，方能浸潤出、養出所謂胸中臆氣。

青綠闗山迥
崎嶇道路長
客人各結束行
李自周詳總
爲名和利那
辭勞與忙年
陳失姓氏託宗
近乎唐
甲午新秋
御題

圖一

如此一來，中國山水畫，自然非僅風景畫，當是畫家的胸中次第，胸中世界啊。

《明皇幸蜀圖》又是典型的：一件文物即一個時代的縮影。見到此畫，一眼即知，它是「設色」的，然而，此設色並非《遊春圖》般氤氳裊裊，雲淡風輕。即使千年時光，依舊艷麗的青與綠，果然又是爽朗華麗的大唐氣象。顯然是水墨或墨色山水之前的主流：於山石樹木上施以石青、石綠，呈現出藍、綠色調的畫面。因同時搭配其他用色或墨色，而能產生「絢燦滿幅」的視覺效果。我們可以如是試想，青綠色多、墨色少，畫面便顯出濃重艷麗。反之，墨多而青綠色少，則顯出古趣淡雅，也有再以泥金勾勒，此即「青綠山水」或「金碧山水」了。敦煌壁畫常見以青綠兩色施塗山石的裝飾手法，佛教壁畫使用的青綠山石造形簡單，多以為佛教故事畫的背景，區隔敘事場景之用。大唐時期，敦煌壁畫、帛畫、寫經卷中的青綠山水仍多作為人物故事背景，但山石結構已愈加複雜。唐代皇室成員李思訓和李昭道父子，人稱大、小李將軍，二人所掀起的青綠山水流行風潮，遂成為八世紀唐代宮廷品味的代表。

因此，青綠，會是您見到此幅畫的第一印象；近身再探，這已經是一幅我們熟悉的山水畫構圖了。畫面中充滿崎嶇起伏的山路、蒼松碧木；人與馬，則散點分布於山路之間。畫面著了色，山色鮮妍欲滴，馬隊尊貴遒勁，其上人物衣裝艷麗。因為這大隊軍士馬隊充盈其中，透露出焦躁的張力，彷彿有故事、耳語正悄悄流傳。是的，這是一幅描繪唐玄宗因安史之亂，避逃四川的畫作。公元七五六年初夏，安祿山、史思明軍隊衝破潼關，直入京師，李隆基於危難中偕楊貴妃出逃，其後情節，便是我們熟悉的馬嵬坡之亂，「六軍不發無奈何，宛轉蛾眉馬前死。花鈿委地無人收，翠翹金雀玉搔頭」。楊貴妃自縊於此。隨後，李亨（即唐肅宗）由馬嵬坡往北討伐叛軍，唐玄宗朝西南入蜀地。如此看來，正正解釋了《明皇幸蜀圖》中，這不合時宜存在的、於蜀道難，難於上青天的窄隘坎坷山路中，這一隊皇親貴冑、大隊人馬呵。畫中青綠山體看起來簡單，甚至有些童趣，如剪紙般的線條，並以剪影線條層層疊疊起欲上青天的蜀道與石質峭嶺，細看卻是無數細膩的皴法積累而成。尤其，每一至高頂峰上，再有昂立松樹，枝枒彷彿就要碰觸天頂。那看起來青色綠色的色塊，其實是精緻敷染上生機盎然的、各有層次的、難以盡數的綠意。一般墨色山水中看到畫家用留白或敷粉造成的雲朵，因為《明皇幸蜀圖》原就色彩紛然，畫家於此，便大方使用暢快筆觸，於山峰與山峰間勾出四溢的流雲，並且重敷以雪白顏料，如此一來，更有山在虛無縹緲間的夢境效果。

與山體、流雲、樹影相較，精巧寫實的人物馬隊，突然使我們有一種夢耶！非夢耶！的故事感。倘若再聯想安史之亂的背景，一看右下角著朱衣，騎三騣照夜白，

出棧道飛仙嶺下，乍見小橋，馬驚而不進的唐明皇；怕是悔意、恨意、沮喪種種五味雜陳地任由馬匹顛簸上下吧。古人稱皇帝蒞臨曰「幸」，或許有使人感到幸福之意。唐玄宗曾經締造開元、天寶三十年的盛世，卻因寵幸奸佞，埋下禍根，致使踉踉蹌蹌出逃。此幅《明皇幸蜀圖》繪下大隊人馬蜿蜒迤環於山路之間，女士的面目則隱匿於薄紗帷帽之下，左方一隊人馬休息於棧道或行走於石徑之中，也有疲憊休息於樹蔭下的。因全幅惟只 80×60 公分的大小，人物的動態與衣服配飾更顯精細。其人影隱密穿梭於林樹之間，畫家努力畫出的春遊情狀，卻愈加露出淡淡的哀愁啊。

行文至此，又想起開頭問您的那句話了：說起大唐，您想到什麼呢？我在二十歲出頭時，跟著老師到西安，入蘭州，走道西北，訪問敦煌研究院。那一路盛暑赤日炎炎，看文物，看墓葬，看壁畫，滿目盡是大唐顏色。而這所謂大唐的顏色又是被敷染於大唐的故事、大唐的歷史之上。因此，看《明皇幸蜀圖》時，腦海裡不斷不斷浮現唐史中開元之治、安史之亂、唐傳奇《無雙傳》、《遊仙窟》；李白的「危乎高哉！蜀道之難，難於上青天！」、白居易的《長恨歌》、杜甫「三吏」「三別」，甚至是敦煌變文。大唐是有故事的，是任俠的，是浪漫的，亦是寫實的，而這種種敷染出大唐顏色的元素，皆由許多當代的創作者以各各不同的方式，不論直視，或是側臉，他們共同繪製譜寫出了時代的容顏，每每想到這裡，我真心、由衷地感激這有名無名的創作者們啊。

（圖一）《明皇幸蜀圖》。
（圖二）《明皇幸蜀圖》。

《祭姪文稿》

在世顏體第一

藉著臺北故宮院藏的兩件國寶，我們走進大唐，感受時代的氛圍。那帶著冶艷卻寂寞的《宮樂圖》，青綠金碧卻叫人悔青了腸子，寧可是夢的《明皇幸蜀圖》，入宮、出宮，無一不是大唐盛世。而此處，我想收藏入您多寶格中的文物，從裡而外都透著強大的哀傷，然而，這強大的哀傷，卻撐起了大唐的價值。

您仍記得前文問您的問題麼？想起大唐，您印象最深刻的是什麼？我讀中國文學史時，對於唐朝，第一深刻如烙印一般的是唐詩：初唐四傑，一入壯闊的邊塞詩，兼以隱逸的田園山水詩，乃至晚唐宮體詩，這初、盛、中、晚的起伏，似同兒童用一筆、一條線率性畫出山的形狀。開筆已經氣象不凡，是陳子昂的「念天地之悠悠，獨愴然而涙下」。而後高音一個拔起，山形狀闊，完全是巨碑的氣勢。然此氣勢於安史之亂後，唐詩一入寫實，新樂府「文章合為時而著，詩歌合為事而作」，白居易、韓愈、柳宗元，不論詩或文，我們可以感受到汩汩而流的真氣竄動著。這構成巨碑山體的大唐氣象，難道只是皇帝雄才大略，四方征戰，開疆闢土達成的嗎？只要將此大唐國寶放到您的面前，說說他的故事，您便知曉所謂大唐氣象，或這壯闊的山體，其實是由許許多多剛強堅毅的岩石巨擘構成，是無數的文人、知識分子所集結而成的大唐思維，所扛起的啊。

顏真卿，我們初初學習書法、練字，有許多人是從臨摹顏真卿、柳公權開始。他倆，一個剛毅豐碩，一個秀骨臨風；再加上初唐的歐陽詢，元代的趙孟頫，同為楷書四大家。顏真卿的《祭姪文稿》又被盛讚為，繼王羲之《蘭亭集序》的「天下第二行書」。無論書體與成就，顏真卿皆為中國書法史上響噹噹、卓然有成的大家。然而，這份《祭姪文稿》卻點亮一個為我們所忽略，被掩蓋於書法大名之下，他貞烈血性的知識分子風骨。

公元七〇九年，顏真卿出生在山東臨沂。三歲喪父，家貧，由母親撫養長大。一

有忠烈之臣則其世必多喪亂之事是
可畏之甚也且此數卷獨非宣和書譜
中所有之真蹟乎其輾轉流落民間又
將六百餘歲矣然則弆此卷於禁中胥
足以爲殷鑒之警是不可不記
乾隆丙午孟秋月御筆

圖一

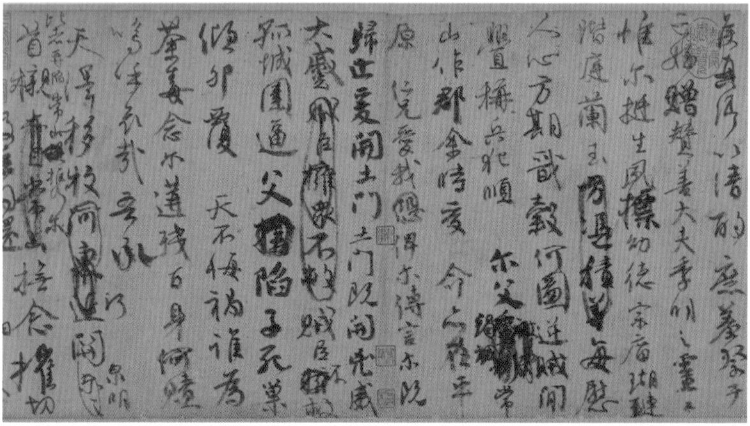

圖二

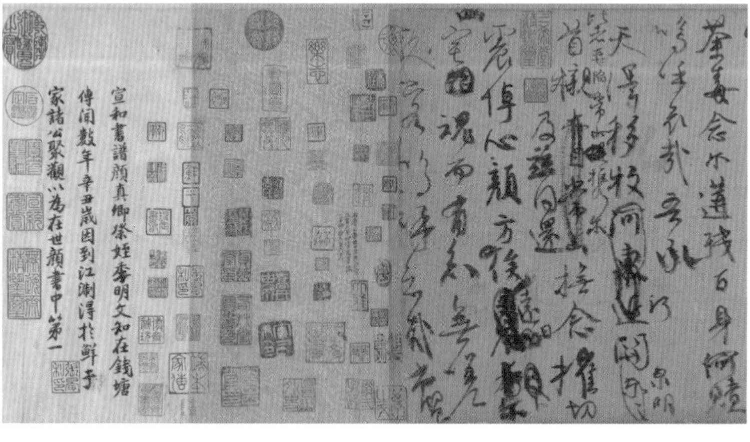
宣和書譜顏真卿祭姪季明文知在錢塘
傳聞數年辛丑歲因到江浙得於鮮于
家諸公聚觀以為在世顏書中第一

圖三

如中國歷史上許多偉大人物的典型歷程，幼年的他，不忍添加母親負擔，史書上記有，他「貧乏紙筆，以黃土掃墻，習學書字」，意即將黃土和泥，塗抹於牆上習字寫字。如此少年，二十五歲便以進士及第，後來一路官至刑部尚書，受封魯公，因此，有顏魯公之稱。我們熟知的，大唐是詩歌的時代，然而，我們卻常常忽略，大唐盛世亦是書法勃發的時代。杜萌若在《當書法穿越唐朝》論：「唐書之勝，勝在氣象，大師多，名作多，真草篆隸行，每種書體都有頂級專家和頂級經典。」大唐接續魏晉書法成就，於楷、草、行書並出的基礎上，甚至能出現與東晉王羲之、王獻之父子等量齊觀的書法大家，如：歐陽詢、顏真卿、柳公權、張旭、懷素、虞世南、褚遂良，這是極其不易的事。尤其唐人尚法，連書法也有其規矩度式；楷書一體，中正平和又落落大度，正像大唐氣象。顏真卿的書法就出現在大唐的氣象裡。他初學褚遂良，後學張旭，褚遂良字字玉潤，溫雅大方；張旭卻變化萬千，自在如遊雲。五十歲之後的顏真卿累積開創出端莊雄偉、遒勁有力的一家之體。我每每覺得這是品德與人格特質豢養出來的書體，老話說：字如其人。習書練字，必定言道：「見字如面」，或「書為心畫」，正是如此。

我於大學讀中文系，一年級有一整年的書法課，老師一開學先叫我們什麼也不做，先磨墨。磨了三個星期，把一群十八歲青年的浮躁稍微磨平一些，再叫我們只寫橫的一筆、豎的一筆，不斷寫著，又寫了三個星期。一個半月過去，老師叫我們拿毛筆寫出自己平常的字，同學一一上前，老師則給每為同學介紹一位書家以及此書家的字帖。五十個學生，幾乎全不相同。我至今感念這位老師當日介紹給我的鄭文公、鄭羲下碑，我一開筆臨摹就喜歡。三十多年過去，這字帖有了我的生命記憶，我寫出自己的字。寫字之於古代文人，更是一整個潛移默化歷程，古人天天寫字，字字都是真跡，絕對不是列印，或選擇電腦字體。字便是一個人的另一張臉，當然見字如面：德行、翰墨、文章，學識全都渾然一體。

那是唐玄宗天寶十四年（公元七五五年），安史之亂爆發，河北多郡於短短時間內紛紛瓦解，無數人流離失所。當時，顏真卿與堂兄顏杲卿，一個駐守常山郡，一個守著平原郡，兄弟二人遙遙呼應；顏家軍不只牽制住敵軍力量，更一舉扭轉了亂事以來唐朝軍隊的劣勢。而顏杲卿的兒子顏季明，便往來兩郡之間聯繫。天寶十五年（公元七五六年），史思明率領叛軍攻陷常山，顏季明被叛軍斬首，顏杲卿遭押至洛陽。他見安祿山，忍不住怒憤，將安祿山痛責一番，隨後被安祿山殘忍殺害，安史之亂中，顏家就有三十餘人被殺害。直到兩年後，顏真卿才有機會遣人至河北尋找兄弟和姪子的遺骸，最後，也只能尋得顏季明的頭骨以及顏杲卿的部分屍骨。懷著無比悲痛的心情，他寫下這篇遲來的祭文。

許多初學書法者，都是從顏真卿工整的楷書字帖開始練習，但此聞名天下，譽為天下第二行書的《祭姪文稿》，卻是一篇飽含悲痛、哀傷欲絕的篇章。文章一開始我們就感受到強忍鎮靜，其實滿目瘡痍的心緒，他先敘述自己的身分，以及姪子季明自幼聰慧，可以視之朝廷宗廟瑚璉之才，其文字節奏舒緩，筆墨節制淡然。然而，一轉而入祭文內容，字形愈大，筆畫愈來愈粗，墨也愈加濃重起來。尤其寫到：「賊臣不救，孤城圍逼，父陷子死，巢傾卵覆。」筆墨沉重到無以復加。他無告、質問上天：「誰為荼毒，念爾遘殘，百身何贖？」究竟是誰造成了這場災難，使你遭受如此殘害，再多的軀體也換不回一個你啊。《祭姪文稿》越往後，修改塗抹越加頻繁，字體越加凌亂，哀痛字句一而再，再而三。行文到最後，字體已近草書，如見剛毅偉昂的顏真卿書體，一下頹唐跪地，巨大的哀傷無處可藏，也無力可扛。我們突然憶起，是啊，顏真卿曾師草聖張旭。原來，本可狂狷，而顏真卿選擇剛正，及內在造化，外顯而出的方強字體，只是未到傷心之處啊。書至「撫念摧切，震悼心顏」，叫人鼻酸。其筆法圓健流暢，精神一氣呵成，書寫有提按頓挫、墨色有濃黑枯灰之變化，看著看著，令人淚潸動容。顏真卿完全忘掉了他所扛起的楷書大旗，甚至可以說是忘了書法這件事，只任著自己悲傷哀痛，於筆尖祭悼。他也許本來無意以草書書寫，卻在文章句末寫出了狂草，最悲傷最強大的狂草。

《祭姪文稿》，被譽為在世顏體第一，天下行書第二。蘇軾有言：「詩至於杜子美，文至於韓退之，畫至於吳道子，書至於顏魯公，而古今之變，天下之能事盡矣。」這肯定是書法史上對他最極致的讚美了。然而，靜定細思，除了書法史上的定位，我們好像應該給予顏真卿更多的歷史定位。安史之亂後，顏真卿歷經肅宗、代宗、德宗三朝，官譽隆盛。德宗建中四年（公元七八三年），淮西李希烈兵叛，攻陷汝州，宰相盧杞素來嫉恨顏真卿，故而向德宗推薦前往賊營：「顏真卿三朝舊臣，忠直剛決，名重海內，人所信服，真其人也！」大唐竟然真的派出七十四歲的顏真卿前往招撫叛將（以五千份刻有壽歲的墓誌銘統計，唐朝人均壽命為五十九．三歲）。接下來的情節，完全即為宮鬥戲碼會出現的各種凌辱、威逼了。挖坑活埋，稻草燃火威脅，仍是威武不能屈的顏真卿，甚至撲向烈火，同樣一句話：「生死已定，何必如此多短相辱侮。」於叛軍手中，屈辱致死，享年七十七歲，卒諡文忠。「文」、「文正」、「文忠」，無論多麼尊貴正面的諡號，全是身後事了！但想當然爾，對顏真卿來說，無非求仁得仁。

《祭姪文稿》寫於公元七五八年，距今已有一千兩百多年歷史。時間長河中，書或畫因留存於紙或絹中，比起玉器、瓷器，它們受到光線、溫度、濕度等各種因素左右，更形脆弱啊。但是，在聽完顏真卿的故事後，您有沒有感覺到《祭姪文稿》好像全然無畏於時間，反而更加煥發出堅毅的生命質地呢。

（圖一）唐顏真卿《祭姪文稿》。
（圖二）唐顏真卿《祭姪文稿》。
（圖三）唐顏真卿《祭姪文稿》。
（圖四）懷素《自敘帖》。

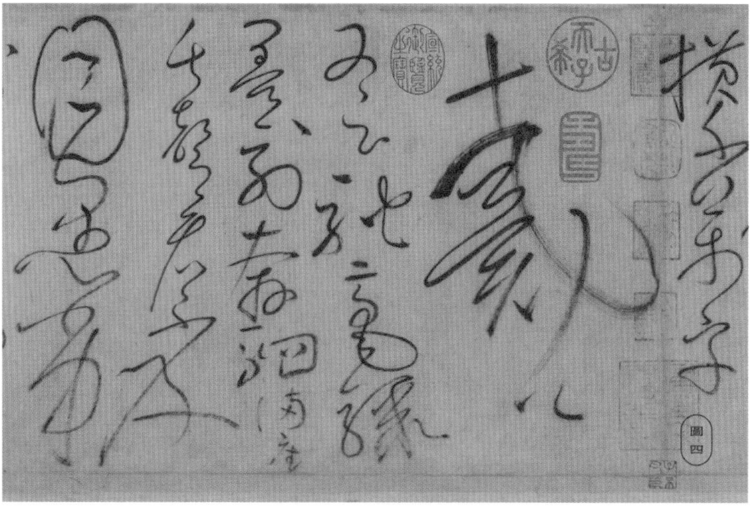

圖四

多寶格

皇帝的玩具箱

書的開篇，我便喏囔著：「要將這件國寶放到您的多寶格中……」但是，什麼是多寶格呢？記得二〇二〇年，我多次帶著高雄圖書館讀書志工，與嘉義衛生局的長者們參訪阿里山山腳下的故宮南院，當時正有特展「皇帝的多寶格」。剛剛走進展場就聽到民眾說：這簡直是收藏癖，收納狂了！我不覺笑出來。是啊，當六百一十九件文物，被開箱在大空間中，的確顯露出強大的收藏癖與收納意志，看來，咱們的蓋章 Boy 隆哥，又該有新封號了。

然而，當我們越望前走，目光瀏覽過一個一個被打開的盒子、抽屜；一件一件的器物，過眼一個又一個的標示牌：清康熙、清雍正、清乾隆、清嘉慶，我們開始意識到，收藏癖，收納狂，絕不單單只是乾隆一人獨特的作風，恐怕也不僅是康熙以來的家族遺傳，「多寶格」所顯露的，乃是一個崇尚文玩風雅的強大帝國的實力。這些我們以今日的收納目光視之，將文物蒐集、整理、分類歸納、乃致於巧妙收藏的方式。在清代宮廷中，它們曾經被稱為「藏物格架」、也曾被命名為「博古格」，甚至有非常接地氣、貌似賣貨郎的名字叫「百什件」，當然，還有我們念茲在茲的「多寶格」。從上述幾個名稱，可以清楚知曉它們在宮殿，或內務府眼中的實質作用。倘若換上當代居家布置，它們應該就是：多功能層架、抽屜式收納箱、小物收納盒。只是，在清代，被收納放入的物品，從現代的家中雜項、民生用品，變成精之又精，巧之又巧，又細緻又帶些萌味的文玩精品。皇家作坊與匠人的巧思設計下，有明格、暗格、多層次，為每一件文玩量身打造、客製化獨一無二的居所，多寶格像是趣味盎然的玩具箱，帶給觀者意想不到的探險旅程。

故宮南院的多寶格特展，被冠以特定身分，標明了：「皇帝的」多寶格，並且選擇了今日流行的「開箱」趣味。彷如將場景一下穿越回到清宮當中，多寶格不僅僅是皇帝的玩具箱，它巧妙設計、多重運用成一個皇帝完全享受的環繞場景，置身其中，便可賞玩多寶格的無上妙趣。我們可以從兩組紫禁城養心殿當中的陳設品，看到清宮

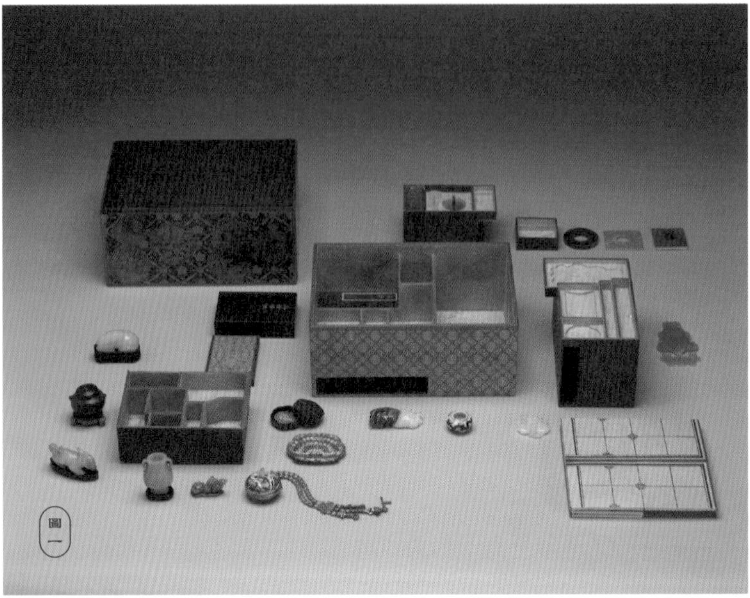

圖一

何以製造多寶格的原因。在特展專書《皇帝的多寶格》主文章，臺北故宮前器物處處長，現今的副院長余佩瑾女士，她從《清宮內務府造辦處檔案總匯》看到：康熙五十七年及康熙六十一年，紫禁城宮中，曾經先後蒐集整理出兩組文物，並且將他們稱為「百什件」。其中一組陳列在養心殿，另外一組包含兩百八十八件文物，則全體收放進一個錦盒之內。除此之外，隨之同時，並且建立它們的「細目摺」，清楚記錄每一件文物的品名。您說，這不正是我們今天整理、建檔的流程了麼。

讀過《紅樓夢》精彩情節，

一定記得劉姥姥被鳳姊戲弄，拿烏金筷子挾鴿子蛋，講了：「老劉！老劉！食量大如牛，吃個老母豬不抬頭！」此經典名句。鳳姊於後又命人拿十個一組的竹根套杯，灌得劉姥姥「醉臥怡紅院」。醉眼惺忪的劉姥姥「掀簾進去，抬頭一看，只見四面牆壁，玲瓏剔透，琴劍瓶爐，皆貼在牆上。錦籠紗罩，金彩珠光。連地下踩的磚，皆是碧綠鑿花，竟越發把眼花了。找門出去，那裡有門？左一架書，右一架屏。剛從屏後得了一個門」，文中所描繪四面雕空的板壁，玲瓏剔透的格架，正是清代宮廷以至貴族屋內布置的藏物格架啊。康熙皇帝曾經宣召與他素來友好，已經告老還鄉的高士奇，入「暢春園」敘舊。高士奇在他的《蓬山密記》回憶道：「上指示壁間西洋畫令觀。復至雅玩齋，所列彝鼎、古磁、漢玉、異珍、書畫之類，咸命觀之。古色滿前，應接難遍。」也是同樣一篇密記，康熙同高士奇分享他的創新成就：「上命近榻前，觀新造玻璃器具，精瑩端好。臣云：『此雖陶器，其成否有關政治。今中國所造，遠勝

西洋矣。』」這便是我們於後將提及的清朝一絕「康熙琺瑯彩瓷」。即使如常伴君側，為官多年的高士奇仍有所謂「古色滿前，應接難遍」的感覺，與劉姥姥如處萬花筒，滿眼生花的情境，應該有異曲同工之妙吧。

因此，我們首先要將多寶格的概念，從盒子、箱子擴大成格架。「有圖有真相」，什麼是清代的「藏物格架」，我們只需檢視一畫，便可一目了然。清朝《十二美人圖》，當中的《鑑古》一幅。《十二美人圖》，原是雍正仍為雍親王時，於圓明園深柳圖書堂時，命人繪製的十二美人屏風，於上描繪了美人的日常風雅。《鑑古》一幅，也有稱《博古》，畫中美人倚坐於瀟湘竹椅之上，身後便是琳瑯如博物館的多寶格，我們無法知道當日在雍正的嬪妃中，是否真有此一深愛古玩的妃子，《十二美人圖》是否為模特兒在前，房間擺設一應俱全的寫實場景？但確切無比地，是現今臺北故宮許多一等一的寶物，都置身其後的多寶格架上，包括我的最愛，北宋汝窯青瓷無紋水仙盆，明代宣德寶石紅釉僧帽壺，青銅觚等等。此次展覽，便選擇復原養心殿前殿東暖閣的博古格。為何是養心殿呢？康熙執政六十一年後駕崩，甫接位的雍正皇帝言道，他不忍再入父親長期居住的乾清宮。二來，則因乾清宮距離居住之所太過遙遠，愛惜光陰如他，覺得每日來回上朝議政太浪費時間，索性便把養心殿一改而成處理政務與休息的所在，如此一來，養心殿於是成為清朝後期最重要的場所。由此，我們可以想像，養心殿多寶格架上所藏，必定是皇帝最常入眼，或者是，最入得了皇帝之眼的文物了。較為大件的文物，被安配上底座，直接放置格架上，底座上則見比如「雍邸清玩」。或像是秦漢的青銅獸扁壺，又如前文說到同被繪入屏風的明代宣德寶石紅釉僧帽壺。直至乾隆朝，更多乾隆御題的底座，包括齊家文化的玉琮、春秋晚期的玉斧、漢代的玉駱駝、玉豬、玉鳩杖首、玉劍璏，明清的各式玉器。當然也含括最適合擺放於格架之上展示的各式瓷器，北宋汝窯、南宋官窯、明成化鬥彩天馬圖蓋罐、鬥彩夔龍蓋罐、明青花等。端看養心殿多寶格文物時，我們還不得不佩服一生寫出四萬多首詩的乾隆皇帝的活力，許多文物底座上都有他所寫的詩，且命工匠嵌刻於上。

多寶格架像是文物的伸展臺，他們也許被定格常展於此，有的則被輪替出場。而步下伸展臺的文物，則依照品項類別，或皇帝喜好，回到它們自己的家，有的獨門獨院，擁有深宅大院，有的與同胞一起，被隔放在鋪以錦緞的家中，有的甚至被賜以極極雅致的堂號戶名。比如乾隆十五年，造辦處《活計檔》登錄了一只「黑漆描金箱」，內含十九個木匣，木匣的形式則依照內中所裝承文物形狀大小而量身訂製，有的兩件一組，有的則八件一組……這組文物，早在乾隆六年，便被乾隆皇帝命名：「彩挹流霞」，並且配上一個象牙吊牌。像掬起、捧起幻光流動的彩霞，一飲而盡，多麼有畫面感的名字呵！您知道當是一整組飲酒的杯子。甚且如極光幻影，它們不只是一般杯子，全是「成

圖三

化」窯器。那個被曹雪芹寫在《紅樓夢》〈攏翠庵茶品梅花雪〉裡，妙玉捧至老太君賈母尊前的「成窯五彩小蓋鍾」的成化窯。成化窯，您可能已經熟悉，一提「鬥彩」，更是大名鼎鼎。二〇一四年，一只明成化鬥彩雞缸杯以二．八一億港元的成交價刷新中國瓷器的世界拍賣紀錄，至此，「鬥彩」成為家喻戶曉的名字。而「彩捏流霞」多寶格箱中，目前即收有六十七件成化窯瓷器，各是八件鬥彩雞缸杯：有鬥彩花蝶紋杯、鬥彩人物圖杯、鬥彩團雲花卉紋杯、鬥彩葡萄杯；以及明成化青花梵文杯、成化白瓷雙龍戲珠紋杯、成化青花團夔龍紋洗。六十七件全是高4.5公分左右的，略可盈手的小杯。這真是彩捏流霞啊，光是捧起酒杯，酒不醉人，人就自醉了。

又有一只於《活計檔》中被記下的「埏埴流光」與「笵金作則」，分別收藏了瓷器與青銅器。如「埏埴流光」中，有宋代汝窯磬口洗、宋哥窯乳爐、明成

圖四

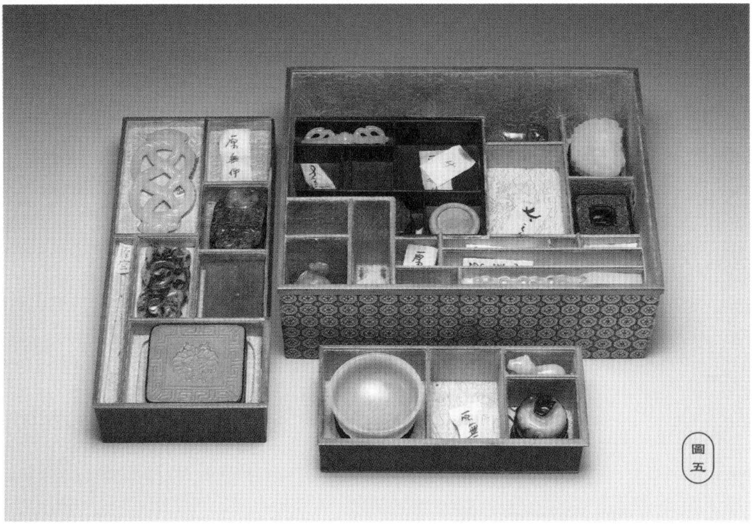
圖五

窯五彩碟等等。「笵金作則」裝有周史尊、周弦紋觶等九件銅器，加上一件圖冊。尤其，這些隨多寶格附錄的圖冊，由宮廷畫師為文物繪下的寫真，寫下身高、顏色、特徵、底款等等，簡直等同我們今天的履歷。然而，這圖紙顯然更加典雅，其字體氣韻有神，這真容寫真，成為另一種深富時代氣質的藝術畫作，與文物珍品兩相匹配、相得益彰，一點都不乏味乾枯或徒具形式。

多寶格並有皇帝的玩具箱之稱。為了將多種文玩放入小空間，亟需絞盡腦汁、極富創意地設計各種匣盒。尤其，清代宮廷熱衷使用本身已是文物的明代黃花梨箱盒、日本進貢的蒔繪漆盒，甚至是西洋的銅胎琺瑯鑲畫花玻璃長方盒來作為外箱；這等同在外部空間固定的限制下，只得朝內部空間巧施魔術。於是，箱中有箱，盒中有盒，再有上盒、下盒，暗櫃抽屜，無其不有。如同我們當代的開箱文，開箱趣味，更有尋寶樂趣。清朝皇帝之勤政，放諸中國歷史，絕對稱得上是過勞等級，但倘若有那麼一刻鐘兩刻鐘時間，皇帝只需召喚一聲：把「集瓊藻」給朕取出！或踱步行於「琅玕聚」前，百什件古玩正好供他銷閑清翫。

行文至此，腦海常湧現某些今日流行的名詞，譬如「斷捨離」。雖說斷捨離經常與「囤積症」或「戀物癖」連結綑綁。但定心想想，這些文物歷經千年，有的甚至是

三、五千年之久，在眷愛文物的皇帝的年代，從四面八方被蒐羅至皇城，被擁有。然而，盛世帝王會做的，不單單囤積而已，他們與文人雅士一樣用功，他們必須學習：誰才是美如瓊花之物，「斷捨離」亦是緊要步驟。一如乾隆皇帝對太監高玉所說：「著認看，入得多寶格，入不得？」因此，您知道了，此書中，我想放入您多寶格中的，都是慢慢時光中，最無與倫比的美麗啊。

（圖一）清乾隆時期裝「天府球琳盒」（〈天府球琳〉百什件）。
（圖二）雍正「十二美人屏風」。
（圖三）明嘉靖「剔紅雲龍紋小櫃多寶格」，含木箱共一百零九件。
（圖四）清乾隆《吉范流輝》「周雷紋彝」。
（圖五）清乾隆「集瓊藻」多寶格木匣。

鬥彩雞缸杯

有清一朝，從康熙、雍正、乾隆到嘉靖，盛世宮廷內的文物之眾，連帶整理收納術，也叫人嘆為觀止。僅僅「彩掐流霞」一個多寶格，在原始檔案中，就放進七十四件明代成化窯的瓷杯。紫禁城內務府經常使用一類黃籤條，繫於文物，或黏貼於上，活脫是今日的３Ｍ便利貼，並且於上註記文物狀況，如某年某日某人失手摔落之類，這些黃籤條也多數伴隨文物遷移來臺。據原來「彩掐流霞」多寶格內留存的取物黃籤看，七枚黃籤條上各自記錄有，原存七十四件成化窯器，其中分別在咸豐三年，與宣統十三年前後因賞賜等種種名目，被取走七件，因此，共是今日留存臺北故宮的六十七件。「六十七」，這數字看起來不是太多，但如果您還記得我們說過，二〇一四年一只明代成化窯的鬥彩

圖一

圖二

雞缸杯，拍出了二．八一億港幣天價，那麼，轉頭再看「六十七」這個數字，就只能瞪大眼睛、瞠目結舌啊。

鬥彩，是什麼？為什麼一只小巧瓷杯，能拍賣出如此天價？

說明鬥彩之前，我們必須先談一談「青花」。「定窯」篇中曾說到，白色瓷器是工匠苦苦追尋的純粹美感，西方學者甚至可以寫一本《白瓷之路》，以探尋中國的白色成就。千餘年後，我們回看這條由北而南的白瓷之路，定窯的白，如此溫暖而瑩潤，白之中帶著宋人的極致美學與素樸質地，像被鑲在相框中最溫柔的、泛著回憶的舊時光。然而，於此定窯之後的中國白瓷，竟然還能再翻一個高峰，還要走得更遠更長，千山萬水去征服歐洲，風靡整個西方，最終造就不凡景觀：中國與瓷器劃上等號，瓷器就等於中國。西方不停扣問，究竟是如何的國度，能生產出如此堅薄素白的瓷器，因此，數百年間，吸引了無數冒險家與工藝家前來朝聖。

臺北故宮博物院的陶瓷展區中，有兩個展品前總是自成人牆，一個是天下聞名的汝窯，另一則是鬥彩展區，每回想要一睹真容，總要辛苦才能擠入觀賞。而就在汝窯瓷器對面展櫃，有那麼一區，我在故宮行走多年，鮮少見導遊領隊或遊客駐足，而我卻總要帶著學生盤桓多時，苦口婆心地說：沒有它，就沒有青花，當然，也不會有周杰倫傳唱一時的〈青花瓷〉啊。那便是「影青」瓷，或稱青白瓷。您必定記憶猶存，我們曾提過的：「鐵粉三千年」，影響瓷器成色的重要因素，不外乎胎土與釉色。定窯及它之前的邢窯，由於胎土中的鐵含量較少，胎土顏色因此白淨。反之，鐵越多，胎的顏色則越重，比如建盞。定窯的白，是帶有溫暖燈泡色的牙白色，也因為邢窯定窯皆產於北方，中國瓷器向來有北白南青的取向。然而，上天造化卻如此奇妙莫測，竟然讓工匠們於長江流域，古稱浮梁的上饒地區，即今日的景德鎮，發現素白的高嶺土。

現在，讓我們試著在腦海裡重建一只上寬下窄的影青梅瓶的製作過程：工匠在景德鎮發現了潔白的高嶺土，因為被這如初冬第一捧雪的潔白所震懾，我們不肯於上再施加任何顏色釉彩，只願以透明釉保護並加強他瑩白的玻璃感，於是，青白瓷出現在我們面前了。然而，身為工匠，我們又希望於素白胎身上，再多加些紋飾可能，於是，我們先刻花，劃花或印花（與定窯工藝同），再施以透明釉。因此，剔凹之處，釉水豐盈，便形成某種如影相隨的層次妙趣，這便是影青名稱的由來了。我們可以再往前進一步：假使元代的我們，自遠方帶回「蘇麻離青」這種鈷藍顏料，我們在潔白的高嶺土胚胎上畫下圖案，於上再施以透明釉，入窯燒造，這時，聞名中外的青花瓷便出現了。如上不過一百字的片段，便可簡素交代而過，從青白到青花瓷的發展進程。倘就歷史發展來看，卻要經歷晚唐到宋元，漫漫時光的經驗累積啊。我想，其間，或許也有電光火石、一瞬間的驚喜發現；由此，高嶺土加上瓷泥，造就景德鎮青花既堅薄又輕盈的底胎，而鈷藍青花則成就了青花瓷無人不愛，可清雅可富麗的不敗美感。

青花瓷究竟有多麼叫人傾心與癡迷呢？西方一位神聖羅馬帝國薩克森選侯的故事可以略表一二。領地位於歐洲德勒斯登（Dresden）的奧古斯丁二世（August II Fryderyk Moncny），深深迷戀於遠從中國而來的潔白瓷器，為此耗費無窮財富，甚至不惜變賣騎兵隊以換取瓷器。他知道倘若不設法戒斷對中國瓷器的迷戀，長此以往，將身陷泥淖。他於是召喚領地內一位年僅十九歲的練金術師貝特格（Böttger），將他囚禁於高塔之上，下令不成功便終身監禁。貝特格試過無數配方，期間甚至打破過大量雞蛋，取蛋殼以為配方。最後，憑藉旅行中國的傳教士書信，以及物理學家，也是數學家柴恩豪斯（Ehrenfried von Tschirnhaus）的幫助，於今日德國境內的 Meissen 取得高嶺土，燒出了西方的第一只白瓷，當然，還有之後的彩瓷。由此改寫了長達數百年時間，中國白瓷獨領風騷的局面，青花瓷器就是如此叫人迷醉。

那麼，鬥彩又是什麼呢？同式高嶺土與瓷泥摶成形，於素白胚胎上繪以青花；此時的青花僅繪上輪廓線或是外框，如同我們幼時練習著色本中的輪廓線。窯工將整器塗以透明釉，入窯燒製，出窯後，再塗繪填入框內的顏料。而由於每種顏色釉料的燒製溫度不同，大部分需要多次入窯、多次反覆燒製，因此，鬥彩可以說是覆燒的彩瓷。您只需記得如下口訣：「釉下青花，釉上鬥彩」，便可一手捕捉鬥彩的特質了。

讓我們將這只名聞世界的鬥彩雞缸杯，請上緩慢轉動的展示臺。清楚可見它小巧不足4公分的高度，侈口微微張開，矮矮的壁緣，低低的圈足，薄薄的外壁彩繪有湖石與花卉。碗壁繪就兩組母雞、公雞與歡喜圍繞其間嬉戲的小雞。花卉湖石皆以釉下青花勾勒輪廓，再填就紅、黃、綠、褐諸色；因為是釉下青花與釉上鬥彩多次覆燒，青色線條如似暗

圖三

影浮動，顏色釉塊則明顯有立體感。公雞母雞以實筆或虛線勾勒，並多重上彩染繪。小雞們的線條清描淡繪，僅填嫩黃一色。口沿及底邊則以青花顏料劃上三道弦紋。內面素白無紋。底書青花「大明成化年製」雙方框六字楷款。

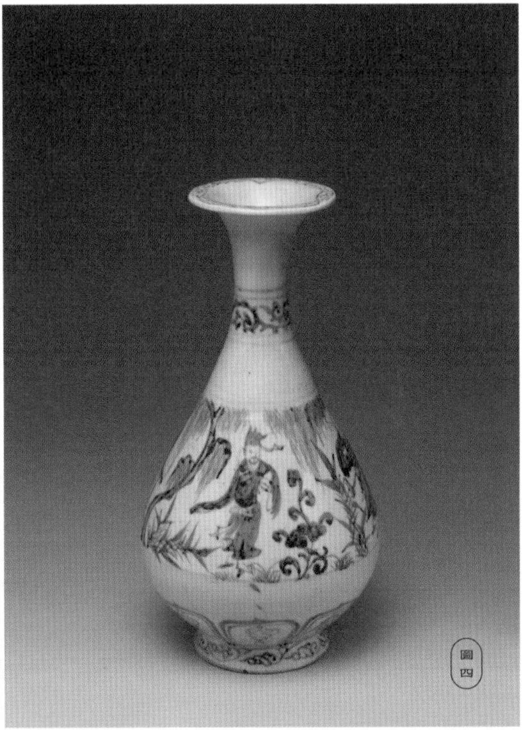

圖四

圖六

圖五

這「大明成化年製」六字，雖不過是一個大明皇帝的年號，卻永遠伴隨一段大明王朝最突破藩籬、不可思議的堅貞愛情，成化皇帝與萬貞兒一生的戀情。他們兩人初相見時，猶是荳蔻年華的萬貞兒，受命於當時的孫太后、成化的皇祖母指派照顧。名為照顧，其實是要她用生命捍衛這年僅兩歲，父親英宗甫被俘於土木堡之變，叔父景泰帝登基、因而被立為太子的成化帝。此後，終於此生，他們都是彼此最親的人，即使他們之間始終有十七歲的年齡差距。眾人不解，連同成化皇帝之母周太后甚且質問他，怎麼就獨獨愛戀萬貴妃呢？成化說：「彼撫摩，吾安之，不在貌也。」史書記載，成化皇帝不在紫禁城時，萬貴妃會身著戎裝，為他嚴守宮殿；於他身邊時，則如影隨形守護他。您是否也聯想到雞缸杯上母雞張開羽翼的形象了呢。據說萬貴妃特喜奇巧之物，皇帝為討她歡心，命人做了雞缸杯，連帶圖案都是皇帝親自設計的。

二〇一四年以後，雞缸杯在成化皇帝與萬貞兒的故事之外，被貼上另一張「天價」標籤。然而，熟悉文物市場的朋友都會知道，大部分的天價文物都不會是偶然的傳奇。萬曆皇帝的《神宗實錄》曾寫道：「神宗時尚食，御前有成化彩雞缸杯一雙，值錢十萬。」聰明的網友們，按照馬未都老師以米價換算物價，將十萬明代幣值，得出了今日五千萬元的價格，我們可以知道，雞缸杯原就是天享之物啊。在臺北故宮，我更喜歡請學生半蹲著來看鬥彩雞缸杯口沿那道素青色、細如琴弦的線條，他們距離杯口的距離，有高有低，這是何故？因為雞缸杯自有明一朝，便珍稀無比。但是，真真拿來使用時，因其極為薄透，口沿難免磕碰。倘若細噏了小口，當下絕對不忍丟棄，而會讓工匠細細磨至平整，於是出現弦紋至杯口距離不一的現象。

據說當日善後委員整理文物撤離工作時，共識最高的第一件撤離之物，就是「彩挹流霞」，這內含六十七件成化官窯的多寶格。身處二十一世紀，可以隨意參觀博物館的我們，著實該慶幸博物館沒有價格問題，玻璃展櫃前人人平等呵！不分職業身分，都可以駐足停留，大飽眼福。但您知道嗎？就在雞缸杯被拍出天價後，博物館的研究員們真是不堪其擾啊，每日都有如雪片飛來的觀眾來信，要求鑑定他家裡的許多雞缸杯，是否為大明成化年製呢！

(圖一) 黃籤條。
(圖二) 南宋「青白瓷菊瓣盒」，底印「段家盒子」。
(圖三) 明「成化鬥彩雞缸杯」。
(圖四) 元「青花人物紋玉壺春瓶」。
(圖五) 明「成化鬥彩嬰戲圖杯」。
(圖六) 明「成化鬥彩八卦海獸碗」。

康熙琺瑯彩瓷

清宮一絕

從多寶格開始，我們踏進中國近代最繽紛華麗的清代宮廷，如劉姥姥進大觀園，各式奇工巧匠、鏤雕鏨刻，叫人滿眼生花也像杜麗娘一入花園，委實觀之不足啊。

從文學作品，乃至工藝發展，每朝每代多有代表品類，文學的唐詩、宋詞、晚明小品，清代小說……比如瓷器中有漢綠釉、唐三彩、宋定汝官、元明青花……那麼，清代有沒有足以稱霸的絕對工藝呢？我想：琺瑯彩瓷，絕對堪稱清代的

圖一

圖二

致勝絕招。您也許會問：琺瑯彩釉不是來自西方嗎？怎能稱為清朝的代表工藝呢？是的，琺瑯釉料的確來自西方，然而，施釉施於何處？方得使琺瑯真正成為中國所有，其施釉之所在，甚至開發本土釉料，讓琺瑯工藝於東方開出奇花異果。這奇異花園的出現，正與一位對世界充滿好奇眼光的帝王有關。

二〇一一年，臺北故宮博物院曾有「康熙大帝與太陽王路易十四」特展，將東西方並置，於當時堪稱博物館策展十分新穎的題材。展廳中罕見地出現許多西方元素，那些我們習慣的中國色：天青的、牙白的、淡米色的、霽紅色、霧黑色，被彩度亮度更高、更眩目燦爛的桃粉色、藍紫色、漸層深淺的綠色等所掩抑了。尤其器物上大量出現西洋仕女、洛可可裝飾，真讓人以為迷途於凡爾賽宮。然而，它們不折不扣全是康熙大帝的傑作。透過展覽，我們發現歷史許多的巧合，東方與西方的兩位君主有驚人的相似之處：兩位皆為幼年即位，而即位之初，皆倚靠優秀的女性穩定紛亂政局。康熙有我們習慣稱呼為大玉兒的孝莊皇太后，路易十四則有史稱「奧地利的安妮」，其母親照顧、教養長成文治武功皆擅、稱霸一時的長壽帝王。

不知道您是否同意此一看法？所有成熟的頂峰之作，必然皆經過長時間的醞釀，如同山澗湧泉，方匯聚成大江大河。東西交流與交會，從漢代到大唐，從陸上絲路到海上絲路，從絲綢、瓷器到珠寶、香料。經貿易到航海、旅行，由驚艷到模仿，以致潛移默化。東西方交流中，光是瓷器一類，恐怕就是各自文化中最美麗的異國風景啊。

明嘉靖三十六年，公元一五五七年，葡萄牙軍隊驅散長年盤據澳門的海盜，進而自己佔據澳門，並以此為據點，展開對中國的貿易。其中，伴隨旅行與傳揚宗教，耶穌教會及其傳教士亦同時進入中國，為人熟知的耶穌會義大利籍傳教士利瑪竇（Matteo Ricci），也在一五八二年抵達廣東肇慶，為近代天主教入華揭開序幕。我們乍看「教會」此一名稱，似乎是以宣揚宗教信仰為主。然而，為能打入中國各個階層，尤其是較高的統治階層，傳教士們所能憑藉、縉身上流的，正是他們所具備的、進步的「科學」能力。以明代末年為例，「欽天監」中隨處可見盡是西洋人啊。如此交融，到了清代康熙年間，更加熾烈。倘若當時已有縮時攝影技術，我們應該可以見到清代宮殿門廊被法國人、西班牙人、葡萄牙人、義大利人踏進踏出，川流不息，商人、傳教士如羅如織。如下幾例，可以更添實體感：康熙二十七年，法國官方派出的五位「御前數學家」（好威的名銜！）抵達北京，他們隨即教授康熙皇帝幾何學、測量學、解剖學、醫學，並於紫禁城內設置實驗室，研究化學與藥學。他們之中，有曾隨康熙皇帝出巡蒙古，也有的參與中俄尼布楚條約的簽訂。康熙二十七年，第二批前來的傳教士，則有翻譯元曲《趙氏孤兒》，使之成為享譽西方之中國文學名著的馬若瑟（Joseph de Prémare），也有建議康熙繪製中國全輿圖的巴多明（Dominque Parrenin）……他們並且餽贈中國宮廷與士大夫友朋以各類「方物」；而所謂的方物，便是各類西洋玩意兒，比方說望遠鏡、鐘錶、洋紙、洋布、洋酒、洋畫、彩色寶石、鼻煙盒等等。由於文化之間的差異，也常發生有趣的事，傳教士洪若翰（Jean de Fontaney, S. J.）便曾於康熙二十六年，寫信回到法國，要求寄來「畫琺瑯以及琺瑯物品，作為贈送官員的禮物」，並且慎重地指示，堅持不要裸體畫，可見民情差異。同年，他的信件也提到：「在我們住所旁邊的一塊大空地上，康熙皇帝正在建設一個漂亮的玻璃工廠……我請求你們立刻從我們優秀的玻璃工廠選派一至兩名優秀的工匠給我們，這些工匠要具有幫助我們製造和歐洲製造一樣的玻璃和水晶玻璃的能力，也能製造玻璃鏡面，同時選派一位精良的畫琺瑯工匠來。」而康熙五十五年三月，另一位入宮供職的義大利傳教士，也是繪製《避暑山莊三十六景圖》銅版畫的宮廷畫師馬國賢（Matteo Ripa），則於《暢春園日記》寫道：「康熙皇帝對我們歐洲的琺瑯器，以及琺瑯彩繪的新技法著了迷，想盡辦法要將畫琺瑯的技術引進到他早就為此目的在宮中設立的作坊中，由過去瓷器上用來施彩的顏料，以及他設法得到的幾件歐洲琺瑯器，製作畫琺瑯這件事變得可行。為了也要有歐洲的畫匠，他指派我和郎世寧（Giuseppe Castiglione）用琺瑯彩料來彩繪，然而我們兩個考慮到，可能要從早到晚和工匠在宮中作坊內相處，就覺得無可忍受，便推脫說我們從來未曾學過此項藝術。但即使如此，在命令的強迫之下，我們只好遵從，一直畫到本月的三十一日。我們故意畫得很差，皇帝看過後，便說：『夠了』，我們因此從『藝奴』的狀態下得到解脫。」此一日記生動描繪了自詡為畫家，卻擔心被狂愛琺瑯彩的康熙皇帝當工匠使用的馬國賢之脫逃心機啊。

從傳教士洪若翰的信，到宮廷畫家馬國賢的日記，其間約莫經過了三十年，您可以說：由於康熙喜愛琺瑯，以致「上有所好，下必甚焉」，從上到下全面研究與開發。但是，若以另一角度觀之：某一技術或工藝，倘若上下齊力，的確可能成就一代功業。從少年天子到成一代霸主的康熙皇帝，我們看到他悸動於西洋玩意與科學時，像是兩眼燦爛有光。然而，他從來不僅僅收藏或視西洋物事為玩具，他的心中始終想望著一

圖三

個強大帝國的圖像。以琺瑯為例，見到較諸中國五彩，更繽紛細緻的西洋彩瓷，那麼可愛可喜，他儘可使西方大量進貢，或大量購買以豐富他的前朝或後宮。然而，他心中所圖所思的是：如何做出中國自己的琺瑯，更偉大地，是如何使其成為清代一絕的文化成就。是他令工匠，於中國已臻勝境的瓷器上施以琺瑯釉，方使琺瑯彩瓷擺脫景泰藍，或西方的銅胎琺瑯。果然，一代人，三十年的努力，我們看到從康熙彩瓷，到雍正、乾隆，琺瑯彩瓷成為另一盛世經典，皇家典範。

請原諒我教書匠的老毛病又犯了，每每在將文物放到您面前時，總先叨叨絮絮其身後背景、底圖。原因在於我總相信，一件文物就是一個時代的縮影，沒有此一時代，便不可能產生此一文物啊。中國自明代鬥彩，以至其後的五彩，於瑩潤白瓷上以低溫色釉加彩、增色；當時所能使用的亦僅是以鉛料發色的幾種紅、黃、綠、紫、藍或褐等等。初期的琺瑯工藝，也曾經歷類似階段。然而，源於西方的琺瑯釉為玻璃化的物質，以長石或石英、硼砂等為主要原料，加上氧化銅、氧化鈷、氧化鐵等作為著色劑，經過粉碎、混合，經過鍛燒及冷卻後得到琺瑯溶塊，再將其細磨後，便得出琺瑯粉。如何調和與控制琺瑯粉？因為它易於流淌的特性，可施作在表面粗糙的銅質表面，或更進一步以掐絲工藝的小銅線圈區隔色塊，這是琺瑯製作初期最美麗而穩定的表現。然而，工匠技藝永遠不甘於美其名曰穩定，他們總在尋求突破。西方從十五世紀開始，便努力尋求可使琺瑯直接作為顏料之法，企盼不受框架與局限，他們希望能「畫」琺瑯！工匠發現，若將琺瑯研磨極為細緻，便可與油完全混合，調製完成後，即可如顏料一般畫在器物表面，產生如油畫般深淺效果，如此技法從發明到成熟，又是將近兩百年的時間哪。因此，康熙皇帝遇見的，便是一項西方歷經兩百年後更加成熟的技藝。然而，翻轉置換另個角度思想：琺瑯工藝在中國，不也是遇見一個最好的時代，一位盛世君主啊！

於是，我們看到康熙皇帝不停地命人向海外、國內上下求索可以改良琺瑯之法。

此間遇見最大的困擾與困境是：第一，琺瑯釉只得由西方進口；再者，琺瑯釉需要研磨後，方能成為顏料，而中國的研磨技術始終不夠精細。其三，則是上釉後、入窯爐烘烤的技術，遲遲無法掌握。因此，我們可以從康熙與各地方官員往來的書信，見到地方官員不斷舉薦他們尋訪得來的燒煉工匠，請求皇帝讓他們入京試試身手。皇帝並且經常賞賜巡撫大員們清宮燒製的琺瑯彩瓷；有趣的是，收到御賞彩瓷的總督、巡撫，莫不上書好好比較了中國彩瓷與西洋彩瓷的優劣，不停讚美稱頌啊。

我們在多寶格一篇提到，康熙召喚已告老還鄉的老臣高士奇赴暢春園敘舊，您可以試著腦補這個畫面：康熙帶著高士奇，頗有些炫耀地瀏覽暢春園珍奇異寶環列的迴廊格架，讓老朋友觀賞他的創新成就，高士奇讚嘆說：「此雖陶器，其成就有關政治。今中國所造，遠勝西洋矣。」我們幾幾乎可以想見康熙皇帝捻著鬍鬚，喜孜孜的樣子呢！康熙五十八年，時任閩浙總督的覺羅滿保進貢了一批西洋玩意，咱們康熙皇帝更志得意滿地批語：「選幾樣留下，琺瑯等物，宮中所造已甚佳，無用處，嗣後無用找尋。」從此之後，您可以看到景德鎮燒製的康熙朝瓷器底書「大清康熙年製」為記，即使偶爾簡約，也是「康熙年製」。相對於此，於皇家作坊完成書款工序的琺瑯彩瓷，卻以「御製」為識，此「御」字正標誌康熙皇帝莫大的成就與驕傲。長時間以來，清宮中那股瀰漫地、亟欲超越西洋的氛圍，看來已經換作藹藹祥雲了。

臺北故宮博物院自二〇二〇年始，展出的康熙琺瑯特展，有意讓我們看見康熙一路前行的起伏變化，如同皇帝的實驗室一般，得見清代如何嘗試本土技術發展出金紅彩，以及使用西洋琺瑯料畫出紋樣的多件作品。比如其中一件康熙胭脂紅彩花果碗，碗底繪有一株虞美人和粉色、紫色菊花，碗內壁沿又有石榴、桃花、佛手等，外壁則是嬌艷欲滴的胭脂紅色，可惜上述彩繪色澤淺淡，仍未能呈現玻璃透艷光澤。然而，我們沿著玻璃展櫃一路向前，停佇於清康熙．琺瑯彩粉紅地開光四季花卉碗之前時，您真的會不自覺地點頭讚嘆：其內壁薄透瑩白，外壁開光線條精緻區隔開如春櫻的粉色，及粉青圖景，圖景內有綠竹、各色菊花，均已是工筆畫等級，濃淡深淺、巧麗可人。中間展櫃，更有一品類特別吸睛，便是康熙的宜興胎畫琺瑯系列。紫禁城宮中原存二十件，現有十九件典藏於臺北故宮博物院。從壺到杯盞，全是最文人氣的宜興紫砂壺器：宜興紫砂因胎土透氣帶有鹼性，能使茶湯回甘，其紅泥胎色古樸無華，最得文人心契。康熙皇帝竟動上腦筋想使素樸的紫砂增加琺瑯之彩。可慮的是，琺瑯上彩前，需先上透明釉，如此一來，不正遮去紫砂透氣特質了嗎？聰明的朋友們，您也想到了麼？工匠們只在紫砂壺器身上選擇即將繪畫的部分區域，上以透明釉，並以琺瑯繪畫。如此一來，便滿足了康熙老爺攔也攔不住的創意啊。

我因行筆賞析清代琺瑯工藝，閱讀了不下十篇《故宮學術季刊》及《故宮文物月刊》裡，專家關於清代琺瑯彩瓷的論著。其中李梅齡談及西方自文藝復興以來，歷經自然科學或技術的發明，此四處探索的階段。她說：「這不只是個默思的時代，而是時而現實、神祕，時而尊重理性的時代。」我們跟著對世界好奇無比的康熙，打開通往世界的大路，看他從摸索到實現，您是不是和我一樣非常享受這趟奇幻旅程呢。

（圖一）清康熙「琺瑯彩粉紅地開光四季花卉紋碗」。
（圖二）清康熙「宜興胎畫琺瑯四季花卉蓋碗」。
（圖三）清康熙「琺瑯彩紅地花卉紋碗」（康熙御製）。

雍正琺瑯彩瓷

詩書畫印，金成旭映

不知道您是否也是歷史劇迷呢？有沒有哪一個人物，是您認為戲劇效果與歷史記載中，反差最大的呢？沒錯沒錯，本篇的主角，正是一位於上世紀，因為兩部電視劇就揮別歷史陰霾、形象徹底翻身的清朝帝王，從《步步驚心》和《後宮甄嬛傳》後，一轉身成多情的四阿哥——雍正皇帝，他的藝術成就。

我曾與您分享一個想法：在古代封建制度中，帝王，皇帝，就是宮廷內層級最高的藝術總監。他的審美，大至引領一朝一代的藝術成就，小則上有所好，下投其所好，也許刁鑽，或許偏狹，在時間長河中，都會成為沿岸特殊的景致。十八世紀，東方與西方相遇了。康熙大帝的目光被西方艷麗、細膩的琺瑯彩釉所吸引，卯足全力、極盡可能地動用一切力量研發、精進，生產出中國的磁胎畫琺瑯，我們因此得以見到「康熙御製」的彩瓷。然而，一代人，三十年夠不夠？康熙的成就實屬不凡，堪比唐皇漢武。但是，有清一朝真正的成就，是康雍乾三朝盛世，三代君主，超過一百年的功業，所造就的強大帝國啊。而其中雍正皇帝、雍親王，四阿哥，從即位到稍嫌過短的十三年帝王生涯，以至清朝早已覆亡後的這一百年，他卻從來未能甩開他的黑歷史：是否奪嫡？弒父？逼母？殺功臣？正史與野史添油加醋於他的酷吏與嚴刑峻罰。然而，在此，我想請您與我一起，讓我們重新以藝術品為觀看視角，審酌看視這位屢噴金句：「朕就是這樣漢子」、「就是這樣秉性」、「就是這樣皇帝！」的雍正。

我的博士論文研究的是臺灣最出色的歷史小說家高陽先生，本名許晏駢。許氏一門是浙江杭州的名門仕族，清末時顯赫非常，曾有一家七子，六入翰林的功績。據說連光緒皇帝大婚的新床，都是許家原本預備娶親所用。也因此，高陽先生治清史獨具隻眼，如寫家史。他不只一次以小說鋪寫雍正奪嫡的情節，非常逼真。然而，歷史的敘述辯證越繁複，真相越是詭譎不清。也許我們只能選擇最為天真的想法，便是：倘若康熙不將皇位傳給雍正？那麼，皇位要如何順利交到他最寵愛的皇孫乾隆手上？又，如果皇位不傳給雍正，那麼，康熙晚年因太過仁厚所導致的國庫空虛、吏政疲弱，誰來力挽狂瀾，誰來重振呢？康熙六十一年冬日，皇帝駕崩於暢春園，遺詔「皇四子

圖一

胤禛，人品貴重，深肖朕躬，必能克承大統！著即皇帝位！」從此，十三年的時間，皇帝不巡遊，不狩獵，只大刀闊斧改革，他親批奏折，回批的文字往往多過奏折本身；他不眠不休，他凡事親力親為，一天的睡眠時間經常不超過四小時。這個被網友封為史上第一勤政的皇帝，我們來看看他為中國陶瓷史寫下怎樣的詩篇。

從驚艷於西方的琺瑯，到他的晚年，康熙，或說清代宮廷大抵已掌握畫琺瑯的種種技術。但是，某些技術仍窒礙難以突破，比如：以金作為發色劑的彩釉，許多釉彩仍需從西方進口等等。雍正即位後，對於吏政有多項革新，他清廉吏政、設立軍機處、建立密折制度等等，其中，他立馬著手，也是與宮廷藝術相關的，便是改造，或可以說是提升「內務府」、「造辦處」的層級。他事必躬親的行事風格，也頻頻於交辦事宜上得見。雍正帝即位一年左右，便換掉了前朝以來全部的內務府總管，並指派他最親信的怡親王著手改革。一先將內務府所屬單位，分設為房、作、庫，比如活計房、錢糧庫、鐘錶處、琺瑯作，並再進一步落實檔案管理。用清代的話來表述，他們將工藝製作稱為「活」，陳設、收拾、儲存則稱為「計」。而宮中的活計，則又分為「節活」與「命活」，您可以知道，前者指一般時節製作，後者則是皇帝特命的工藝製作。由此整套從上而下，層層監督的制度，使得工藝流程得以嚴格執行貫徹：從皇帝下旨，承作單位與工匠則根據不同材質，分往各個專門單位執行，如琺瑯作、磁作、玉作……他們先行做樣，也許是繪製圖紙，或鏇（ㄒㄩㄢˊ）木樣、或撥蠟樣，打樣後進呈御覽，靜待君王提出意見。如需修改，則一而再、再而三地修改，直到皇帝最後說了一句：「准」！「可」！才真正啟動、付諸實現。因此，「准時再做」也就成為《活計檔》中，最後拍版定案的關鍵詞。

清宮中這些看似無用的檔案資料，多麼像一塊又一塊的青石地磚，綿延鋪出有清一朝三百年的細節與血肉。我們說：皇

圖二

帝是宮廷的藝術總監，但清三代的工藝高度，絕對不只是皇帝有奇想，有品味，這層層管理監督，才是品質的活水源頭，雍正年代的畫琺瑯就在這樣的條件下產生的。現在，我們可以來直面這位有想法，又是控制狂的雍正皇帝了。清代小說《紅樓夢》於流傳過程中，有一種伴隨文本夾帶朱筆批語同行的批語本，其一《戚蓼生序本》就記有警幻仙境情榜。情榜使用「情」字，總結書裡重要人物，我一舉例，您就懂了，比如混世魔王賈寶玉在情榜中被評為「情不情」，咱們家的林黛玉是「情情」，雍容大度的薛寶釵是「冷情」，三春之首的元春則是「宮情」，如此這般。我每每思及康熙、雍正、乾隆的行事風格，就想仿此情榜，給他祖孫三人，用律己與待人的嚴酷寬容貼個榜：康熙是嚴寬，雍正是嚴嚴，乾隆，隆哥則是寬嚴。雍正帝的一切成就正從這律己以嚴、待人亦嚴而來。對於宮中活計，他頻繁地降旨指導，而對審美與要求，更給予清楚且精細的指令。（我們又要再次感激宮廷中保留了這麼多奏折與檔案啊！）他在《活計檔》一而再、再而三地諭令造辦處人員：「款式要文雅」、「款式做秀氣」、「可收秀氣些」、「胎骨要輕妙」、「胎骨具要精細」、「注意細處」、「往精細裡做」等。「精細」與「秀氣」像牆上張貼的標語無處不在。這是否使您對雍正皇帝改觀呢？我們實在很難將「精細」、「秀氣」等字眼與史書對他的惡評相聯繫。尤其他不厭其煩地於往來奏折間叨叨唸唸，如雍正五年的《活計檔》記到，皇帝說：「朕從前著做過的活計等項，爾等都該存留式樣。若不存留樣式，恐其日後再做，便不得其原樣。朕看從前造辦處所造的活計，好的雖少，還是內廷恭造式樣。」這段話明顯彰示，雍正要底下諸人注意，切需摒除市井街坊流行的「外造之氣」。也許，「秀氣」、「精細」仍是太籠統風格化的形容詞；皇帝當然也有他務實的方法。《活計檔》同時記載有畫琺瑯人鄒文玉在內的幾位工匠，因作品深受帝王喜愛，數次受到皇帝獎賞，他們的作品共同完成並呈現出雍正皇帝的品味與想望。

走在臺北故宮博物院的陶瓷展廳內，有一處三方渠道交會的玻璃櫃，內裡端放著六只雍正琺瑯彩瓷大碗，其周圍文物華麗如盛裝妃子，綾羅綢緞、花團錦簇，惟此六只碗自帶一股幽蘭之氣，像您走進文人書齋，說不出地爽颯清朗。它們全是因應雍正爺的秀氣與精細、他的審美而來，他所創造的中國瓷器是另一個不可取代的高峰。故宮博物院退休瓷器研究員廖寶秀老師說它們是「清代藝術品味上的幽蘭奇葩」。

雍正皇帝是將瑩潤如甜白的瓷器，當作畫布，命最好的能工巧匠於其上作畫，寫字，且不只作畫，他是「詩、書、畫、印」四者皆全了。瓷胎畫琺瑯赭墨山水大碗，微微撇出的碗口，深弧形的壁身，一側描繪出高聳嶙峭的高崖，以及向下延伸的萬頃碧波。較諸青花略深的赭色，只以墨分五色便深淺濃淡畫就中國山水最文人氣的意境。另一側則提有明朝詩人阮自華的〈題武夷〉的兩句：「蹊上紅泉分徑路，山中香

雨有神仙。」倘若今日是您或我手捧此大碗，讀見此詩，定會突然一個回神，將碗轉回另一山水之側。是啊，原來高崖緩坡的岸邊，挺立一位遠眺波濤的高士啊。淡墨赭色之間，還有小巧如真的三枚大大小小的印文：「壽如」、「山高」、「水長」，整圈碗壁成了一卷連綿的山水畫。另一只清雍正琺瑯青花山水大碗，則全器胎底素白瑩潤，外壁以琺瑯彩藍釉繪就群山亭閣傍海濤小舟，陸上殿宇樹石，與海景波瀾皆精巧細膩，濃淡有致。留白處題詩「一江綠水浮嵐影，兩岸青山夾翠濤」，同樣有「壽如」、「山高」、「水長」三吉祥印記。兩個碗底同樣是一方鈷藍色、方正雅致的「雍正年製」底款，一見此印，真真深切感受：此乃清代官窯藝術上最高的成就標章啊。

臺北故宮所藏雍正瓷胎畫琺瑯柳燕圖碗一

對，又是另一只充滿文人雅趣的秀氣之作，雍正七年《活計檔》寫道：「四月十七日，內務府總管海望持出白瓷碗一對。奉旨：著將此碗上多半面畫綠竹，小半面著戴臨撰詩題寫。地章或本色，或配綠竹淡紅，或何色酌量配合燒琺瑯。」由此可見，我們所說雍正全面主導官窯御瓷的燒造，不僅僅只是概念而已，他一手主導，從畫面元素到配色，無一不與。這記載所說的大半面與小半面，就是瓷碗外壁的大主體，與小半部。詩書畫印的構圖，亦可經由南京博物館館藏的康熙晚年燒製的「五彩十二月令杯」看到雛形。然而，其畫面構圖明顯平分為兩個半面，圖與詩各佔一半，印章也簡單僅一「賞」字。而臺北故宮常年展出的柳燕圖對碗，其中一只碗大半面疏朗的柳樹枝幹間，有依偎雙燕棲息，柳枝條芽輕柔揚起，紅梅艷麗不俗，小半面以墨書「玉剪穿花過，霓裳帶月歸」，並鈐紅料「佳麗」、「四時」、「長春」三印。另一只碗於枝幹上僅繪一燕停駐，另一燕子則斜飛往天空，朝詩句處遨翔，其胎底潔白細膩。

最難得就在這幾只碗上的留白了，雍正比起他的父皇，更有能力使用琺瑯，但他卻每每選擇留白於瓷面。這留白正正透出雍正畫琺瑯的秀氣與文人氣。閱讀至此，您印象中的雍正大帝，有沒有被柔焦籠罩而夢幻起來呢。

雍正皇帝即位，便提高內務府造辦處的層級，並且命令他的十三弟怡親王監管造辦之事。清代入關以來，為革除明代陳習，如宦官干政與外戚之亂；最根本有力的，即皇子教育一環節。延聘名師、上書房讀書外，騎射亦不馬虎，成年皇子且須跟隨帝王、或由帝王交付大臣學習，此諸般舉措，使得皇子們之於王位是人人有機會、個個沒把握。尤其康熙二次廢太子胤礽後，三申五令宣告不再立儲，皇子們惟有盡心辦差，才能靠近大位啊。您一定記得，前文說到康熙晚年召見已告老還鄉的高士奇，重入暢春園敘舊，頗有些炫耀的意味，而高士奇果然是長伴君側的老臣，非常適切又高明地說出：「此雖陶器，其成就有關政治。今中國所造，遠勝西洋矣。」此番聚會將近尾聲，高士奇臨別之際，心中難捨，在簾外不覺慟哭起來；「上亦不捨，於是遣內侍慰諭再三，復命皇十三子送至門……」這位十三皇子，亦即雍正一朝最受重用的怡親王。臺北故宮博物院的副院長，本身是陶瓷研究專家的余佩瑾女士曾說：「這條史料雖然沒有說明康熙皇帝和高士奇見面談論西洋種種技能時……怡親王允祥曾否隨侍在旁，但從他至少有機會奉命送客的角度看來，怡親王應該是少數有機會見識到康熙皇帝推動畫琺瑯器的產燒，以及瞭解其中原委的一位重要人物。那麼日後，因為和雍正皇帝擁有深厚的手足之情，遂也使他成為協助雍正皇帝持續產造畫琺瑯器，並且得以突破煉料困境與開創新式樣的得力助手。」

的確如此，雍正即位後，「琺瑯彩瓷」，就像他另一個非繼承不可的祖宗家法，其中，從康熙朝開始，能否提煉本土珐瑯釉料，幾乎成為能否超越西洋文明的指標。康熙五十九年時，法國傳教士馮秉正（Joseph de Mailla）寫回巴黎的信上，仍猶說著：「中國自製珐瑯料又幾乎不能使用。」可見當時的康熙朝雖已嘗試提煉珐瑯釉料，卻無法掌握西方以金作為發色的技術。此時距離雍正即位，不過兩年。雍正即位後，從大者提升造辦處層級，命怡親王監督，甚至整頓景德鎮製陶事務，直接由內務府總管，並由中央指派督陶官，往來京師與景德鎮，直接傳達皇帝旨意。從許多《活計檔》與奏折來看，我們實在很難想像一個帝國的君主，竟能如此鉅細靡遺地涉入陶瓷事務。比如：雍正六年的《活計檔》〈珐瑯作〉：「七月十二日……造辦處收儲的料內，月白色、松花色有多少數目？爾等查明我知道，給年希堯燒瓷器用。遵此。」從儲藏原料數量，皇帝都要掌握，此即雍正以國家之力、全盤統整又鉅細靡遺的態度。

雍正六年，怡親王允祥於圓明園造辦處主持珐瑯彩料的提煉計畫，根據《活計檔》記錄，怡親王最後交出的珐瑯彩料共計有「西洋珐瑯料」、「舊有西洋珐瑯料」、「新增珐瑯料」和「新煉珐瑯料」等四類。據此檢視《活計檔》中所登錄的各色珐瑯料，可以見到，原來需賴進口的白色、黃色、黑色、月白色和松黃色等五種色料，經怡親王主持之下已能自行提煉。而同時出現在「新煉」與「新增」兩個類別下的香色、醬色、軟白色、藕荷色、青銅色、亮青色、松綠色、淡松黃色和深葡萄紫色，正是雍正一朝新煉

圖五

圖六

出來的琺瑯料。其中的亮青色，依照北京故宮博物院王健華的說法，正是繪製「青山水」系列使用的琺瑯料。光是看著這些顏色，真讓人聯想翩翩如入春日的中國花園呢。我們不得不佩服雍正爺與十三阿哥怡親王啊，真的實現並開發出十八種全新的琺瑯料，其中最為殊勝的，當是中國金紅彩的燒造。在史料中雖未像開香檳開慶祝會一樣特別記載下是何時成功燒造出金紅彩，但是，在今日的顯微鏡下，已能清楚見到確為粉紅色的含金琺瑯料，顯見，康熙念茲在茲使琺瑯勝似西洋的念想，已大功告成。

二〇一三年，臺北故宮曾舉辦「金成旭映——清雍正琺瑯彩瓷特展」，在雍正詩書畫印四者皆具的彩瓷面上，一枚「金成」，一枚「旭映」印記，總伴隨畫有紅、黃兩種釉彩的花卉出現。尤其，當他們被烘托於底色為黃色或綠色的瓷面上，那兩方紅印真是嬌艷無比。例如底款為「雍正年製」的一對琺瑯彩瓷綠地菊花鍾，外壁畫的大半面有黃色菊花數叢，另一側則以墨色提唐詩「細枝清玉潤，繁蕊碎金香」兩句，詩句前是「佳麗」小印，後則有「金成」與「旭映」，共三枚紅料印，在素雅綠底之間，如點朱唇，如見美

圖七

人笑靨。再如一對琺瑯彩綠地芙蓉桂花碗，碗內素淨瑩潤，碗壁一圈詩書畫印四藝皆全，畫面中央太湖石昂立，向外舒緩展開的則是芙蓉與金桂，於淺淺綠地上嬌媚搖曳，墨書唐詩：「枝生無限月，花滿自然秋。」紅料繪印「佳麗」、「金成」、「旭映」三枚。我們乍看，或以為金成、旭映為人名或字號、堂號，然而，經前文鋪述，您已然知曉，「金成」與「旭映」印記，正鐫刻了中國自身尋尋覓覓獲致的金紅釉料啊。

雍正朝琺瑯彩瓷風雅的詩書畫印底蘊，如文士飄逸的晚明小品，再看過他的黃地或綠地彩瓷，比起他的父王康熙大帝的彩瓷，風格其實可以非常華麗，尤其，他擁有與怡親王開發出十八種本土琺瑯釉色的絕對優勢，但是，他仍舊有他獨樹一幟的品味。臺北故宮博物院玻璃展櫃中，長年展出一隻雍正皇帝的琺瑯彩青山水壺，從壺內茶漬痕跡，可以研判應是經常被使用的。它的壺身略低，與壺口比例和諧地同樣呈現寬圓狀態，壺蓋上「百花不露白」似地全繪滿了艷麗花卉，壺身四周也有花卉圍繞，看起來就像將噴發出康熙、乾隆的富貴氣息了。但它畢竟仍是雍正之壺，兩側腹部如窗戶開出兩片淨白風景，一派素潤白瓷胎底，繪作兩岸青花遠山、樹枒，一面墨書題有「樹接南山近」，下描紅印「山高」；另一面題「煙含北渚遙」，下則有紅料繪下「水長」一印。您看，山水依舊在人間啊，文人風格還是他的最愛。

我們也許可以一同思考：究竟為何原因，康熙與雍正兩代帝王如此奮力於琺瑯彩瓷的開發呢？答案是，此二位君王的確有過人的智慧！琺瑯彩瓷確實值得他們奮力一搏。這是中國自摶泥幻化、陶冶製瓷以來，從未有過的品類，從康熙到乾隆，投注多少外國經驗、本國瓷匠、玻璃匠、畫師，不可計數的心力，他們所挑戰的是一項可記載史冊、全新的工藝。我們有傳統，但傳統不足以支撐時，惟有求新求變。而當技術允許了，還得選擇、還得形成、還得堅定自己的風格啊！這就是我為什麼這麼愛雍正琺瑯彩瓷的原因。

（圖一）清雍正「琺瑯彩瓷赭墨山水碗」。
（圖二）清雍正「琺瑯彩瓷青山水碗」。
（圖三）清雍正「琺瑯彩瓷柳燕圖碗」。
（圖四）清雍正「琺瑯彩瓷赭墨山水碗」，可見高士凝望。
（圖五）清雍正「琺瑯彩瓷柳燕圖碗」。
（圖六）清乾隆「琺瑯彩花蝶碗」。
（圖七）清雍正「琺瑯彩青山水壺」。

乾隆琺瑯彩瓷

華麗諸景

從康熙皇帝開始，如何開發並燒造中國自己的琺瑯彩瓷，成為三代君主共同的願望。臺北故宮博物院藏有整批清三代盛世最重要的琺瑯彩瓷，它們所以能在錯迕歷史下完整完好地漂流過海，來到臺灣，真實有其時光的祝福。乾隆皇帝，也就是弘曆，初初即位的第三年，便為這批文物特闢「乾清宮琺瑯器皿」一專項來嚴密管理。從選件、配以精緻箱匣、匣外刻字填色，載明年代與品名，其精密頗有點類似我們今日的博物館管理。也因此有人將乾隆稱為首席博物館館長，我們有時親暱地喊他「蓋章 Boy」，有點氣惱他動不動在書畫鈐印，要人刻字在玉器、瓷器之上，越是重要的文物，越是不

圖一

可倖免；然而，他經手文物、典藏之意義，實在功不可沒。正因為乾隆對清宮琺瑯彩瓷極其重視，將之全部保管收藏於乾清宮的端凝殿之中。九一八事變後事起倉促，為避日軍侵襲北平，管理委員會擇選保護精華文物，包括端凝殿所有康、雍、乾三朝琺瑯彩瓷三百六十九件，包括康熙朝十六件、雍正朝一百九十一件、乾隆朝一百六十二件，加上康熙朝宜興胎畫琺瑯十九件、以及少數收藏於其他宮殿如養心殿、茶庫、永壽宮、避暑山莊等處瓷器，共四百六十六件左右，便毫無懸念地整批，自西南而後播遷至臺灣。

前文備述雍正如何殫精竭慮，絕不妥協、鉅細靡遺地堅持他對細節與美感的追求，以符合他的「內廷」風格；他的「款式要文雅」、「款式做秀氣」、「可收秀氣些」、「胎骨要輕妙」、「胎骨具要精細」、「注意細處」、「往精細裡做」等等文字，如似霓虹閃爍的標語牌無處不在。倘若康熙像一位科學家，看到宇宙星體正在發光發亮的元素，他滿心想一攬入懷。後繼者雍正，則是使出魔鬼般的鋼鐵意志，將計畫具體實現，並系統管理。那麼，乾隆大帝呢，我們這位含著金湯匙出身的隆哥，他做了什麼？《清

圖二

高宗實錄》卷一說，乾隆繼承皇位是「聖祖深愛神知，默定於前，世宗垂裕谷詒，周注於後」，稱得上是一位沒有阻礙的接班人呵。

康雍乾盛世，歷三位君主共一百三十四年。網路上曾有以耕地、人口、錢糧統計：康熙交棒雍正時，國庫僅餘八百萬兩。然而，經過雍正一朝種種舉措，再度交棒給乾隆時，國庫餘有三千萬兩，這時的乾隆皇帝二十五歲。身為皇祖父辰心默定的繼位人選，乾隆的確是被「富養」無疑！從小被煨以琴棋書畫、養育宮中。一日，當他富有天下，面對其父、祖莫不重視的琺瑯彩瓷，他將如何？從唐英，這位打從雍正六年便被派駐景德鎮的督陶官，其奏折、記事錄、年表中看到，乾隆即位以來，唐英每上奏折報告業務。宮內多是內務府長官，或是太監高玉傳旨：「著將唐英燒造送來甜白釉瓶燒琺瑯，趕年節務要全完，欽此。」或是「傳旨：著交與唐英，照样燒造，欽此。」又，或是「知道了。」尤其是「照樣燒造」！這類無關痛癢的朱批。但是，乾隆六年的一段批語，即使只是文字，即使隔著兩百年的時光，我們一看也能如聞雷霆之聲，皇帝顯然發火了！朱筆大批：「不但去年，數年以來所燒者，遠遜雍正年間所燒者，且汝從未奏銷。」此為何意？原來，依據慣例，畫琺瑯彩瓷的白瓷，無論是直接送入宮中，交與宮中畫師彩繪的畫琺瑯彩瓷，或為留於景德鎮由瓷工繪製的琺瑯彩瓷，此類瓷器太被珍視與貴重，倘若有燒壞的瓷器，務須上報奏銷。皇帝生氣了，從未見督陶官上奏報銷；如此，表示並無燒壞的情事。沒燒壞！那麼，皇帝眼中所見、這幾年燒造瓷器怎麼遠遠不及雍正朝？

細心如您，一定記得，我們前文敘述，雍正皇帝是如何鉅細靡遺地與畫家、瓷工上下、往往回回溝通每一細處當如何安排，如何實踐他的詩書畫印，文人品味。這恐怕是剛剛即位的乾隆，仍未能劍及履及之處，於是，無論造辦處、景德鎮便照前朝舊樣，做著便是。等待乾隆回過神來，才發覺工藝怎麼非但不進，還更退步了呢？瓷胎畫琺瑯的技術，在雍正朝已經開發完成，雍正的品味與個人風格又如此強烈，乾隆該如何是好？如何做出乾隆朝特色呢？有一個我們都很熟悉的成語，叫「錦上添花」！錦上添花，正是督陶官唐英被乾隆斥責後，勵精圖治所開發出來的乾隆風格啊。您記得嗎？我們曾說過康熙、雍正朝已有黃地或綠地等，不同於白色的有色瓷底，後來更發展出「五彩錦花地」。而乾隆六年之後，琺瑯彩瓷上最常見的裝飾法，便是於瓷器身上，再細緻非常地剔出花紋，或者於彩繪的隙縫處，再添加花紋。這真真是錦上添花了。一是工藝上的「錦上添花」工法，二者，則多麼像《紅樓夢》裡說的「天上人間諸景備，芳園應賜大觀名」。琺瑯彩瓷在雍正手上，已臻勝境，乾隆當然只能於錦上再添花。在國庫充盈，工匠技藝精湛的乾隆朝，精益求精，再求諸巧，正是時候。

此「錦上添花」之法，可分為「錐剔錦紋」與「描畫錦紋」兩種。錐剔，是向下剔刻出細紋，因此，紋飾為陰刻，也就是凹紋。而相反地，畫錦紋，便是以極為細緻的紋飾，畫於其上，因此，是凸出的陽紋。臺北故宮博物院院藏，這類膳食專用的碗、湯碗，或酒鍾、盤等，多半即是乾隆七年、八年的作品。所有錦地細縫無不密布花紋，不只只有錦地，還更添加紋飾。乾隆還會再添加要求，要唐英「胎骨要薄些」，並且打造「木樣」要唐英照樣燒造。由此看來，乾隆已經學會其父雍正，身為引領一朝的藝術總監，想要成就一朝風格，可是要親力親為呵。高規格要求之下，我們果然看見乾隆一朝的錦上添花，其巧奪天工，真的富貴逼人。如臺北故宮院藏清．乾隆．琺瑯彩紅地剔花開光四季花卉碗，高7.4公分，碗口直徑將近16公分，大湯碗形制，微微敞開的口沿，順溜而下的深弧形碗壁，收束在矮圈足上。碗的內部畫上秋葵、紫菊、石竹等折枝花卉，十分素雅可人。外壁面上有一個橢圓形留白的開光，您已經懂了，開光，就如同開窗一樣的概念，在同樣的器物體面上開出不同的風景。這只大碗的開光中，非常雅致地在瑩白瓷面上畫有玉蘭花、石榴花、芙蓉、蠟梅、天竺等四季花卉。然而，橢圓開光之外，則是艷麗紅地、紅色底釉下並且細細密密地錐刻「剔」畫了洋

圖三

花卷草錦地紋。從此篇開始，字裡行間不斷出現「剔」字，真是深刻有力的動詞，彷彿能見快刀刻痕。也就在這紅地錐畫洋花卷草錦地襯托之下，這只大碗便有了華袍錦服的乾隆姿態了，同樣的概念，您可以看到清乾隆「琺瑯彩藍地剔花花卉茶碗」、清乾隆「琺瑯彩黃地剔花菊花碗」、清乾隆「琺瑯彩藍錦地瓜瓞碟」、清乾隆「琺瑯彩紫地剔花花卉碟」、清乾隆「琺瑯彩錦地開光紅山水花鳥碟」……錦地的顏色如馬卡龍粉嫩繽紛，有粉綠色、吹綠色、粉紅色，甚至茄紫色。錦地剔畫出繡球花、回紋、卷草紋。二〇二〇年時，由於疫情使得百業蕭條，行政機關發放三倍卷來刺激消費，我趁勢用以購入一直捨不得買的短焦放大鏡，據說看博物館展品，能有近距離放大觀看的效果。恰好，二〇二一新年度，臺北故宮推出特展：「乾隆彩瓷」，我便歡歡喜喜帶上我的新玩具入宮去了。透過玻璃看見的琺瑯彩瓷，看似一整片的色塊，當聚焦於短鏡頭下，細如錯金錯銀的白色線條，全都清楚呈現，除了巧奪天工四個字，真別無他想，這全是手工一刀一刀，手工一筆一畫細描出來，如織錦的效果啊。乾隆挾帶盛世帝國的實力，他的琺瑯彩瓷，是以「巧」來取勝了。

除了釉彩錦上添花的巧，景德鎮白瓷自宋元以來，對於窯溫、器型的掌握，已然爐火純青。咱們乾隆一朝，在瓷胎、胎體之上，還能如何用巧，如何錦上添花呢？臺北故宮有一只人氣國寶，常引得導遊、參觀者駐足，故宮也曾為她拍過形象廣告，那便是清．乾隆．霽青描金游魚轉心瓶！周身外型如一般有長頸而下，腹部豐圓的花瓶，花瓶通身外層施有湛藍似夜空的霽青釉背景地，其上描金彩繪，滿滿的錦上添花，繪飾則有如意勾蓮紋、寶相花、瓔珞紋等各式吉祥圖案。外瓶腹部上作四個鏤空開光，可以清晰看見瓶內仍有套瓶，套瓶施以淡綠釉彩，並繪有水草、花朵，以及婉轉游動的金魚。當您發現這瓶中有瓶的機關，順溜往上探看，啊，原來內層還可手握長頸處來轉動，這一轉動，內裡的金魚便悠遊起來了，此瓶因此被稱為「轉心瓶」。故宮當日形象廣告中，有一支憨喜的貓咪舒服趴看著轉心瓶，瓶心不斷轉動，魚兒在搖曳水草間游來游去，貓咪看著看著打起瞌睡，下一個畫面，牠已進入夢鄉，與瓶中的金魚一起游來游去。每每看到這樣畫面時，文物瞬間可愛起來。這樣器型的巧思，也可以看到，瓷器一入乾隆朝，大抵是想燒製如何器型，沒有做不到的

圖四

了。於是，各種鏤空作為薰香的帽架、套瓶、甚至小巧的牙籤筒，都能於清宮見到。比如故宮院藏一件磁胎畫琺瑯·山水人物牙籤筒，小巧只10公分長的筒形，內外兩筒並可套合，中間有絲繩貫穿以拉合。其外筒作書卷狀，內筒扁平、中空承裝牙籤。外層彩繪便是典型的錦上添花錦地，像是書卷包捲，上貼飾金地題籤，用墨書寫著「樂善堂」，下用硃紅描繪「乾」「隆」二枚圓方鈐印，另一面則彩繪山水人物圖。類似的磁胎牙籤筒，多半類似，精巧無比，從圖片中簡直不可置信僅10公分大小。

同樣來自西方的琺瑯彩釉，於康雍乾三代君主手上，從瓷胎畫起，到成為中國前所未有的一項新工藝。由無到有，並能有所繼承，再更光大，有三朝不同的風格，十分不易。康熙大派，雍正走文人路線，乾隆既有繼承，也有巧思，然而，不論是繼承祖父的大派，或父親的詩書畫印，乾隆皇帝的錦上添花始終是富貴逼人啊。

（圖一）清乾隆「琺瑯彩紅地剔花開光四季花卉碗」。
（圖二）清乾隆「琺瑯彩紫地剔花花卉碟」。
（圖三）清乾隆「琺瑯彩粉綠錦地花卉酒鍾」。
（圖四）清乾隆「霽青描金游魚轉心瓶」。

《南薰殿圖像》

有圖有真相

構思此篇內容時，我正在前往臺北故宮博物院的路上，恰好聽見「看理想」音頻裡，白先勇老師說著，為什麼要閱讀《紅樓夢》？「文化的美好，在於我們的文化是一脈相承，未曾間斷的，不像西方，政權或文化中心每個時代多有轉移，因此，我們的文化不斷積累，成為共同的脈絡。」一走入臺北故宮觀看「南薰殿」帝后圖像，更深切感受。是啊！這個民族，我們可以順口溜、口訣似地背出世系表：唐宋元明清，康熙、雍正、乾隆、道咸同光宣。不論您是否儒家信徒，您皆知曉另有一譜系為「道統」，堯舜禹湯文武周公。從前閱讀金庸武俠小說時，直覺《射雕》三部曲真是神來之筆，作者巧用東西南北中，東邪、西毒、南帝、北丐、中神通，撐起了一張地圖，用空間感構畫出一個江湖。中國的帝王世系不也如此嗎？一個帝王連著一個，一個年號替換過一個年號，一個朝代接著一個朝代，兩千多年的時間於焉串起。

而此些被記寫於歷史課本中的帝王、后妃，除了名字，您多半如何記住他們？認識他們呢？透過書本，可能是事件，有時多些成長背景，多些性格，或有略加描述外型。倘若，是影視連續劇演出的帝王后妃，則多半有愛恨情仇黏附於演員身上，一入腦海則難以擺脫了。您會不會好奇，真實的他們究竟長什麼樣子呢？沒有照相機的時代，我們能憑藉何物來瞭解？文字當然是有效證據，然

而，文字給予的臆想空間實在太大。如我們最耳熟能詳的孔聖人，關於他的外貌，《史記》〈孔子世家〉記載：「生而首上圩頂，故因名曰丘。」而《荀子》〈非相〉篇則寫：「仲尼之狀，面如蒙倛。」圩頂，頭頂凹下；蒙倛，指的是方臉形。我們究竟能如何想像？更遑論「孔府檔案」所描述的河目，海口，龍顙，牛唇，白顏，以至於龍形，龜脊，虎掌……越描述越懸呼了，這還是個人麼。因此，相對於文字，圖畫應該更為可信，但如若時代相隔久遠才作畫，繪製真容，極可能又是以文字為底本。假如有幸當代繪製，那麼，應該更趨於可信吧。

每當我走在博物館展櫃間，都會無比感激上蒼留給我們的珍貴禮物，只要任何一個時間或事件的錯差，玻璃展櫃中可能便少一件文物啊。乾隆十二年十月的《實錄》記載，內務府廣儲司茶庫上奏，於儲存茶葉的倉庫中，發現一批久未翻動的歷代帝后功臣圖像。實錄表示，它們被「視同尋常圖繪，未經啟視，塵封蛀拾」，看來是殘破得很。我們不妨腦補此一畫面：當下，乾隆老爺的心情如何？是剛遊完御花園？剛寫完一首自己頗為得意的好詩？剛得到邊疆捷報？總之，他的情緒應當是好的，或者起碼是平順的。因為翻手為雲，覆手為雨，帝王的決定即可判定一批文物的生與死。身為滿人，乾隆不愧是被漢家文化豢養長大的天子。他使用先朝陵寢來比喻，即使時光遠去，年代湮淹，我們尚且需要守護歷代先祖的陵寢茂林，更何況這批冊寶。如此這般，乾隆皇帝下令將它們重新以最高規格裝裱：「帝王后像掛軸，准用金黃綾，天地明黃，壽帶綾邊，其功臣像掛軸，准用藍綾，天地蘋果綠色綾，壽帶綾邊。」並以香楠作盒子，文緞為套，藏之「南薰殿」中。就一個命令，在短短三個月內，此批圖像已經裝裱完好，有了我們今日所見的「南薰殿」圖像，據胡敬的圖像考，有大小像，共五百八十三件。

我們永遠無法知曉乾隆當時的內心小宇宙是如何運轉？又啟動了如何的機制？您知道這批帝后功臣圖像中，不僅含括他所傾心的文雅宋朝，也有他的祖先剛剛滅掉的大明王朝啊！但他的決定，的的確確使得有清一朝巧妙地與「帝統」相承、無縫接軌了。臺北故宮博物院書畫處的研究員賴毓芝，書寫《文化遺產的再造》，「試圖探討乾隆作為一個滿人皇帝，如何挪用一個象徵漢道統的歷史遺產為己之用」。正是此意。而南薰殿圖畫亦也包含了非漢傳統，例如沙陀人出身的「後唐莊宗」及「元代帝后像」。整理且鄭重裝裱，使得一個包括漢、鮮卑、契丹、女真、蒙古等多元民族帝王圖像，於乾隆朝完成。您聽到此處，是否覺察，對於乾隆皇帝，我們著實不該只有「蓋章 Boy」的印象啊。

那麼，有了圖畫像，應該可以看見歷代的皇帝皇后到底長什麼樣呵。古代指這些類被寫實畫下的人像或塑像為「真容」，從《洛陽伽藍記》到《資治通鑑》都曾寫到神像、塑像，以至祖先畫像為真容，此類真容，多有些被膜拜的作用。「南薰殿」圖畫，當然亦同，除祖先祭祀外，也有將人升格為神的目的。如此一思，這真容應該不免被美化，或被神化。臺北故宮將此檔「南薰殿帝后像」特展定名為「權力的形狀」。策展人邱士華提問觀眾：「權力看得見嗎？」她說：「權力難以捉摸，但往往會巧妙附身於許多視覺形象上，發揮強大的作用……『帝后像』，經常被當作歷史人物的插圖。但這些帝后像本身，不也是權力凝結出來的一種『形狀』。畫像中的帝后皆貴為一國之尊，在當時擁有強大的權力。他們的肖像要如何製作，才能彰顯不同於一般人的高貴身分呢？又如何讓觀者辨識出，他們就是掌握『權力』的領導者呢？……畫家如何在畫面上，透過容顏、姿態、服飾、座具、屏風、圖案種種安排，展現帝后的威儀，讓肖像散發出『權力』的光暈！」

邱老師以「專屬服飾」、「端莊的儀態」、「極致奢華」、「象徵符號」以及「精良的材料與畫工」，論述權力者如何彰顯其不可侵犯與不可逾越的身分。其服飾必須如同「儀式」帶來的，不同於平常的鄭重，我們所見帝后像裡的他或她，必定身著最貴重正式的大禮服。再者，必定是仰之彌高的端重儀態，此必然是高掛於上所造成的仰角效果。全身畫的效果則更彰顯其不可捉摸的莊重神態。各朝各代的帝王與皇后，更有標榜其身分的象徵圖騰與特定使用的儀服材料。我曾以「鳳穿牡丹」比擬清代美感，宋朝則

如「鶯啼木蘭」之清雅。然而，細細觀看宋代皇后們的畫像，我們都會發現畫面上無處不在、類如瑩雪的白色小點，乍看以為是古畫日久，出現的小小褪色，再定睛看，便明白了，此大量鋪陳於服飾上的瑩雪白點，正是一顆一顆珍珠啊！真的奢華之極，您知道畫工為何執著畫出了。再者，構圖多將帝后置放於有地毯的龍椅座上，部分更於身後繪製屏風，集合一切華麗因素，並層層疊疊於畫面。它們當然具備帶我們重回歷史現場的效果，甚且可以還原或驗證文字記錄，給予我們重塑歷史最好的資料。

然而，我們最好奇、最想探問的還是：此「真容」可以代表真實嗎？人同此心，心同此理；有沒有男女朋友為了不能為對方拍出美照而鬥嘴，有沒有閨密因為老將對方拍醜而生隙？倘若有一天，沒有美圖功能了，我們還願不願意以真面目示人？畫工面對的，更是不可一世的君王啊！如實作畫，可能有殺身之慮，過度美化，也可能引起殺機，那絕對是整個時代最不討好、最戰戰兢兢的工作了。膚色、五官的特色也許可以微妙調整呈現的，但一切皆需被完美交融於威儀及雍容之中。

「南薰殿圖畫像」特展開始之前，圖錄的上集已經出版，我迫不及待捧回家、先睹為快。我如常順序翻看著：伏羲坐像、帝堯立像、夏禹、商湯、周武王，此皆宋代大畫家馬麟所畫，帶有一派遠古的俊逸之氣。再翻看，唐高祖、唐太宗，身形挺拔，龍袍華麗，有虬髯、英姿煥發。而後進入宋宣祖、宋宣祖后，畫面古雅，服飾低調卻奢華，如宋人文化的光華內蘊。我心裡想：宋代帝后像，該為他們單獨書寫一文，於是快速翻過。當手指翻過一頁，我突然在家中大笑起來，此縱情大笑，引得先生與兒子都聞聲出來了。我笑說：「你們快看！」他們也都大笑出來，連連說：把皇帝畫成這樣，應該被砍頭了吧！畫中是明太祖的立像軸。《南薰殿圖像考著錄》言明此畫：「鳳眸龍頤，黑痣盈面。」此二句話，以文字敘述，或許為天生奇人，秉賦非常的形容。但是畫工真的就這麼畫了，扭曲的面容、誇張拉長的下巴，滿臉黑痣。且南薰殿所藏非僅只一幅，究竟是為了凸顯朱元璋的天生異稟，或為以假亂真，掩護明太祖的真實容貌呢？這十多幅在清朝當代便被稱為「豬龍形的太祖醜像」，真相究竟如何？真是歷史留給我們的謎題了。

直至乾隆十一年到十二年間，皇帝下令將宮中廢置於茶倉中的一批歷代帝后功臣像，重新裝裱以黃綾、藍綾、蘋果綠色綾，由此巧妙地銜接並建立一有效的道統。最早研究臺北故宮博物院所藏的「南薰殿」圖畫像的，為首任院長蔣復璁先生，他將此批文物的前世今生、來龍去脈全數列表爬梳了一遍。藉此，我們可以明顯發現，臺北故宮並未擁有有清一朝帝后圖像畫？原來，當日溥儀退位後，因與北洋政府簽訂的「清室優待條件」，得以繼續居住在紫禁城內。循此條件，皇室可以保留「大清帝國」國號（當然，只限於城內），並允許於景山之北的壽皇殿祭祀。遜帝溥儀於勞改之後，曾經為此收入故宮所有的清代帝后像提起官司。溥儀身為愛新覺羅子孫，認為帝后圖像為家族遺產。然而，對整體文化主體而言，顯然是不可分割的文化遺產之一，非關個人。由是，清代帝后像除了少數於戰亂中，輾轉流落西方博物館的，多數仍存放壽皇殿，後來又入紫禁城故宮博物院收藏。難怪二十世紀後期，臺北故宮博物院陸續舉辦過康熙皇帝、清世宗雍正皇帝，以及高宗乾隆大展，畫像多由他處借展。

時移事往，如果這些帝后圖畫像不屬於個人所有，亦已不再祭祀。那麼，它存在的意義，與一件官窯瓷器，與一幅山水畫，是否並無二致呢？那一張又一張看起來差異不大，被修飾過的面容圖畫，真實效果顯然不能等同於照片，那麼，它們存在的意義又在何處呢？我想，「有圖有真相」，尤其這些帝后圖像，面容可能有所修整。然而，其衣裝細節，卻十足十寫真無疑，依憑它們，我們甚至可以窺見史書中嚷嚷不休的爭議，看到時代的側臉啊。我們不妨選擇宋朝一代明君宋仁宗皇帝及皇后圖像，試試可否從中看出什麼？

將圖畫像作為祭祀時的主體，幾乎是漢代以來，已成規格的祭祀型態。蔣復璁先生寫道：「宋代帝后像二十九軸皆出宋代，大部分是各處神御殿、天章閣及欽先孝思殿所供奉。」因為祭祀所用，「南薰殿」圖畫像中所見帝王皇后，皆穿戴上國家大典最高規格的品級服飾。於是，這有圖有真相，便補足了文字形容的縹緲與不精確。我們可以細細觀察南薰殿帝后像中，惟一一幅名為帝王皇后像，畫面中卻不只一人的《宋仁宗皇后像》。此全身畫高 172 公分，皇后端坐中央，兩旁站立一左一右隨侍有兩位青春煥發的宮女。史書所載，仁宗皇帝先後有過兩位生前封誥的皇后，一位郭皇后，一位曹皇后。由於郭后年輕時即因無子為由遭廢，逐入道觀，死時也不過二十三歲。對比另一幅其上標註為《仁宗皇帝后》的半身畫像中、更為清晰的五官，以及帶有婦人姿態的年紀判別，此幅與侍女一同入鏡的，應該是仁宗的第二位皇后，也就是電視劇《清平樂》的女一：曹皇后。曹皇后歷仁宗、英宗，以至神宗三朝，翻閱史

圖四

書，「賢德」二字是她最好的論定。然而，就愛情來看，她顯然並非仁宗皇帝捧在心上的那位。電視劇從「傳言容貌極醜」致使仁宗皇帝在大婚之夜缺席，展開情節，仁宗因此背上「顏控」的罵名。《宋史》當中並無曹皇后容顏的描述，但是，若相較於宋仁宗喜愛的幾位嬪妃美人，從最早喜歡的商人之女王氏，到冊封貴妃的張美人、楊美人、尚美人等屢屢被描述為「妖艷」、「貌美」。又，仁宗皇帝每隔一段時間，就要被勸諫一回「女子重德不重色！」看來，仁宗皇帝實在很難洗脫顏控的嫌疑。而《宋史卷二百四十二》中，對曹皇后的記載：「性慈儉，重稼穡，常於禁苑種谷、親蠶，善飛帛書」、「慶毓令淑，望藹高華，而性稟柔閑，體含仁厚」，讀起來是性格柔慈、仁厚得體，頗有才華，但的確和美貌沾不上邊呵。

時隔千年，我們擁有回顧歷史的最佳利器，便是此幅畫像。畫像中的皇后修長面容，柳葉細眉長入髮鬢，細長鳳眼，因繪畫視角由左側而來，可見其側臉鼻梁亦是高挺。有

圖有真相，此幅畫像相貌端凝，神韻炯炯，看來畫家應有所本而寫生。倘以相貌論，雖然說不上妖艷、貌美，但也有種清朗的爽颯英姿，較之兩旁青春可愛的少女臉龐，曹皇后也極為清秀，絕不至於貌醜。行文至此，鄭老師教書匠的老毛病又犯了：看到這繪製精確、用色細膩，千年仍雅致艷麗的皇后像。皇后身著褘衣，即皇后的大禮服，連同兩位侍女，衣裳以深青為底色，織就了五彩翬雉，也就是長尾的雉鳥。圖中並且可見沿著衣領上下至袖口、裙幅的紅底雲龍紋鑲邊。倘若將整張圖放大來看，便可見得從頭上點翠繁複、層層疊疊、且華麗無比的龍鳳花釵翬冠（應該很重吧！），以至衣領內的白色單衣，甚至是頗為時尚的臉上貼花妝容，無處不在的小白點點，大白點點，您一定看出來了，它們全是珍珠。《宋史》所言曹皇后「性慈儉」，能讓宮女同時被繪製，「慈」祥美稱當之無愧。但這一個「儉」字，真的耐人尋味了！一身珍珠，該要花去多少民膏民脂呢！這佔據眼球焦點、密布於宋代皇后圖像的珍珠，不由叫我聯想起，宋代朝廷論戰不休的「戒奢論」。

北宋結束晚唐五代亂世，為避免前朝的藩鎮之禍，中央極權並握軍權。為使漕運與糧食輸送便利，立都於汴京；上以掌控北方軍隊，南擁水鄉富庶之地，城市與商業經濟繁茂，達到前所未有之境。官營與民間手工製品的精良發展，亦超出前代，由上而下，日用奢華，早已不是立國之初、祖宗家法所能禁縛。加以偃武修文，重用儒士，清雅且復古的士大夫美學主導之下，從住宅、服飾、器用，到文房，無一不奢華。孟元老《東京夢華錄》、周密《武林舊事》、耐得翁《都城紀勝》等書，對於當代生活樣貌亦多所記述。仁宗皇帝時，諸多大臣屢舉祖宗家法、犖犖大端，進言崇簡戒奢為太平之要，如我們熟知，以打破水缸名垂千古的司馬光，他在宋朝，罵起皇帝來，也是形象鮮明，完全可以名留史傳啊！他大書：「內自京城士大夫，外及遠方之人，下及軍中仕伍、畎畝農民，其服食器用，比于數十年之前，皆華靡而不實矣。向之所有，今人見之，皆以為鄙陋而笑之矣……嗜欲無極而風俗日奢，欲財力之無屈，得乎哉？……宮掖者，風俗之原也；貴近者，眾庶之法也……故宮掖之所尚則外必為之，貴近之所好則下必效之，自然之勢也。」司馬光只差沒有指著皇帝鼻子說了，是誰害得風俗日益奢侈，就是宮廷帶起的風氣啊！

古代仕女喜於臉部貼花黃、花鈿，主要多在額頭、酒窩，一笑而花顏盡展。而我們宋朝宮廷，更將妝容詮釋得低調奢華，全換成珍珠，除了額頭、酒窩，兩鬢（據說有小臉功用），再往頭冠、衣領、裙幅，從上而下，由裡到外，全部曖曖內含光——珍珠的光。讀到這兒，即使您是宋代美學的仰慕者，可能也要責備宋代后妃的奢華了！但是，我又想提供您另外一個思考點：您知道，中國開始養殖珍珠，是從什麼朝代呢？正是！答案又是宋朝。自古以來，珍珠因天然稀罕而格外貴重，除自海外進貢，漢唐時期即已在海南島與合浦郡設立採珠單位，直屬官方的管理方式直到宋代都未曾改變，如此方得控制產量以使珍珠不致枯竭。惟一一次例外，正是仁厚的宋仁宗皇帝，在天聖三年，他允許「閩廣州採珠場聽民戶採集，只收稅錢」，意即開放珠池，任百姓自由採珠，只需向政府納稅。始料未及，頻繁的採捕，導致神宗熙寧年，不到五十年間，已經出現開蚌而無珠可採的現象啊，《鐵圍山叢談》寫道：「徒得珠母，雖合數千百，既破開，略無一珠。」百姓過度採珠，顯見珍珠的市場需求；市場既有需求，要如何因應求之不得的情況。我們不得不佩服宋代的科技文明，宋代龐元英在《文昌雜錄》第一卷中記下的一段話，真該讓宋朝再拿一項世界紀錄。他寫道：「禮部侍郎謝公言：有一養珠法。以今所作假珠，擇光瑩圓潤者，取稍大蚌蛤，以清水浸之。伺其口開，急以珠投之，頻換清水，夜置月中。蚌蛤彩月華，玩此經兩秋，即成真珠矣。」由此可見，最早的人工養殖珍珠，於宋朝已經出現。

圖六

我們雖然無從判別此南薰殿舊藏《宋仁宗后坐像》中所用珍珠，究竟是真珠？或養珠？但即使「性慈儉」的曹皇后，亦難免有此華麗無比的釵冠褘衣，連同身旁的宮女亦是滿頭簪花，服飾妍麗。您可以參看另一幅《宋仁宗坐像》，側身典靜、微微低頭的仁宗皇帝，他面對後宮嬪妃動不動滿身珍珠，頭戴珍珠，「滿頭白紛紛，豈不忌諱」已覺誇張。但一回到前朝，還要被朝臣大舉進諫：「戒奢侈！」心裡該是何滋味啊，只能由我們將他的畫像做張梗圖，配句話：「官家無奈啊！」

（圖一）《伏羲坐像》軸（馬麟繪）。
（圖二）《唐太宗立像》軸。
（圖三）《宋宣祖后坐像》軸。
（圖四）《明太祖坐像》軸。
（圖五）《宋仁宗后坐像》軸。
（圖六）《宋仁宗坐像》軸。

《早春圖》

既秀且媚

我們連著幾篇走入清代、宋代的宮廷內苑，滿眼繁華似錦。靜極於是思動，您會不會想同我一樣，往外走走，大口呼吸自然的氣息呢！

記得我們曾經同遊，北宋范寬筆下如巨碑拔地而起的《谿山行旅圖》麼？文中寫道中國山水畫是為尋找人在宇宙中的位置，山水畫提供了觀看者可居、可遊、可行、可止的無限想像。而臺北故宮有一處經常懸掛展出此類高大畫幅的所在，是二樓與三樓開放的通透空間，其高達兩層樓的櫃體，正是有中國三大巨碑美稱的山水畫幅最好展示處。此三大巨碑是：北宋范寬的《谿山行旅圖》、郭熙的《早春圖》及李唐的《萬壑松風圖》。書寫此文時，北京的朋友來信談及，近日因沙塵的緣故，北京成了一幅「北宋」顏色。深諳古畫卷色調的您，必然也會心一笑了。不知道您是否也有同感，我們曾說到的青綠山水，好像不如墨色來得有古意？或者說，墨色更帶有文人氣，更能表現或抒發文人意趣。按理說，寫實設色，有豐富色彩，應當更接近真實風景，更加栩栩如生才是。何以中國古代山水畫卻是墨分五色、濃淡暈敷才好呢？當然我們已經知曉，因為，山水畫不僅為了寫景寫生，其更大目的在寫文人的胸中次第啊。

另一個緊要的關鍵，還與寫字作畫，書畫同源的工具密不可分。您一定想到了，正是毛筆！手執毛筆便可依墨和水的搭配變化，成就無數可能；水多，則氤氳裊裊，可作雲蒸霧靄，水少，則成枯筆，纖毫成就皴法。大唐書畫家兼鑑賞家張彥遠，於他的《歷代名畫記》，就盛讚過墨分五色之妙，他寫：「草木敷榮，不待丹祿之采，雲雪飄颺，不待鉛粉而白，山不待空青而翠，鳳不待五色而綷，是故運墨而五色具，謂之得意。」您看，草木雲雪，不需要丹紅鉛白，只需運用墨之濃淡，山的青翠，鳳鳥五色斑斕都可齊備，因為「得意」了！「得意」二字，亦可這般使用，真得文人意趣了。雖說不需要設色即得趣味，然而，這得意也不能空洞，不能只是叫咱們靠著腦補欣賞山水畫啊，其中便需要「皴法」，此二字正是成就山水、岩巖、樹木脈絡肌理的重要、且必要的技藝。畫家所施「皴法」，可以是山形樹木岩石的輪廓，亦可為敷以毛筆中鋒偏鋒的淡或乾的各種筆法，其間可以奔放也可以規矩，端看個人、各家，甚至各個朝代的創意了。然而，毛筆的筆觸線條何其纖微，這恐怕正是山水畫難以敷上重彩的原因。一填上濃麗重彩，毛筆的筆觸如何被看見？更何況，這運筆力度、纖細筆觸，無非正是直達畫家內心的涓涓細流啊。作畫時的心緒狀態，完全可以在這纖毫筆觸中一覽無遺，是為應付煩悶的求畫之人，草草應付了事？或為傾心知己，從迎風挺立的小草姿態，到巍峨山石，可以細描細皴；或為成就畢生立碑之作，耗盡心力，此間種種心緒狀態，全都毫無掩飾於筆法中流洩而出。

《早春圖》，高158.3公分，其左側段中有署款：「早春　壬子年郭熙畫」，僅此寥落數字，已經留給我們豐富訊息。那該是西元一〇七二年，宋神宗熙寧五年，當時正當職於畫院畫家郭熙所繪。畫面的主山，安落於最上方處，以此主山為最高點，向左布局，整幅山形構圖成S形，並一路蜿蜒至最下方，來到最前景處。因此，畫面便像十字架似地，巧妙被分別出中軸線、左右中景，以及前景了。我們可藉由最前方江水岸邊的巨大岩石，以江岸邊剛剛步下烏篷船，挑著竹籃返家的人兒身形來看，形狀圓圓墩墩一路堆疊而上的山石，的確巨大無比。而由山石細縫間爬地而起，松樹枝幹似巨人手指張揚伸出，是郭熙著名的蟹爪枝。巨石、枝幹之後，又是巨石、枝幹，它們沿著十字與S形盤桓向上。其間有瀑布、山泉、水澗，以及裊裊娜娜雲霧，使得「早春」主題流動且生機盎然起來。然而，一路閱讀至此的您還會注意到，表現早春

圖一

圖二

圖三

主題的，不會僅僅是雲霧與水泉，山間四季都不乏水氣呵，《早春圖》的厲害，便在於畫家所使用的一切皴法，皆為表現冰雪初融的早春情境。畫家用粗獷線條描繪輪廓線，再施以乾濕濃淡不同墨色，層層皴擦出岩石表面的肌理，因其形狀像捲曲的雲塊，又被稱為「捲雲皴」。此濕墨暈染手法，將郭熙自己曾說過的「山無雲則不秀，無水則不媚」的理論徹底實現，《早春圖》便這般既秀且媚地，成為中國山水畫的另一典範。雖然海峽兩岸各有評論學者認為，此畫可能在過去一千年來，因多次裝裱，又遭拙劣筆法補了墨，使得前景中景的巨石，貌似洋蔥、包子，連站立都成問題，嚴重違背宋朝山水的常態。

然而，我卻想更珍惜地說一句，所有今日仍可得見的千年之作，都已是無數的僥倖與幸運。尤其，郭熙身為中國繪畫理論的奠基者，《早春圖》給予後世的，顯然是開創性多過藝術性，而韻致又多過技巧了。即使我們距離宋朝有千年之遙，卻仍傾慕不已：宋朝，那可真是個文藝復興的年代啊！強大的唐代融匯百川，告訴我們一切都有可能。而當建構世界的鑰匙，交到讀書人手上，交到思想家手上，一整個時代的人們都在創造：蘊藏內涵、創新技術，甚至創造意義與價值。他們是匠人，作陶、製茶、造紙，他們也是畫家，絕不墨守成規。以生活於北宋神宗年間的郭熙而言，前輩畫家范寬、李成、董源已經畫出氣勢雄奇壯闊的偉岸山形，他一樣企圖以山水直抒胸中臆想，但是他想更貼近自然，不想只是遠觀，他想走得更近一些。於是，他寫下《林泉高致》，締造了山水畫「可行、可望、可遊、可居」，以及「深遠、高遠、平遠」的理論。這絕非單單僅靠繪畫技巧想像而來。郭熙告訴我們：「山形步步移，山形面面看」，我們再需往下多讀一句話立馬曉悟，「今山，日到處明，日不到處晦，山因日影之常形也。」宋代的文人、畫家不只是夢想家，他們更是生活家、實踐者。郭熙要我們於山水畫中一步一步移動，看見處處不同的變化；因為光影，有時明有時暗。郭熙把鏡頭拉近了，讓我們看到山晴夕雨的岩石變化。這位生活在距今一千年前的中國畫家，與那位遠在西方，追逐太陽、挪動畫架的瘋狂的梵谷，並無不同啊！他們都是觀察家，我有時讀著《林泉高致》，只覺得像捧讀一本自然觀察手札。凝視《早春圖》，彷如捕捉到畫家置身早春冰融時節，乍暖還寒，霧靄濛濛，空氣濕潤，雪水自遠方溶溶而下，浸潤山石岩塊。前輩畫家的斧劈皴法能創造奇險效果，但於此早春時節，郭熙觀察到的，還有即將到來的暖暖生機。中軸線上，他以裊娜雲霧隔出兩座偉峨主峰，溪水山澗如歌響起。最近於我們的巨大山石，他用乾濕濃淡不同的墨色，一層又一層地細細皴出岩石的紋路。是春天了，空氣濕潤欲滴，因此，筆觸圓潤婉轉，如捲曲祥雲，是他獨樹一格的「捲雲皴」。但畢竟仍是春天，萬物正待甦醒，樹木枝幹仍未蒼翠，於濕氤的山石林間，枝枒如蟹爪伸向天空，等待著。

您是否和我一樣，迷戀於宋代山水畫的格局之大，與氣象萬千呢！《宣和畫譜》評寫郭熙的畫：「峰巒秀起，雲煙變滅。」他的秀和變，還是如此雄偉，仍是大氣象啊！一樣可以秀麗，可以嫵媚，這就是宋代。

（圖一）宋郭熙《早春圖》軸。
（圖二）宋郭熙《早春圖》軸（郭熙款）。
（圖三）宋郭熙《早春圖》軸。

《貨郎圖》

百物擔來一擔強

每每說到繪畫，我們必然反射性地於腦海裡出現高聳、縹緲的山水畫了，並且聯想到山中高士，想到文人師法自然的心境感悟。山水畫的確是古代繪畫的主流，然而，卻不是惟一的題材。藝術既是生命的展望，也是生活的展現啊，山水畫使人們向上展望，向天靠近；然而，大地草木也承載著生活的痕跡，生活的百態樣貌，凡此種種，當然同為藝術的題材。此篇，我想放到您多寶格中的，便是一幅來自宋朝、一幅接地氣的國寶，它雖然靜默無聲，卻熱鬧非凡，彷如自帶音效，這是南宋時期院畫畫家李嵩的《市擔嬰戲》圖，亦即我們習慣稱呼的《貨郎圖》。

李嵩傳世作品為數不多，而以「嬰戲」、「貨郎」為名的便有四幅，分別是臺北故宮博物院的《市擔嬰戲》圖、北京故

圖一

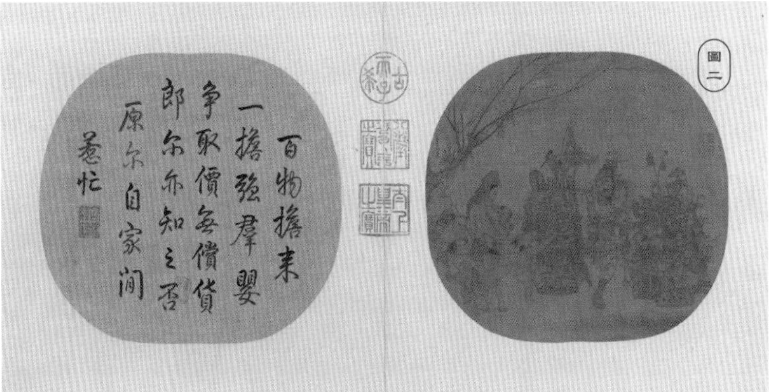

圖二

宮博物院的《貨郎圖》，另兩幅則藏於美國克利夫蘭美術館，以及紐約大都會博物館。被臺北故宮博物院評定為國寶的此幅，原本應該是紈扇裱裝，約莫A4紙的大小，清代初年被改為冊頁，除了原來大收藏家安岐的珍藏印一枚外，您當然知道了，既是重要國寶，怎能少了乾隆老爺的題字呢！正是，冊頁的對幅，有詩：「百物擔來一擔強，群嬰爭取價無償；貨郎爾亦知之否？原爾自家閑惹忙。」而較此題詩更為重要的，當然是畫上那一行，隱身於枝葉間隙的小字，寫有「嘉定庚午李嵩畫」。如此一來，作畫時間、畫家姓名便齊全完備。

被註記於上的時間印記：嘉定，為南宋寧宗在位的最後一個年號，對照來看，可以清晰判讀，這是公元一二一〇年。宋朝歷經高宗南渡，定都臨安已有八十餘年。其間雖未能收復中原，然而，江南的一方水土，卻富裕滋養出科技、農業、商業、紡織業皆無比繁盛的時代。多數談論李嵩《貨郎圖》的研究者，無不盛讚貨郎題材真實呈現宋朝的民生繁榮，原因即在於此。佔據畫面三分之二的，便是這貨郎本人與他的擔子。這些年，臺灣流行創意市集，或是小農市集，許多創意者持一只皮箱，裝著自己的文創商品，就有走遍天下的氣概啊。而貨郎正是古代的流動商店，他們身上、擔子上掛齊所有商品，他們和磨鏡少年（青銅鏡需打磨，方能維持光可鑑人），大抵算得上是男女授受不親的年代，惟一可以穿街過戶的人了。既是如此，他們的商品必須一應俱全，才能滿足所有需求。

您可以想像貨郎擔賣些什麼呢？臺北故宮博物院曾有「畫琳瑯——貨郎圖」特展。策展人於國寶「李嵩貨郎圖」展櫃旁，以小圖將商品一一放大揀出。我們可以一同提起兜籃採買去——有串鈴、有山東黃米酒、有喜鵲，您沒看錯，是活生生的喜鵲！有撥浪鼓，有茄子，有包子，有蔥、蒜、青菜、蘿蔔！這是生鮮鋪子呢。有水注，有水盆，有火爐，有蟾蜍，有六環戟、扇子、瓶罐、凳子、碗、茶盞、杯子、泥塑娃娃、手爐、拍板、鋸子、墨斗，有眼藥膏，有葫蘆、念珠、刷子、髮簪、針線包、燈籠、酸醋、風箏、蛇蛻，有鱉甲，有穿山甲……等林林總總，畫家於扇面寫著共五百件。您有沒有越聽越懸呼，這簡直是一間便利商店。不，不，這不只是一家便利店，也絕不只是一家小7，它還是一間生鮮超市，一位流動的鄉村大夫了。我曾讓我教書的臺北醫學大學學生們試著分析《貨郎圖》上的商品，他們感興趣的是醫事相關商品，如玩一場尋找威利的遊戲，找出來有貨郎脖子下方掛著一環，上面徽章似地掛著大眼睛與牙齒，這是醫治牙科與眼科的標誌。貨郎前方的擔子上掛著一斗笠，斗笠上寫道：「攻醫牛馬小兒」，這是獸醫與小兒科啊。斗笠上有個布帘招子，上面寫個「神」字，這可又是民俗療法了。我們總說有圖有真相，圖畫看起來是五百件南宋時代的商品總覽。然而，留給我們的，卻遠遠不是商品項目，竟是一種時代的容顏、生活的百工樣態。尤其，李嵩可不是一位普通的記錄者，他可來自北宋徽宗創立、匯聚全國最好畫師的宮廷畫院啊。

圖三

此紈扇畫面上共有貨郎與他龐大的貨郎擔子，左側則有一懷抱嬰兒的婦人，以及環繞身畔、雀躍的孩童們。李嵩巧妙構畫貨郎向左顧看，而膝下孩童推促婦人往貨郎擔子靠近的構圖，使得重心焦點表現得既有某種危傾的張力，又如此和諧平衡。再有，樹幹枝枒自然地定住左邊邊界，另繪以柔韌的細草鋪延於右下方。貨郎面有虯髯，濃眉、丹鳳眼，毛筆中鋒的幾道勾勒，將他眼神方向、專注於顧客，甚至有些擔心孩童正在抓爬貨擔的表情，巨力萬鈞表現出來。不僅於此，鄉村婦人則側面面向貨擔，一樣的濃眉大眼、敦敦實實的下巴，看著胸前正在哺乳的幼童，懷中的孩子不專心地一邊吃著奶，一邊想抓取擔子上的物品，他的俏皮眼神因為母親豐滿的身體線條，而顯得幸福安實啊。這便是李嵩的功力了！中國繪畫，尤其人物畫，有一種「釘頭鼠尾描」的筆法，起筆凝重，而收筆多延伸細描，您可以細看圖片，從貨郎、婦人以至於環繞的孩童，他們的衣服折線，尤其是轉彎處，幾乎像是直角轉折，此法不但使衣服出現實體感，也有轉折處必然出現的凹曲陰影。這著實不是一件容易的事！繪畫實際上是平面的，要如何讓畫上人物有實體感，最大關鍵便在於畫出衣服之下，有身體存在的效果。舉例來說，畫衣服，如何讓觀看的人感受到這是一件厚實棉袍，或是絲緞質地？袖子不能乾枯硬挺，需得使人覺知袖子裡有手臂，而這手臂是正勞作用力，或嫻雅柔弱、無力地

圖四

垂下？厲害的畫家，只持毛筆中鋒，便可盡數表現，李嵩便有此等功力！《貨郎圖》絕不僅僅因為它是宋代畫作，有年齡優勢；也不僅僅因為它保存距離我們一千年前的生活樣態，畫家的寫實功力才是彌足珍貴。那盼顧中的、身擔貨架走街串門的貨郎，骨骼健闊，李嵩選擇較粗的筆墨卻皺折繁多的線條，恰恰將他粗布衣裳下的肌肉感與動感表現出。而一旁婦女身上的皺折幾乎只集中於環抱幼童的手臂一側。連同一旁嬉鬧的孩子，柔軟的、輕盈的，您會詫異，「稚嫩」，原來也可以畫出來，像可以掐出水來。文前一開始寫到，這是一幅自帶音效的畫作：貨郎身上的波浪鼓、婦人奶娃兒的樣態、四個孩童爭先恐後，又攀又跳的動作，這一切雖只是畫面，但其歡笑嬉鬧、吆喝聲響早已經躍然紙上。您看，這小小的一方扇面如一完整世界，帶我們看見一千年前、時光凝止的片刻。

這些年屢見學者以風俗畫稱呼「貨郎」題材，風俗畫的概念，原指西方繪畫中，被排除在貴族肖像、風景、靜物、歷史題材以外的生活題材。放回中國繪畫的脈絡裡，恐怕還是一個由上而下的觀賞角度的問題，比如橫向長幅的《清明上河圖》，鉅細靡遺地記錄了北宋汴京河岸兩旁的繁盛生活，又比如這幅聚焦近觀的《市擔嬰戲》。或可細思，此幅原存紈扇扇面上的畫作，身為南宋畫院的李嵩，是為何人所繪製？這一把紈扇，又拿在哪一隻纖纖玉手之上呢？其實只需思考：市井小民如我們，每日於巷弄里間就聽到賣貨郎的吆喝，直接探出窗外便可見其身影，大概不會有多大的稀奇。李嵩所在的年代，是南宋寧宗在位時期，寧宗皇帝，並非歷史上大有名氣的帝王。然而，有兩件小事，或許可以用以參看《貨郎圖》的創作。《宋史》曾經記載，某一次，寧宗護送高宗歸葬陵寢，路途上見到百姓農忙辛苦，便對左右說：「居常在禁中，安得知此？」我們常在宮中，哪裡能知道百姓生活呢。另有一事：寧宗在位，因與金戰事反覆，簽訂了「嘉定和議」，須稱金朝皇帝為伯，自稱為姪，且歲付龐大金銀布帛。因此，寧宗皇帝甚為節儉，宮中所用酒器，多以錫取代銀器。某一次上元節，侍從問了：「官家何不開宴」呢？皇帝面有愁容說：「爾何知外間百姓無飯吃，朕飲酒何安？」

身為畫院畫家，尤其李嵩出身貧寒，年輕時曾從事木工為業，民間百態他顯然嫻熟。此類民間題材於宮中貴人而言，既可以瞭解宮牆外的世界，又生動活潑，有滋有味得多啊！

（圖一）宋李嵩《市擔嬰戲》。
（圖二）冊頁形式與乾隆題詩。
（圖三）李嵩題識。
（圖四）牙科、眼科，小兒科與獸醫。

翠玉白菜

寶石盆景

全世界的博物館泰半都有自己最受歡迎的人氣展品，如果您到巴黎的羅浮宮，旅遊手冊上會用星星符號標誌出《蒙娜麗莎的微笑》、米羅的「維納斯」以及「勝利女神像」。面對人氣展品，羅浮宮選擇讓它們留在它的時代和同伴間展出，遊客在尋找的過程，同時帶動其他展品被看見的機會。臺北故宮的作法又不相同，有段時期，兩岸交流非常頻繁，臺北故宮可謂遊人如織，為了讓遊客能一次看見故宮三寶，於是將「毛公鼎」、「肉形石」加上「翠玉白菜」放在同一展間，我們當時總掩著嘴偷偷笑著：這，這，有肉有菜，有個大鍋，這可以開動了吧！不多長時間，因為人氣展品有時往嘉義的故宮南院，故宮三寶齊聚一堂的景象也不復存在。然而，無論如何物換星移，「翠玉白菜」作為臺北故宮第一人氣明星，大

圖一

抵無人能出其右。咱們的康熙大帝、雍正帝、乾隆老爺肯定捻著鬍子納悶道，怎麼說也該是我們的琺瑯彩瓷，或是三希堂書法人氣最旺才是啊，再不濟，也該是我隔三差五便吟詠再三、題滿空白處、蓋滿印章的《富春山居圖》，雖然可能是假畫的子明卷啊！這孫孫媳婦的嫁妝怎麼反倒成了人氣第一呢？再者，我們知悉臺北故宮將院藏文物分為「國寶」、「重要古物」、「一般古物」三級，此佔據文創衍生商品：琳瑯滿目的翠玉白菜橡皮擦、翠玉白菜鑰匙環、翠玉白菜雨傘……暢銷排行榜前十名的翠玉白菜，您猜猜看？它屬於哪一個級別呢？

首先，須得提供您足夠的參考資料：翠玉白菜，高有18.7公分，寬約9公分，略成扁形，厚度達5公分。它以白底青的翠玉巧雕而成，白色微帶紫色的梗身，於青綠翠色頂部生動雕出如花開的葉脈，並有活潑靈動的兩隻昆蟲顧盼於上。漢代玉舞人篇章中，我曾說明：瑩白如凝脂的是白玉，而嫣然如森林的綠，則是翡翠的顏色。翡翠，是晚近至於明朝，才大量進入中國的玉石，那綠、那冰、那紫如羅蘭花開的迷魅質地，卻如風湧麥浪，成為清朝以至當代，華人最愛的珠寶材質。而此「翠玉白菜」正是來自緬甸、雲南一帶的翡翠系統。民國時，翠玉白菜於瑾妃曾經居住過的永和宮被點收入庫，因此，關於瑾妃陪嫁之物的說法，便烙印其上。

然而，它今生的故事，應從一九二四年溥儀出宮說起。

那志良先生，是第一代故宮國寶的守護人，從故宮善後委員會，到九一八事變之後，為了守護國寶而有的大遷移；從搭乘海軍運輸艦「崑崙號」，載著近三千箱文物抵達基隆港，到成為故宮博物院書畫處處長，故宮文物的故事中總可見他的身影。他曾寫在《典守故宮國寶七十年》裡：「著名的翠玉白菜……是種在琺瑯花盆裡，旁邊還生著一棵小靈芝，當時提到庫房，我們就認為：一、頂好的一件翠玉白菜，配上一個畫琺瑯的花盆，不太配合。二、白菜是農作物，都是種在田裡，哪裡有種在花盆裡，供人欣賞的？三、靈芝都生長在老樹根旁，白菜旁邊怎會生出靈芝來？後來，齋宮成立玉器專門陳列室，這件白菜被選為展品，我們決定把花盆、靈芝都留在庫裡，單單把白菜展出……」從這段文字看來，當日他們已經預想，這顆白菜將會如何被品頭論足。因此，當一九二五年的十月十日紫禁城故宮，以博物館身分正式對外開放時，此獨自孓然一身，沒有靈芝陪伴，沒有花盆拱襯的翠玉白菜，從齋宮陳列室的三百九十七件玉器中脫穎而出，人氣指數遠遠高出同時在鍾粹宮展出的宋元明清書畫，以及承乾宮、坤寧宮的瓷器、銅器。甚至高過養心殿、樂壽堂的清代后妃畫像、溥儀與妻妾生活照片等等。入宮一睹宮牆內苑帝王人生，一日超過五萬人的百姓們，不見得人人看懂書畫、三代的青銅器，卻都知道白菜；莫不將此白菜拿來與自己家中白菜的個頭相比，爭論上頭的兩隻昆蟲，究竟是紡織娘？還是蝗蟲？品鑑這白菜到底雕琢得像不像了！

說起來，百姓們的看法，或許與決意將花盆、靈芝留存庫房內，將翠玉白菜配以木座展出的策展人的看法也許並無不同，他們著意之處都是將翠玉白菜視為真實白菜的仿生物看待。他們忽略了清代宮廷當中，有一類被稱為「寶石盆景」的項目啊！那是我們今日從內務府陳設檔中看到，自清初以來，尤其乾隆朝以降，裝潢宮殿內苑最重要的藝術品。我只消唸上幾個名稱，您一聽便明瞭了：乾隆二十一年十一月《儲秀宮陳設底檔》記：後殿東次間楠木格上、西進間洋漆格中，陳設有「水仙花玻璃盆景一件」和「芝仙福壽瓷盆景一件」。臺北故宮博物院研究員張麗端曾於專文中爬梳賞析了「故宮中的寶石盆景」。她寫道：「清宮這一類在花盆內以各式珠寶玉石組成之花卉、樹果或點景的一種陳設，展現但願花常開、好景常在的心思，並充分妝點出皇家富貴華麗的氣息。」並且進一步舉例，乾隆皇帝曾經指示如何將一件鈞窯缽盂洗，配裝上葫蘆、珊瑚枝及銀鍍金葉點翠組成的盆景。作品完成後，又交代「交養心殿逢年節擺」。閱讀如上文字，是否讓您想起年節將至，家中供起鮮插盆花的喜慶氣象呢！

您或許去過紫禁城，以數據上看，若將慈寧宮花園、寧壽宮花園，加上中軸線北方的御花園加起來，面積僅僅是紫禁城面積的百分之一．七。除非如同慈禧太后這般有權勢與能力決定自己的喜好，才能置大量鮮花鮮果於寢宮內用以薰香的。窄仄的

圖二

清宮中，恐怕寶石盆景比起鮮花更易於取得，也更能永久保「鮮」吧。

正因如此，自內務府《活計檔》可見，它們幾乎是轉換季節與節氣、製造節慶氛圍最好的陳設品了。「金葉玉卉水仙盆景」中瑩白玉潤的菱花形盆器，鎏金的葉脈自掐絲琺瑯錦地中拔地而出，一朵朵如雪如雲的水仙花，有含苞、有全開似笑顏綻放盪漾。一樣是宋人的四大雅事：點茶、焚香、掛畫、插花，清宮中就能這樣富貴逼人：從盆、花器，到選題，材質，它們全部都是「富貴」、「華麗」的一部分。不只應景，還有最豐富美滿的吉祥寓意：金盞玉盤、富貴長春、芝仙福壽、萬年仙壽……甚至，臺北故宮「集瓊藻」展廳的另一件人氣展品：清代珊瑚魁星點斗盆景，也是文魁星腳登於纍絲點翠之藍色波濤上的鰲頭，高立於白玉盆栽之上呢。

這人氣翠玉白菜，不折不扣是生於深宮之中，長於貴人之手，它與靈芝、花盆，全是一體不可分割的。所幸，據故宮研究員張麗端二〇〇九年的另一篇文章回憶：「近年故宮著手數位典藏計畫與改箱為櫃的工作……開啟所有的包裹、囊匣。結果竟有一琺瑯盆在『院字五十三箱』，也就是收儲翠玉白菜的箱子裡被發現了！那是個四瓣花形的琺瑯花卉紋小盆。盆中鑲扣木托，木托表面塗著一層藍色、帶有半透明感，有些像是玻璃料粉的細碎顆粒。正中心則突起一個以數只靈芝紋樣組成的木座。盆的尺寸不大，僅僅長 12.6 公分，寬 10.2 公分。是否能撐得起翠玉白菜呢？我們遂在有些懷疑，但是姑且一試的心情下，將翠玉白菜放進了木座中，結果就如大家一開始所看到的，『翠玉白菜』的『原貌』在暌違八十餘載後，又重新面對世人。」

真像點石成金的魔術時刻，翠玉白菜當日於紫禁城永和宮被點收入庫，由於永和宮最後一位主人為溥儀冊封的端康皇貴太妃，因此，專家們一致推測此翠玉白菜應該是她當年的陪嫁之物。端康皇貴太妃一名聽起來十分陌生，但換個名字：瑾妃，您就熟悉了，她正是珍妃的姊姊啊。庚子拳變，聯軍攻入北京城，剛滿二十五歲的珍妃被迫擲入井中致死，瑾妃卻享年五十一歲，成了最後一位壽終正寢於紫禁城的妃子。您也許會問：水仙花、蘭花、萬壽菊，都可以聯想其吉祥意涵，但是，為什麼是白菜呢？我們的文化，真的有太多共同的淵源了，我們正和蘇東坡共享著一樣的文化脈絡！東坡居士曾有〈雨後行菜圃〉詩寫道：「白菘類羔豚，冒土出熊蟠。」如同他料理吃不起羊肉的庶民百姓將就吃下的豬肉，調製成美味珍饈，東坡肉；此處他所言勝似羊羔肉類的「白菘」，也正是現今所稱的白菜。劉禹錫的「惟恐鳴騶催上道，不容待得晚菘嚐」、韓愈的「晚菘細切肥牛肚，新筍初嚐嫩馬蹄」。南宋詩人真西山又更進一步說道：「百姓不可一日有此色，士大夫不可一日不知此味。」名家與詩人們，你一句我一句，你一言我一語之間，「白菜」突然就既有美味又有高潔的形象與寓意了。此高潔形象於民間婚嫁習俗，則更有了「清清白白」的意義呵。我們至今沒有直接證據證明，此翠玉白菜真是瑾妃初嫁、帶入宮中的。但是根據記載，清宮中的翠玉白菜卻不在少數。根據李連英的《愛月軒筆記》，慈禧太后當日陪葬之物中也有一只「翠玉白菜」，而今日臺北故宮博物院院藏的，就有包含國寶翠玉白菜在內的三只白菜；北京故宮更有乾隆朝的「和闐玉鏤霜菘花插」，青白玉質同樣姿態鮮妍。可見白菜因為其高雅清白的吉祥意涵，在宮廷中亦頗受喜愛。

如果相比於清宮之中的其他寶石盆景，比如前面所講的「金葉玉卉水仙盆景」，或另一只「萬年長青盆景」，不論是潔白的花朵，或舒緩幽展的葉片，匠人們多半是用白玉、碧玉，或以青金石、粉色碧璽等珍貴材料去模擬逼近真實世界，以局部拼組的方式完成。然而，人氣國寶翠玉白菜卻是整體使用翡翠材質一體雕就。而各類珍稀礦物中，能自帶豐富顏色使工匠運用以巧雕的，除了壽山石之外，也就只有翡翠了：正陽綠、蘋果綠、豆綠、湖水綠、春帶彩、紫羅蘭、黃翡、紅翡、墨翠……像走進春天的花園。翡翠更因為其堅硬底性而煥發出來、冷冽如鋼的光澤，又更叫人迷亂傾倒：玻璃種、冰種、老坑玻璃種、糯種……每一種種地又給我們不同的肌理質調。翡翠本身就是一個祕密花園，難怪匠人可以一體雕就，不需要異材質組裝。

圖三

您可以專注凝視，端看再三，這只當年末代皇帝走出宮門，百姓走入宮門開始，便大受歡迎的翠玉白菜。其「巧奪天工」，一在材料之巧，二，當然是匠人技藝之巧了。幾近百分之百仿真實比例的白菜大小，利用白底青微帶紫羅蘭的部分舒緩雕出白中透綠帶紫，隱約可見植物纖維的菜身。那自然過渡、渾然天成的、由翠而至深綠的、如花綻放的葉脈，您幾乎可以看到幾種翡翠天然的綠色如極光魅麗於您面前。那深如老坑玻璃種的，正是可愛的螽蟴和蝗蟲！不要懷疑，下次您見到翠玉白菜，可以堅定篤實地告訴身旁之人，他們正是一大一小的螽蟴和蝗蟲。由於翠玉白菜名聲實在太響亮，臺北故宮博物院還曾邀請昆蟲專家楊正澤前來鑑定啊！《詩經》〈螽蟴〉篇唱道：「螽蟴羽，詵詵兮。宜爾子孫，振振兮。」難怪，專家學者一致認為，此翠玉白菜為瑾妃當年的陪嫁物。

這當中，材料的巧，被匠人巧心獨運，藝術家成了另一個造物主。我們見到翠玉白菜展現於人前的清清白白，會以為匠人必是運用了一塊極佳塊料而有出凡入勝的表現，這的確是翠玉白菜最常被人看見的一面。然而，藉由臺北故宮器物典藏資料庫的三張正面、側面、背面照片，您就會發現：背面的菜身部分，有幾處即使完美雕刻也避不開的黃色斑塊啊。這使得我們可以藉此思考：所謂「完美」，究竟該如何定義？我自己這樣思想：所有天然的玉石，當然包括翡翠，因為天然，所以必有其自身的紋路、色澤、質地。因為天然，則必須包含天生的可能限制，甚至缺點；但由於天生自然，便也使得每一塊玉石，成為獨一無二的、惟一的存在，散發自身的光澤質地，絕不是死寂的塑料。再者，這可能的缺點，或不夠完美，品藝高超的匠人便可大顯生手，所謂「量材就質」、所謂「巧雕」就是這個意思了。和闐白玉的雕刻中，我們常見匠人巧手將粗礪皮殼或深色玉皮，幻化為深秋林葉，以襯托白鹿的素潔。將他人眼中的缺點，變成作品的優點，甚至是亮點。翠玉白菜背面如是帶著蜜色的斑塊，只讓我們更加欽佩匠人對於作品全體的巧思，也讓人有些菜葉經霜的聯想啊。

這「量材就質」的概念，同時讓我聯想到清末的名女人慈禧太后，拜影視作品所賜，我們對她的一生簡直如數家珍。您知道即便手握著中國命運長達半世紀，但由於從來不是正宮皇后，她同樣身陷傳統禮教的束縛，從來不能穿著正妻的大紅色衣衫。我曾經提過的臺灣歷史小說家高陽先生，除了膾炙人口的紅頂商人胡雪巖系列，另一如寫家史的系列，便是慈禧系列。從《慈禧前傳》、《玉座珠簾》、《清宮外史》、《母子君臣》、《胭脂井》、《瀛臺落日》，部部好看，他不只寫晚清詭譎的政治，還把人前人後，慈禧的光鮮與暗影寫個精彩。書中有一段：有位五大洋的外交官回京述職，送了東宮太后一枚紅寶石戒指，慈禧則是祖母綠；以當時的價值看來，擺明了是巴結討好慈禧太后的。然而，他就是忘了須連慈禧身邊的太監總管一同打點。隔日，李連英幫慈禧梳頭時，太后歡歡喜喜戴著祖母綠戒指把玩著，小李子冷不防地在後頭說了一句：難道，咱們就不配使「紅的」嗎？小說接著寫，慈禧當即脫下戒指，氣憤地往牆角擲去。您看，這紅色情結，使得大臣的前途也丟了。但慈禧顯然也並未被著紅色情結束縛綑綁，她不能使正紅色，於是偏愛如桃如粉的碧璽，並且大愛碧璽搭配翡翠，像極了春天顏色的蔥綠配桃紅。這類於乾隆朝尚被稱為「雲玉」、「雲石」、「滇玉」、「綠玉」的玉石，不過是當地土貢進獻朝廷的地方玉種。乾隆朝紀曉嵐的《閱微草堂筆記》有云：「記余幼時，人參、珊瑚、青金石，價皆不貴，今則日昂，松綠石、碧鴨犀價皆至貴，今則日減。雲南翡翠玉，當時不以玉視之……今則以為珍玩，價遠出真玉上矣。」道光朝時，已經見到妃嬪畫像手腕上一彎青綠；而慈禧則以之製作簪、珮、手串、手鐲等裝飾效果強烈的珠寶配飾。我們不得不說：是她，引領了晚清，以至於現代中國翡翠珠寶的風潮，至今未歇。

您是否也注意到仕女手上玉鐲子的顏色呢？是瑩瑩潤白？還是綠如春水呢？翡翠真是蕩人心魂的！他的魂魄凝聚於種頭、水頭、烈、辣、艷的諸多色境中。顯然，時間一入清代，顏色的花園被打開了！人們喜歡壽山石，喜歡翡翠，越來越為這神蹟般的、不可思議的色境折服了。清康熙六年，福建侯官縣學人高兆從浙江返鄉，一年間，寫就《觀石錄》一部，序言：「心目既蕩，嗜好為移，詎比煙雲過眼之喻？乃憶所見，錄為一卷，聊以自娛，且慨茲山焉。」他用以形容壽山石的顏色，真如夢幻一般，言說：「如清秋雲日俱靜，空山天色者；望之如郊原春色，桃李蔥蘢；一如出青之藍，蔚蔚有光；一黃如蒸栗，伏頂有丹砂，茜然沁骨。又如凍雨欲垂，如夏日蒸雲，如夕陽拖水。」天啊，這文字就叫人醉了。《觀石錄》代表著清代康熙到乾隆年間，文人對於色境極高的鑑賞、美的高度、內心的感受性，精神的小宇宙啊。

您還記得我請問您的題目嗎？翠玉白菜究竟屬於國寶、重要古物，或一般古物呢？答案是「重要古物」而已。以文物的歷史性、稀有性、獨特性來看，遠勝於它的，仍為數眾多。臺北故宮最受歡迎的卻是它，康熙雍正乾隆大概會昏倒，但……它卻是

最民間最接地氣的呵，原是一種流逝、成住壞空的作物，卻被能工巧匠定格於藝術的、絕美的翡翠型態中。短短一千字的《觀石錄》，最後寫到一位收藏家至「廬竹堂」看石，「方開篋，趣令收卻。予訝之」。意即：方才打開匣子，就讓人速速闔上，眾人覺得奇怪，他卻笑道：「不敢久視，恐相思耳。」有時瞥見令人目眩神移的翡翠，真真不能久視，怕魂縈夢牽、相思啊！

（圖一）清「翠玉白菜」。
（圖二）清十八世紀「金葉玉卉水仙盆景」。
（圖三）「翠玉白菜」上的螽蟴和蝗蟲。
（圖四）清「萬年青盆景」。
（圖五）清「珊瑚魁星點斗盆景」。

《鵲華秋色》

一封跨越時空的情書

究竟一樣文物「走紅」與否，與它的歷史價值或稀有性是否有必然關係呢？士大夫品味與小老百姓的趣味之間，永遠曖昧難說呢。此刻，我想放到您多寶格中的文物，也是一件意外走紅的作品，雖然它原就是經典的國寶，但是，忽然就家喻戶曉了，這又和一部大眾流行的歷史劇有關。二〇一八年十月的某一日，報紙出現一新聞小標題：「乾隆送瓔珞的撩妹神器《鵲華秋色》藏在臺北故宮。」一見到臺北故宮，我內在的感應雷達便自動打開了。原來是電視劇《延禧攻略》中，乾隆爺為了補償女主角魏瓔珞，以《鵲華秋色》圖卷相贈；這幅元代趙孟頫的畫作，於七百多年後，成為追劇人熟悉的字眼。然而，這幅畫明明是一幅紀念友情的作品啊，怎麼成了撩妹神器了呢？

我們先從趙孟頫開始，抽絲剝繭地看看《鵲華秋色》流傳的幾度轉折。趙孟頫：宗室牒譜流傳有序，如假包換的宋太祖第十一世孫，宋朝滅亡後，曾返回故鄉兩浙西路，即今浙江湖州市吳興一帶；元世祖忽必烈命御史至江南尋訪遺老俊逸，趙孟頫獲舉薦後又北上大都出仕，當的，自然已是元朝的官。也因為這段北方遊宦十年的經歷，兼以書法風格柔媚軟麗，趙孟頫不論書畫成就如何超卓，始終甩不掉「軟媚」與「二臣」的標籤，尤其他宋朝宗室的身分，這「失節」的標籤就黏得更牢更無法甩開呵。

那年是元成宗元貞元年（公元一二九五年）的十二月，趙孟頫正準備離開濟南路總管府知同的職位，回往大都編修元《太祖實錄》，《鵲華秋色》正是此段時間他所體會的山東風景。同樣的思考點又再次出現了：中國山水畫不是風景畫、它所畫的，是文人的心中丘壑、心中次第；只是，這次第，有時不是宇宙蒼穹，不是思索定位，《鵲華秋色》畫了一段生命交會的「真情」。這是趙孟頫畫給祖籍在山東，卻從未到過故鄉的友人周密的畫。畫作本幅長 93.2 公分，高 28.4 公分，畫幅最高遠處畫著兩座山東濟南附近的名山，左方尖削如三角椎形的是華不注山，而右邊圓如帽頂的，則是鵲山。這應該是中國山水畫史上最卡通化的兩座山峰了：一個三角形一個圓形，簡直像孩童畫的山峰。但是，您只要上網搜尋，還真會訝異，此令人一見難忘的趙氏筆下山峰，還真真是得華不注山與鵲山的形體之妙趣啊！此兩山之間，畫家將房舍、水町、小舟、楊柳、樹木疏朗分布於開闊的前景，並且趙孟頫寫下款識：「公謹父。齊人也。余通守齊州。罷官來歸。為公謹說齊之山川。」此中的公謹，正是友人周密，因為題識，我們準確地知道畫家心中的抒情對象。周密，又是一位收藏史上不可不提的大家，他的《雲煙過眼錄》開創了著錄私家收藏的全新體裁，他的《武林舊事》一書，讓我知曉：原來杭州古名武林。其先祖隨宋室南渡，居住浙江，南宋覆滅之後，他便不曾北返，晚年卻以故鄉的山自號「華不注山人」，亦曾自言：「我雖居吳，心未嘗一飯不在齊也。」您可以想見趙孟頫為這樣身世的友人畫下濟南風景，其情真意切絕對超過題識的寥寥數句。

由此，我們不得不感嘆：一位好的創作者，永遠能讓我們從他的作品裡讀到更多、看到更多他細密的心思，作品永遠說得更多。當我們細細將眼光一吋一吋掃描過《鵲華秋色》，蒼青色的華不注山與鵲山，幾乎只以最簡素的幾筆輪廓線勾出輪廓與形貌（雖然，故宮的研究員已有專文分析，這其間的筆墨，幾碼有三、四隻不同粗細的毛筆痕跡）。於畫面上，我們只感覺樹影疏落至幾近點苔，雖是青綠設色，卻古雅地使得兩座山隱隱地只如背景，像夢中的地標。反倒是樹木、房舍、漁家，蒹葭蒼茫，

圖一

全都湧到前景，朝我們靠近。越是靠近，我們越是恍惚了：這是北地嗎？怎麼那水澤？那水上人家？那柳枝條樹影搖曳？怎麼看，都是江南情致啊！再者，畫家於此水町、屋舍、林木鋪開的如萬物萌生之地，畫上一道又一道橫向綿長的舒緩線條，真的是一道又一道啊！整張畫於是平和而情意綿長地展開了。因為這一道又一道舒緩的橫向的線，使得尺幅並不大的畫卷顯得遼闊，而分布於畫上的樹林與人家都在搖曳之間互相呼應。

《鵲華秋色》的確非常特別，而這種種明顯的特別，卻也在提醒觀者：「看過來，看過來！」原來趙孟頫與周密，還交集到一位他們共同喜歡的前輩大家，五代南唐的山水畫大家董源啊。北宋初期的中國山水畫，深具開創風格的名家輩出，北有荊浩、關仝，南方當屬董源與巨然。董源最擅長使用橫卷比例，以圓潤卻細長的線條來表現林木煙籠、水渚沙汀平緩舒展

的江南風情。這樣的構圖與線條，不嶙峋、不奇峭，丘陵豐茂，將入水澤之處，也一樣緩靜柔和，特別能營造一種生命靜好的氛圍。周密是趙孟頫父輩友人，兩人結識極早；公元一二九五年，趙孟頫自北方宦遊歸來，帶回大量的前人畫作，這些，都被周密的《雲煙過眼錄》記下了，其中，就包括董源的幾幅畫卷。臺北故宮博物院於「大汗的世紀——蒙元時代的書畫藝術」中，曾以《鵲華秋色》圖卷為例，比較過趙孟頫向大師致敬的痕跡：比如同樣有董源筆下一顯江南景致的舴艋舟與漁網；比如長而柔緩的皴線，再比如三角狀和緩的山形。更不消說整幅圖如煙籠雲罩的、平淡天真的古意啊。

曾經我最喜歡的臺北故宮博物院書畫處研究員，陳韻如老師，說是曾經，因為她現如今已經轉職臺灣大學任教。她曾於《故宮文物月刊》發表文章寫道：「沒有電子通訊的年代裡，這一畫卷既見證著兩人相知情誼，更是一融匯自然景貌的新山水樣式。」您的生命裡，有沒有這樣美好的同性情誼呢？年輕時，我看金庸武俠小說《倚天屠龍記》時，對於張無忌的溫懦、愛情的舉棋不定，實在難以苟同，好在當中還有張三豐和武當七俠的男性情誼可堪撫掌稱快。也因而思考到，「情」之於人生，實在應該普及更寬闊的面向，父母兄弟、親情友情、愛情，各種對象各種情啊。就我說，《鵲華秋色》不也是一封來自古代的情書嗎？

然而，回神一看，這《鵲華秋色》跟咱們隆哥有什麼關係呢？怎麼又變成乾隆皇帝的撩妹神器了呢？我的確不知道此畫與史實中的令妃有何關連，但是，我知道這件畫作，確真與乾隆的一段愛情有關。那是乾隆十三年，《起居注》記下了他第一次東巡的過程，同行有皇太后，以及他仍是弘曆時的嫡福晉，那與他能吟詩共情、即位後的中宮皇后富察氏。皇帝的駕輦在二月四日自京城出發，三月初四抵達濟南城，駐蹕山東巡撫部院署。此處遠眺，可見遠山勝景，正是鵲山與華不注山，乾隆大喜，並言到：「向得趙孟頫是圖，珍為祕寶，每一展覽，輒神為嚮往。然僅於卷中得其彷彿。言猶少之。」他的喜悅之情躍然紙上，是的，紙上，他如孩童雀躍的興奮喜悅，全被他題在《鵲華秋色》圖卷上啊。隆哥當時在濟南，一見真實山景，憶起他喜愛的畫卷，然而心中有些不確定及疑惑：怎麼他記憶中，兩山位置與眼前山景不同？皇帝老爺即刻下令，命京城五百里加急，將《鵲華秋色》送到山東，供他驗證。當然，又是一段美好拍案稱快的時光，「昔覽天水是圖時，不信名山能竝美。今登濟城望兩山，初謂何人解圖此。因命郵致封章便，真蹟攜來聊比似。始信筆靈合地靈，當前印證得神髓。兩朵天花秀野巔，一隻靈鵲銀河涘」。他右詠華不注，左詠鵲山，詩興大發，他說：「兩相證合，風景無殊，而一時目舒意愜，較之曩者臥遊，奚啻倍蓰，天假之緣，豈偶然哉。」此行，他與孝賢皇后遊趵突泉，登千佛山，泛舟大明湖、登「鵲華橋」，三月八日準備回鑾返京……這一路都像有著落英繽紛的粉紅泡泡。如今圖卷上有六首詩，皆是此行途中被寫下，每一首詩句中都有「鵲華」、「鵲華」……兩字。

然而，意外，永遠在猝不及防的時候發生了，三月八日，東巡大隊準備離開濟南時，史書載入，孝賢皇后已經有些不適。三月十一日記道：「皇后偶感寒疾。至是日疾甚。夜半亥刻崩逝。」當夜便天人永隔。歷史留給我們的只有隻字片語，於是史家亟欲還原真相，小說家可以見縫插針，有說三十七歲的孝賢皇后因為八年之中，兩度痛失愛子，所生子女四人，三人夭折，她的生命早已被哀傷耗盡，以致風寒便能要了她的命。歷史小說家高陽則在《清朝的皇帝》中，敷衍了一段：此行途中，皇后發現原來乾隆竟然與她的弟媳——傅恆的妻子有染，傷心欲絕，投河自盡；這件事，甚至還有番外篇，這傅恆之妻與乾隆的私情，更演成福康安為乾隆私生子的疑雲。真相究竟如何？各說各話，難有定論。我們也許還是回到《鵲華秋色》，讓畫面來告訴我們。隔年，乾隆再次提筆，寫下：「歸來登舟值變故，是卷度置過年餘。歲暮鏡古適幾暇，

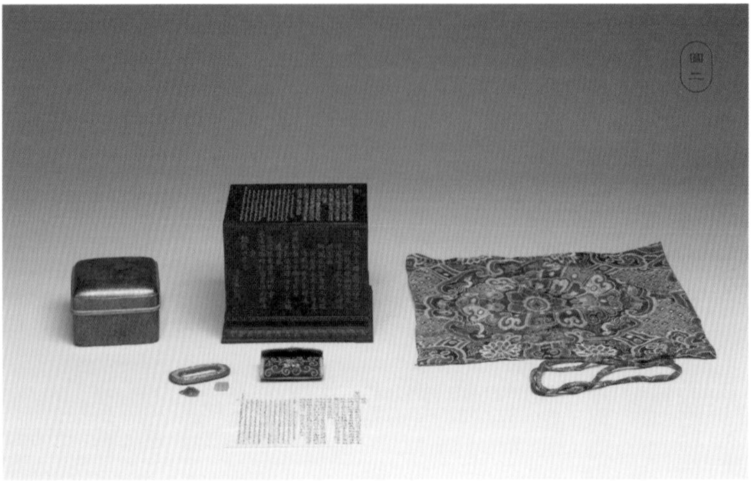

胡然入眼紛愁予。兩朵天花仍好在，鵲橋似阻銀河塗。」再另一段，署名三希堂御筆的，則寫道：「己巳嘉平幾餘重展，追念前遊，怦怦有觸，因再成長篇書之卷尾，以志歲月而敘其緣起如此。」不同於前六段題詞的雀躍，乾隆顯然滄桑了。

這「怦怦有觸」四個字，真叫人感慨良多！

像宇宙初造，趙孟頫為摯友周密畫下夢中的故土。其後的收藏家，董其昌、錢溥、曹溶等，寫下他們對趙孟頫的傾慕之情，嘆息世人不懂何以元代四大家皆推崇，實在是他的絢爛天真，已至其致。更不用說，今所見《鵲華秋色》圖卷卷首，便是猶為少年的弘曆，以其一手趙孟頫的軟麗之筆寫下的四個大字啊，當然，還有他在生命的後期，陸續蓋下：「古希天子」、「八旬天恩」與「八徵耄念之寶」的印記。您說，每一次展卷，每一次落筆，哪一個不是生命中的「怦怦有觸」呢？

圖三

某次迷路於故宮花園，是啊，我每每在故宮典藏網頁中，像入歧路花園，不斷因為搜索某一資料，又誤入某一路徑，有時，真會撞見奇異風景。那次，我突然想用「孝賢皇后」做關鍵字，螢幕出來一筆典藏器物資料，是一個荷包。不可思議，真是孝賢皇后親手做給乾隆的荷包！看似素樸無比的藍灰色荷包，竟被刻滿御製詩的木盒裝置著，內附了有使用痕跡的火鐮，火石二片，及乾隆皇帝親筆寫下的書信。原來，乾隆曾於《清文鑑》得知滿人以鹿尾絨毛為線的舊俗。乾隆十二年，木蘭秋獮時，和皇后說了此事，皇后因此特別親手縫製此件道地滿人風格樣式的火鐮荷包呈進。乾隆十三年，乾隆凝視這件荷包，憶及剛剛過世的皇后，百感交集，寫下一封書信，裝入荷包中。

「情不知所起，一往而深……」我偷偷想說的是，《鵲華秋色》，其實是一封穿梭時空的情書啊。

（圖一）元趙孟頫《鵲華秋色》卷。

（圖二）清「乾隆孝賢純皇后繡花卉火鐮荷包」，附火鐮、火石、漆盒、錦袱、高宗墨書漢滿文一紙、紫檀木盒。

（圖三）清「乾隆孝賢純皇后繡花卉火鐮荷包」。

《富春山居圖》

——永恆的山水

曾經，於《理想青年》節目裡，主持人牧原同我玩過快問快答遊戲，現在，我也要出題考考您：準備好了麼？

一、他是元代四大畫家之首，成名時已是全真教道士，自號：大癡道人？

二、他畫下自己最有名的畫作時，已經超過八十歲？

三、這幅畫，以浙江的富春江為背景，被譽為「畫中之蘭亭」？

四、此幅畫，曾因收藏家太過喜愛，想以此畫陪葬，致使畫作遭到火劫？

五、乾隆皇帝曾於此畫的仿品之上，題寫了五十五處評語，和加蓋了無數的玉璽？

圖一

六、真跡的上頭，沒有乾隆題字，只有「大臣梁詩正奉敕敬書乾隆御識」？

七、該畫分為兩部分，一為「剩山圖」，一為「無用師卷」？

八、現今，此畫作一藏於浙江博物館，一藏於臺北故宮博物院？

九、兩畫同時於臺北故宮展出時，曾經創下排隊四十分鐘，方能一睹廬山的紀錄？

十、蔣勳老師曾言此畫是：分離三百年，短暫合璧六十天？

您都答對了嗎？

全部的答案皆為：黃公望，以及他的《富春山居圖》。如果

我們願意，還可以設下第十一道，十二道題……一百道題；因為《富春山居圖》就是一則世間的傳奇。

古人道：人生七十古來稀。七十九歲的黃公望，行至浙江富陽，於此之前，他已在江河山嶺之間走了二十九年。這一次，他告訴身旁的師弟「無用師」說，我不走了，我要留下來畫畫。明代人李日華說：「黃子久終日只在荒山亂石叢木深筱中坐，意態忽忽，人莫測其所為。」我不知道黃公望於荒山亂石坐下、意態忽忽時，曾否想起自己年近五十（四十七歲），好不容易受到引薦，方才告別低階小吏，入監察御史院任職；而不過短短一年九個月時間，便因上司貪賄，遭誣陷入獄的往事……我想，以他後來的作品全無煙硝味看來，這險些致死的經歷，必定已經淡如前世煙雲。反而是他於半百之年，決意棄絕仕途，開始拜師學畫，並且遊歷天下；看山、看雲，畫山畫水，才是他延續到此刻，生命最強烈想做的事呵。

他的時代是元朝。本來，內捲之事，自古皆然，人心的巧詐，也從來不缺。但是，元朝卻更加不同於往！因為統治者將人分了等：蒙古人、色目人、漢人、南人，身為漢人南人的知識分子，不僅要在仕途之路上爭意見爭意氣，還要和籠罩的天頂爭公平與爭骨氣。於是，又一個最壞的時代，卻迸發出中國山水畫另一冊盛景。

我們於前文曾經提及：「莊老告退，山水方滋。」只有擺脫老莊哲學，真真實實寫山水，山水詩歌才出現。中國傳統山水畫的興起，也與漢末以降，至魏晉而大興的玄學、道家思想有直接關係。政治的亂象使創作者企圖持老莊的「自然」與名教抗衡；但更多人選擇韜晦遺世、避入山林。山水畫亦同，必須經過遁入山林、摹寫山水、體會自然的過程，真正的山水畫方才出現。從南唐五代，從李唐、范寬，到董源，山水畫大家輩出。他們從北方巨碑，到南方瀟湘煙雨，各自立下典範，供後人學習。時間到了元代，此時的山水，不僅僅是知識分子閑暇縱情，或文人畫家進可入世，退可隱逸遁入的桃花源。此一時代的畫家們，為了苟活性命，必須隱匿於山水之間，不論願意與否，此實亂世中惟一的去處。也因為如此，山間草屋不只是短暫休憩的別業、別莊，他們真真正正在此與朝霞夕霧相處，貼近山石結構，他們成為真正活在山水裡的人。

如此看來，五十歲才開始學畫，對黃公望來說，一點兒都不遲，此時的他係將全部的生命時光與自然相親。以前輩荊浩與郭熙為例，前者隱居太行山，朝夕觀察山水樹石的變化，有《筆記法》，記山間古松，或如翔鱗乘空，或蟠虬，或迴根。於是他

「攜本復就寫之，凡樹萬本，方得其真」。不停寫生自然，悟出畫理，從創作與實踐兼收唐人用筆用墨的長處，山水畫在他筆下比例和諧舒妙，既縹緲又峻峭娟挺。因「貴似得真」，畫中只見主峰突兀，群山環抱，一線飛瀑如白練直下，嶺、岫、崖、谷、溪、澗、瀑、泉無一不備，畫面開闊，景物逼真。郭熙的《林泉高致》則系統地總結經驗，將山水畫的核心意境問題，更加具體化。一方面以畫論深究山、水、溪、石如何重現，以及筆、墨、硯、縑之訣。他對自然觀察入微，如論水色天色：「春綠、夏碧、秋青、冬黑，天色春晃、夏蒼、秋淨、冬黯。」畫家百慮百思：「一種畫，春夏秋冬各有始終曉暮之類，品意物色便當分解。」郭熙擅長大型捲軸壁畫，宋代神宗皇帝於殿堂之上，多處懸掛郭熙作品，正因其畫千態萬狀，百看不厭。因為反對因襲模仿，提倡向真山真水學習，郭熙用《早春圖》，具體實踐他在《林泉高致》所提出的「高遠」、「平遠」、「深遠」理論，構圖幽奇，近中遠景，峰巒疊立處有流泉樓閣，樹木枯瘦清簡，近則平池春水，谷間雲霧升騰。美國藝術史學者高居翰論此山水，言道：「這是世界某個遠僻的角落，限制在我們眼前。它把幻想遙引出畫面，因此暗指了畫面以外的整個世界。和早期的壯觀景象相比，它並不亞於一種微視世界（microcosm）。」（Cahill，《中國繪畫史》，頁四一）山巒迭起，水脈湧流，山水流衍到宋中期，已非僅只自然，它是文人心中塊壘，可以峻嶺幽邃，可以蒼點青苔，可以荒蕪，也可以留白。重「理」輕「形」的主觀意趣，文人畫成為主流。「不求形似」與「得之於象外」，寓意抒情遠勝於反應真實。

於文風鼎盛，文人當家的宋代。意境、氣韻之說可以從四面八方流匯賦形入文人書畫，從宗教、文學引入視覺藝術。時至元代，文人畫則起了潤澤生命的大作用，如同玄言清談初興的漢末與魏晉，文人為了逃避政治現實，入山行歌，一任自己縱遨山水。但與宋代兼具文官身分的知識分子不同，元代畫家們被迫走出廟堂，一步一腳走進山林，遺世獨立隱居二、三十年者，大有人在。揮毫可以寄託無依的身世，也為有感而發，取鎮日相親的自然為題，表情也達意。黃公望也如他的前輩畫家一樣，寫下理論《畫山水訣》，自書觀察山水與驗證前輩畫作的心得，如：「董源坡脚下多有碎石。乃畫建康山勢。」又如：「董源小山石。謂之礬頭。山中有雲氣。此皆金陵山景。」此乃歷經行腳天下，才能有的體會。再者，他自述：「皮袋中置描筆在內。或於好景處。見樹有怪異。便當模寫記之。分外有發生之意。登樓望空闊處氣韻。看雲采。即是山頭景物。李成郭熙。皆用此法。郭熙畫石如雲。古人云。天開圖畫者是也。」我們已經可以在腦海裡出現八十歲的黃公望忽而佇立山巔，忽而呆坐凝視山石肌理的模樣呢。

圖二

《富春山居圖》完成時，他已八十三歲，這一年，是元代至正十年，公元一三五〇年。他於卷末題下：「至正七年。僕歸富春山居。無用師偕往。暇日於南樓。援筆寫成此卷。興之所至。不覺亹亹。布置如許。逐旋填劄。閱三四載。未得完備。蓋因留在山中。而雲遊在外故爾。今特取回行李中。早晚得暇。當為著筆。無用過慮。有巧取豪奪者。俾先識卷末。庶使知其成就之難也。」不知道此間所提「有巧取豪奪者」是為何意？但由此我們得知，自至正七年到十年，四年的時間，他就如此將筆置於皮囊中，將畫紙揣在懷中，「或於好景處，見樹有怪異，便當模寫記之，分外有發生之意」，畫下全長636.9公分的長卷。

《富春山居圖》不同於北宋巍峨的巨碑式山水，因為所繪主旋律為富春江，黃公望將畫卷橫向展開，如流漫於前的江水，以中國捲軸覽賞方式一手捲一手放。山行綿亙，水無邊界，有的是沿岸人家，沙丘、灘石、有時山巒疊成，像鋪延到我們眼前。有時江水蜿蜒逶迤，如歌將行，即使間有孤立碁峰在江中兀立，或有些落木，也並不叫人感到詭譎或蕭漠，因為墨筆是

濕潤的，水澤是秀麗的，連帶潤澤了乾筆皴擦出的山石峰岩。是初秋了，卻全然不覺蕭瑟，這是大癡道人黃公望靜坐凝視，從心底畫出來的山水。我們總說字如其人、文如其人，畫當也如其人。但是，黃公望未曾以他的畫作反應他戲劇化苦難的人生。他日夜相親於山水，將世間的秩序重新安排、重組，山麓蜿蜒，有棧道小橋，沙灘可泊小舟，雁鴨溪遊，林間茅舍可居可安，他給了我們一幅昇華之後的山水。

從這裡開始，《富春山居圖》熨平了多少紛亂的心緒。

明代四大家之一的沈周，讚他筆法墨法深得董源巨然之妙。沈周愛大癡道人此畫，珍藏之，卻不知怎麼遭人騙失了去。於是，默背重新繪製出一卷摹本。其後，真畫竟又重出江湖，於北京出現。董其昌得見，除大讚此畫乃「子久（黃公望字）生平最得意筆」，又言：見到此卷，直是「一日清福，心脾俱暢」！又記：「吾師乎！吾師乎！一丘五岳，都具是矣。」董其昌晚年，以千金將此畫典與宜興吳氏，其後輾轉歸於吳問卿。他對此畫寶貝異常，據說是「置之枕藉，以臥以起；陳之座右，以食以飲」（鄒之麟跋），當真是形影不離了。我不知道該不該判定吳問卿乃世間最愛《富春山居圖》之人，但他的愛法，絕對是「恐怖情人」無誤。於生命彌留之際，他竟要求家人以此畫「火殉」之，否則不能瞑目；並且頑強地見此畫被投入火中方安心閉眼。所幸他的姪子與此千鈞一髮之際，搶出此卷。然而，卷軸外圈已經傷灼殘斷，從此，以首段約41公分的「富春一角」，亦名「剩山圖」，以及另一長卷「無用師卷」存於世間。

此號稱「畫中蘭亭」的國寶，怎麼能少了咱們隆哥的戲分呢？

乾隆十年，就在他下令編纂的內府收藏的書畫專書《石渠寶笈．初編》完成時，咱們隆哥第一次見到了長卷《富春山居圖》。因畫上有題「子明隱君將歸錢塘，需畫山居景，圖此贈別，大癡道人公望至正戊寅秋」，此幅名之「子明卷」。此前他曾於詞臣沈德潛的詩文稿中見他提及《富春山居圖》，因而特別留心。當下立判此畫為黃公望的另一件「山居圖」，喜愛非常；從隔年，乾隆十一年春天開始，穀雨日、清和月、臯月……「子明卷」上被他寫下一則又一則的題記。待到內廷收獲自藏家安岐那兒得來的「無用師卷」，真假《富春山居圖》的爭辯大會就此展開。說是爭辯大會，其實，群臣們根本早已體察上意，心知肚明乾隆老爺眼裡只有陪伴他經年、早有感情的「子明卷」。您看他早早如似偵探破案似地於上寫道：弘曆「剪燭粗觀，則居然黃子久《富春山居圖》也」，「駭以為更得富春」等等。又寫道，因為想起董其昌的跋與此「子明本」相同，「則命內侍出舊圖觀之，果同」。明明二者非常不同呵，臣子們哪裡敢說。於是，乾隆皇帝喜孜孜地拍板定案：此「子明卷」正是黃公望的《富春山居圖》。

自此之後，乾隆十年始，直至乾隆六十年；從青春到白髮，從大好河山的東巡、西巡、南巡，他莫不帶著此畫卷同行，於江南山水中比對山形走勢、煙雲暮靄。五十年間，咱們隆哥共題下五十四次的題跋與鈐上不可細數的印記，幾乎遮蔽此幅山水畫作的天空。公元一七八四年的春天，此年乾隆已經七十四歲，這是我們所能見到他最晚的題識。他寫下：「六度南巡，所歷江山風物氣象萬千，時展此卷印證，無不契合，自非造化為師者焉能若此。」並於卷首題上「以後展玩亦不復題識矣」，並鈐印「太

上皇帝」、「十全老人」等印。老爺子說，以後展玩此畫，不會再題字了。事實上，此畫早已沒有空白之處可題字了呀！造化者大概難以揣想，這乾隆與「子明卷」，究竟結下了何等「孽緣」啊。反倒是那被青春正好的隆哥，評判為偽作的「無用師卷」，乾淨地只有大臣梁詩正表示乾隆曾經過眼的一則題識，山水依舊清朗。

《富春山居圖》的故事未了，一九四九年之後，兩岸分隔，「剩山圖」與原卷「無用師卷」也分離兩地。我曾經為了「剩山圖」，走訪杭州浙江省博物館。那是遊人稀疏的一天，我站在這略與肩同寬的畫前，凝看又凝看，不知道是否因為看得太久，不知何時，管理員踱步到我背後，我也渾然未覺，直到他說了一句話，我驚嚇了，轉過來呆看著他。他在我背後說的是：「假的！」什麼？怎麼是假的？他好像反被我嚇到，懦懦地說：「這是複製畫，真的現在武林新館展出。」您聽到這裡，是否覺得咱們隆哥的以假為真，也只是癡心所致啊。

二〇一一年的端午過後，這被蔣勳老師所說「分離三百年，短暫合璧六十天」的《富春山居圖》，於臺北故宮博物院團聚了。雖然這前後兩幅，早已各自看過，且不知道早已於圖版上、心頭上將他們合影多少次，但當它們同時被放在一處，同一個時間空間，同一光源、呼吸同樣的空氣，啊，還是讓我激動不已。也因為黃公望及其《富春山居圖》，實在影響歷代文人畫家極其深遠，該次的「山水合璧」特展，並且展出黃公望其他的書畫真跡、連帶他的師承與影響。您知道，這真是一次大大的盛宴啊！包括：臺北故宮院院藏三件名品：董源《龍宿郊民圖》軸、巨然《蕭翼賺蘭亭圖》及趙孟頫《鵲華秋色》卷。當然，也展出了我們前文提及沈周的背臨本《富春山居圖》等仿作或摹本，如同向大師致敬的各種姿態啊。

閱讀至此，您會不會也翻騰出許多的想法呢？我當然也是。

一、您會不會想問：「怎麼能知道乾隆爺的『子明卷』是假的呢？」會不會，他其實是鑑定天才啊？的確。可惜乾隆當時未曾想到以他物來證。民國時期，由於故宮博物院收藏有元代畫家曹知白的《群峰雪霽》，其上即題有：「至正庚寅（一三五〇）五月十一日。大癡學人識。」並兩枚鈐印：大癡、黃氏子久。倘若當日以此題識，便能確認「無用師卷」即為《富春山居圖》真跡啊。如您有朝一日見到此畫，也會發現：隆哥在一旁也提了字，蓋了章呢，怎就沒發現？

二、每次我看到《富春山居圖》，總揪心想：世間多錯迕啊！乾隆之愛「子明卷」，直如真心託明月，然而，被他寫下青春歲月的「子明卷」卻是偽作。而，又因乾隆的錯愛，反倒保全了「無用師卷」的素淨。

三、我曾讀到某位藝評家賞評《富春山居圖》，結尾寫道：「當我們在八十歲的時候，還有沒有勇氣為自己準備新的追求，還有沒有勇氣做選擇，還能不能真的堅持做一件『不死不休』的事兒？」

某個夏天，我曾於紫禁城的「奉先殿」鐘錶館裡，見到一位滿頭銀髮的奶奶，應該也是八十歲左右吧。她帶著導覽團體，正講一只乾隆時期造辦處製作的「硬木雕花樓式自鳴鐘」，她的眼裡粲然有光。當時就想：我好幸福，這麼早就找到自己歡喜相遇的事，等到八十歲，我也還要帶著大家看文物，說他們的好。

「山水合璧」特展的那個月分，《故宮文物月刊》隨書附贈送了迷你版的《富春山居圖》，雖是迷你版，等比縮小仍是一幅流動的富春山水。我將它鋪開押於家裡大工作桌的玻璃之下，那清雅悠遠真是靜謐所在。用臺灣女作家李渝小說的一段文字：「《富春山居圖》裡的那條河仍舊流著；在世上所有的瑣碎，所有的紛擾，所有的成敗中，有比它更永恆的麼？」

（圖一）《富春山居圖》（無用師）局部。
（圖二）《富春山居圖》（剩山圖）。
（圖三）元曹知白《群峰雪霽》軸。

#《容膝齋圖》

無人之亭說倪瓚

您注意到麼？在中國歷史上的各個時代，人們總喜歡將各個領域最傑出的人歸納為四大家。漢賦四大家、初唐四傑、唐詩四大家、宋詞四大家、元曲四大家……繪畫史上也不乏四大家：如五代四大家（荊浩、關仝、董源、巨然）、南宋畫院四大家、元代四大家、明代四大家、清初四王……究竟是誰評定的？難道也有像我們現代的比賽？或人氣票選？又為什麼是四？因為一年有四季嗎？他們之中有是風格互有影響，成一脈絡；而泰半是風格極其鮮明獨特，引領一代風騷的大家。當然，我也相信，因為以四，以三標榜，必然有許多創作者和作品，未有評論家推波助瀾，作品也隨之湮淹於塵世呵。

前文所述《富春山居圖》的作者黃公望，便與倪瓚、王蒙、吳鎮，被明代中葉的畫壇稱為「元代四大家」。而時間一至明代晚期，董其昌，則將之替換為趙孟頫、黃公望、倪瓚與王蒙。您看，這歸納與推崇，必然也隱含有建立秩序的目的。然而，倘就繪畫成就、獨創風格、或作品藝術高度來看，黃公望以及此文即將敘述的倪瓚，皆可謂最富涵元代時代精神的畫家啊，倘非「身不由己」的元朝，中國繪畫史上，不會出現這樣絕對隱逸、絕對無我之境的作品。

圖一

您的腦海裡必然還留存《富春山居圖》中清淡通透、寧靜致遠的山水。此時，趙孟頫《鵲華秋色》那複合了故事與情義的戲劇性表現，已然淡去。比黃公望晚生一代、三十年的倪瓚，身處於元朝統治已久、動盪混亂的後期，他的人生更身不由己。他亦有黃公望《富春山居圖》

的疏朗平淡，但這疏朗平淡中更透著漠然與孤絕。到了倪瓚，他不只非逃不可，還逃出了中國山水第一個「無人之境」。

公元一三〇一年，倪瓚出生於今日的江蘇無錫，家中富裕；年輕時，因得長兄庇護，他雖也隱居來往於山水之間，收藏古書字畫、鐘鼎名琴，收藏中更不乏可供他臨摹學習的歷代法帖名畫。他與道士、禪師往來，他逍遙閑適，出世與入世，全然無妨於安逸自在。但此份從容，經兄長辭世，直如遮晴避雨的屋宇瞬間頹斷。倪瓚顯然無力應付官府，為躲避徭役與龐大的賦稅，他只得散盡家產，遠難避世，從此居無定所。「雲林子」為其號，他為避禍，甚且再三改名，也許仍有許多我們今日亦未能辨知的名號。由於倪瓚畫作上每每冗長地寫下贈辭，作品多為隨興之作，有為雲遊時借宿的主人而作，或聚會時畫來分贈好友。畫上題詞等於交代了作畫的場合，其足跡真是遍及宜興、常州、湖州、嘉興等江河匯流之處。您必然也還記得，於大江山嶺間走了近三十年的大癡道人黃公望；倪瓚亦同，這漂泊無定的時光，也是半生。他們早已不只是身處異族統治下的遺民，他們都選擇變成「逸民」，逃之，且遁之；從逃離統治，到逃離人世。黃公望處理他日日夜夜觀看觀察的山水，使它們具備穩定性與質感，《富春山居圖》於是成了一卷撫慰人心的永恆山水。倪瓚的山水又是如何呢？

臺北故宮博物院院藏一批倪瓚畫作，其中《容膝齋圖》，正是我想放入您多寶格中的作品。它於二〇〇八年被文化部門評定為國寶，紙本畫卷本高74.7公分，寬35.5公分，直面畫有典型「一河兩岸」，也有學者稱為「隔江山水」的倪瓚風格。亦即構圖中如有遠、中、近三段：遠處繪畫起伏山巒往中段靠近，但又絕不延伸，正當略略靠近中段時，山形平緩地靜止了，遂成為迢迢遠方江岸的風景。而靠最近處的土塊石巖之上，則有挺立的樹木數棵，其葉脈或垂落或枯萎，顯得蕭索蕭條。林木後方有簡潔數筆構畫的茅亭，亭子再去，又是臨江之岸。那於岸與岸之間，全是天地蒼茫，留白的寬闊。如果您想做實驗，可以取兩張白紙，將黃公望《富春山居圖》選擇一段，置兩紙遮於左右，只留狹長的部分畫面，您會發現，也有倪瓚隔江山水的趣味。或者說，倪瓚的筆畫深得黃公望筆法的疏朗，且更俊逸，難怪畫論有記：「家家子久，戶戶大癡。」倪雲林同樣深受黃公望影響。但是，《富春山居圖》畢竟是六百多公分的長卷啊！雖說南宋的畫院畫家，如馬遠、夏珪，清逸俊朗的畫風已經出現，但小畫的格局，仍有似精心構畫下的大幅山水畫之局部精品。倪瓚卻只用一方畫紙，卻只畫這一河兩岸，構建出這天地彷彿只餘如此局部，看起來空寂；但是，怎麼、卻那麼叫人感覺寬闊，與靜好呢。

您還記得麼？這不是我們第一次提到倪瓚！於《宋人書房》那篇，我寫道「宋人書房」成了一種構圖方式，後代許多畫家繪製自己的書房與雅好之物，多半便依循此一模式。同樣文化部門評定為國寶的，有元代張雨題寫於上的《倪瓚像》。當時，我們說畫面潔淨，左有手執水匜侍女，右站著執拂塵小僮，中間安坐的，正是號稱喝水只喝挑水擔前桶水的、有潔癖的倪瓚。藝術史家高居翰則評「畫中每件用品事實上都透露了一點他在當時出名的怪異行徑」或「倪瓚有幾近怪誕的潔癖（永遠在清洗自己）」（《中國繪畫史》頁九十九）。我則私心想，與其用一些不知道是否為真，比如一日之中狂洗衣服、洗樹，甚至命令作伴的歌妓一夜洗浴數次的潔癖軼事來審度他，不如思考，元代的遺民為何個個遁逃於山林之中，成為隱逸之民？倪瓚自己題於《良常張先生像贊》寫：「誦詩讀書，佩先師之格言。登山臨水，得曠士之樂全。非仕非隱，其幾其天。雲不雨而常潤，玉雖工而匪鐫；其據於儒，依於老，逃於禪者與？」其關鍵恐怕就在「據於儒、依於道、逃於禪」這幾個字呵！在儒，而不得仕的時代，所幸我們的儒者，還有老莊，還有佛禪可以寄託心志。因此，出世與隱逸，無為與虛

圖二

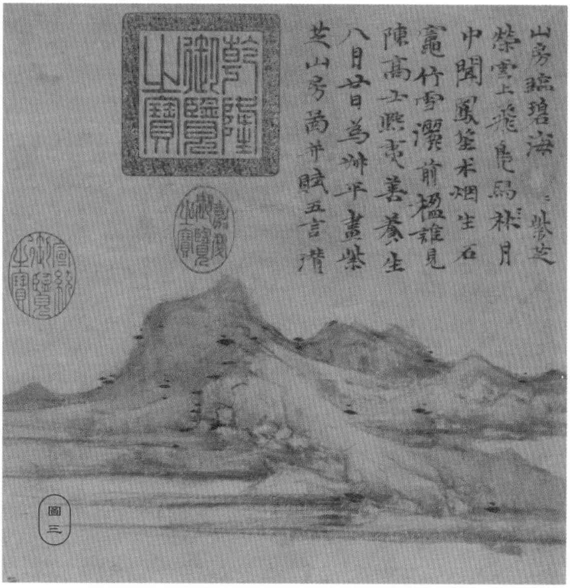

圖三

靈，幾乎成為元代畫家共同的生命符號。如同他題《金粟道人小像贊》中所言：「自逸於塵氛之外，駕扁舟於五湖，性印朗月，身同太虛。」在倪瓚這裡，他的無為，並非相對「有為」的以退為進，倪瓚的化繁為簡，是真正的「不想為」，以畫來表態了。

明代畫家董其昌，於他收藏的倪瓚作品《松林亭子》，題寫道：「雲林松林亭子，猶是董源的派，為中年用意筆。」繪畫技巧自董源、趙孟頫、黃公望一派而來。然而，邁向大師之路，倪瓚仍需要建立他自己的風格，這自我風格的成形，已然幾近他中晚年時候了。他的「晚年風格」極淨逸、極疏散、極淡遠，如似將所有景物全都拉大了距離，畫面越來越簡，減去繁重複雜的皴法，減去變化萬千的岩石肌理，減去路徑與流泉，減去陰影與昏明……到最後，成為「無人之境」。

不知道您會不會擔心一個問題：倪瓚的畫面元素簡單至此，是不是更容易仿作或偽造呢？這的確是海內外專家屢屢常見的現象。但我只需舉一例子，您便明白了！中國古代文人中最體現平淡、自然風格的，是陶淵明。「歸去來兮！」田園將蕪，陶淵明真正走入土地，真正知曉何為草盛豆苗稀，他的詩與文，是從荒蕪生活中找到心中的桃花源。因此，朱熹說：「淵明詩平淡，出於自然。」然而，人人都喜愛陶詩平淡，想學陶詩平淡，卻只能是矯揉造作，因為未曾真正生活於自然中。同樣地，從黃公望到倪瓚，那平淡、那如水痕微波，使人心曠神怡的山水，難道就容易模仿麼？於海外經手最多中國書畫的王季遷，在與徐小虎老師對話的《畫語錄》寫過：「有些人一生中可以練出很好的用筆，卻還是無法達到好的筆墨。倪瓚的偉大特質就是看起來簡單而自然，那是他的天賦。」他又拿最得倪瓚真髓的沈周為例，有言：「不論是多麼誠懇的藝術家，甚至像沈周這樣頭等的藝術家也是。在這裡我們面對的是天生的稟賦，在剛的方面沈周比倪瓚表現了更多力量並且過了頭，失去倪瓚內在安靜的趣味。沈周的筆畫常是細而斷的，倪瓚的卻是長而韌，像條橡皮筋似的。說得誇張一點，我們可以說一個像木頭，另一個像皮革。」……外在形式的確可以學，但那內在的、安靜的、穩定的，從心到筆，是學不來的。

此《容膝齋圖》，同樣又是一幅題給友人的畫作，史料有說倪瓚一生潔癖，未曾娶妻；也有說他於妻子逝世後，終老未娶。不知道真相為何？但可確定的是，他真是半生漂泊，一張一張的畫作都題給了四處為家處處家的、接待他的友朋們。他說自己作畫，「不過逸筆草草，不求形似，聊以自娛耳」。人們問他：「山水中為何不畫人物？」他說：「天下無人也。」（《答張藻仲書》）此間聊以自娛的逸筆草草，一棵又一棵直挺於天朗氣清山水之間的枯木，倒像是一幅又一幅倪瓚孤獨的身影了。行至此處，我想起《一条》視頻中有一集，拍攝臺北一家我很喜歡、也每每帶著學生同往、名叫「治堂」的茶店，店主何老師置身充滿文人底蘊的店內，儒雅說道：「我們可以吸取沒有時空障礙的文化養分。」當倪瓚的《容膝齋圖》印入眼簾，我心底同時映照出老子《道德經》的話語：「道沖而用之或不盈，淵兮，似萬物之宗。挫其銳，解其紛，和其光，同其塵，湛兮似或存。」滄海桑田、宇宙萬瞬，感謝世間留有倪瓚的一方山水，能讓我們暫得於己。

（圖一）元倪瓚《容膝齋圖》軸。
（圖二）元倪瓚《江亭山色》軸。
（圖三）元倪瓚《紫芝山房圖》軸（題識）。

緙絲

通經斷緯

圖一

臺北故宮博物院院藏，有一種並非以紙筆繪製，卻被歸納於書畫典藏的特別品類——緙絲。見此分類，我們知道這是以絲線為筆墨，織出了書法繪畫啊。藏品的年代，最早為宋代，至少六十幅，而後是明、清兩代。其題材，從花卉、美人、群仙、佛像、禽鳥，到博古、文房清翫、米芾書法，到乾隆老爺手書的《十全記》，除是將載體換為絲線布帛外，的確與中國書畫一樣，無所不能了。

一般說來，紡織應該具備兩個程序，首先是紡紗，爾後為織造。桑蠶與織布，於中國源遠流長，不論發明桑蠶治絲的嫘祖，究竟來自《山海經》或真實存在？距今四千年前，中國境內已能善用織機，將蠶絲織成布匹。而一般的織造是通經通緯，意即將直的經紗與橫就的緯紗，以直角方式相互交織而成。因此，織造的首要步驟，必先確定經線，之後，再透過不斷地「投緯」或「送緯」，達到由線到面的作品。這本是全世界行之數千年的紡織工法，然而，古人竟在工藝技術本位上發展出「緙

圖二

絲」：織工的第一步驟依舊是將經線固定於木織機上，而後將畫稿放置於密布的經線下，以毛筆依樣描繪於經線上頭。其後，則開始使用緯線，依不同色塊，梭織於特定區塊，其結構可有「細經粗緯」、「白經彩緯」或「直經粗緯」等，經由區塊進一步組合成面。如此織法，會產生許多線頭與線尾，且因不同色塊之間彼此並不相連，會在色塊與色塊間留下鋸齒形的空隙，猶如鏤刻，於是緙絲又稱為「刻絲」。

從經緯線材使用，到勾、繞、結子、損、構、搭梭、子母經、包心戧和參和戧、長短戧、絞花線等多種技法組合，其變化萬千，端看技術與巧思了。我們論及：同一時代、時間橫軸內的各種現象、各種文化皆是流動的，您可以想像，像風吹麥動，像蝴蝶拍翅……文人思想，流風所及，緙絲亦並不僅僅局限於衣料、家飾作品。其間名家輩出，他們純粹地創作，使得緙絲精品無異於書畫等最高級別的藝術創作。名家們不只能「隨所欲作花草禽鳥」，並以緙絲摹寫唐宋名家書畫，內容風格，各顯才華，且細膩無比，他們成為以緙絲聞名的大師，如朱克柔，如沈子蕃。

臺北故宮所藏宋代緙絲作品，被列名為國寶有三件，我們可以一同走近觀看。第一件為大家沈子蕃的緙絲《花鳥軸》，當我們與它仍有一段距離時，您會以為它不折不扣是一幅花鳥掛軸，古意是我們的第一印象。靠近中間段落，自右方橫出一蒼勁枝幹，淺淡的粉色桃花，掩映在帶著莫蘭迪色的葉脈間，襯托出棲息於上、相互依偎的一對珠頸斑鳩。牠倆神情專注、挺立凝視遠方，身上的深灰藍色漸層似地羽翼以至尾羽，皆生動分明，是工筆細描呵。斑鳩頷下蓬鬆軟羽綿延至腹部，淡淡的淺灰色以至於粉膚色，溫柔如可輕撫。然而，當我們再靠近、再靠近……啊，織品的紋理出現了，緙絲特有的如矩形的、鋸齒狀的刻紋，真真是通經斷緯織就的，堪稱巧奪天工。

而另一件國寶緙絲，是以牡丹花兒為主角，並且搭配與薔薇（書畫詩詞中常稱的月季花）、長春花（這是臺灣民間喚的日日紅！）、菊花、芙蓉等，此畫因此被命名為《富貴長春》。以緙絲織就枝葉繁密，像是將鏡頭放大聚焦、花朵葉脈充盈了全體畫面，十成有我們所稱百花不露白的效果呢。猶如走了中國風的西方壁紙似地，此為中國古代宮廷特有的「鋪殿花」類型。所謂的「鋪殿花」，指的是專供宮廷掛設的花鳥畫，北宋郭若虛《圖畫見聞志》有云：「江南徐熙輩，有於雙縑幅素上畫叢艷疊石，傍出藥苗，雜以禽鳥、蜂蟬之妙。乃是供李主宮中掛設之具，謂之『鋪殿花』。次曰『裝堂花』，意在位置端莊，駢羅整肅，多不取生意自然之態，故觀者往往不甚採鑒。」如此看來，早於五代的宮廷裝飾，已流行過滿版的繪畫方式，故宮典藏的《秋林群鹿》與《丹楓呦鹿》圖，也有異曲同工之妙。有時，與您分享古人的讀書筆記，行文間常不免停下讚嘆，郭若霈這「叢艷疊石」文字真真太好，恰把此類滿眼堆花的圖畫類型

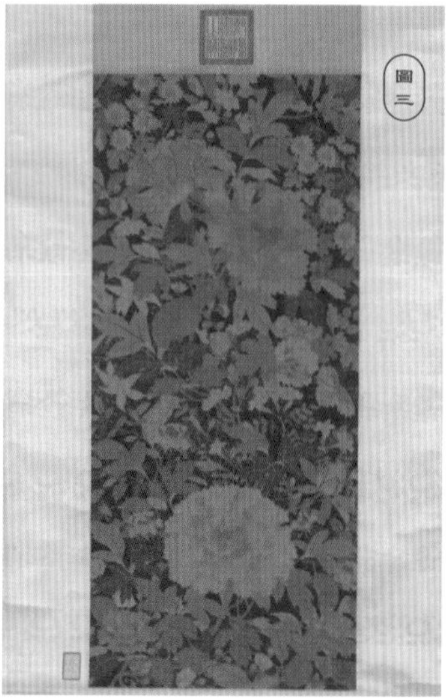
圖三

說得真切。而，再轉頭看這《富貴長春》軸，十足織造而出，而非以顏料畫就。尤其，不同於繪畫百花不露白，那層層複疊的花蔭深處，是藍地五彩織就：深藍、淺藍、淡藍、深綠、淺綠、淡綠色，漫淹出豐富層次，其細緻，竟比繪畫更引人入勝呢。

而第三件國寶緙絲，則為乾隆年間編錄的書畫彙編《石渠寶笈》續編（乾清宮）之《宋元集繪冊》收錄的第一幅：緙絲《翠羽秋荷》。尺幅約是25×25公分的正方，我們第一眼見到它的印象，仍然是古意盎然。淺淺地褐色背景，顯眼醒目地隨風搖曳的荷葉與蓮蓬，一隻翠鳥停立於被它重量壓下，因而低低微顫的蓮蓬之上。而低低微顫的蓮蓬，使得翠鳥如可臨水，眼看就要親近水中悠游的魚兒了；而魚兒悠游於水草之間，一點兒都未曾感覺到翠鳥的凝視。小小的一方天地，卻生趣十足，讓人看了嘴角不禁上揚、微笑起來。這緙絲之法，不被緯線換色所局限，操縱絲線的自在，簡直與筆墨設色無異，一樣能搖曳，一樣可以工筆啊！

宋朝真是叫人流連，寧願時間留駐，不只文人書畫，百工技藝也是精益求精。不知道您是否也是一位手工手作的愛好者，我每每看到緙絲作品，彷彿就能感受到梭子、絲線來來去去，因時間堆積、累積而出的撫慰力量。或許您也讀過王安憶老師的小說《天香》，摯愛寫上海、最會寫上海女性的她，藉小說《天香》，重構中國四大名繡之一，專繡書法繪畫的露香園顧繡。她像重返繁華的起點，回到水澤荒煙的明代嘉靖年間。讓上海女子，堂堂屹立，靠刺繡撐起紈褲潦倒之後的一片天地。那是拿針如拿筆的希昭，王安憶老師寫書中的女子「不止是對針線和對物有知覺，還是與天地相通，採自然靈秀精神……針下的山水人物，是照了世間而來，卻又何止是照了來，分明是與山水人物共生共息又共滅」。她顯然是想藉天香園顧繡，預示永恆的價值：「那草木樓閣說朽就朽，繡品可是口口相傳，代代相傳……」這當真是中國百工技藝一脈相承的精神。

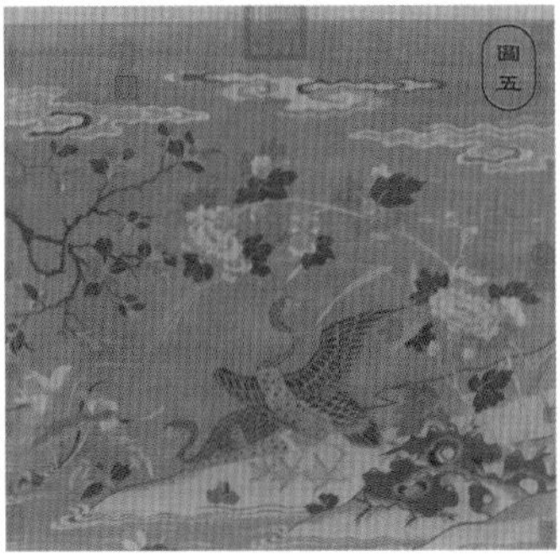

當我們連著看了幾幅宋代最好的緙絲精品，畫面影像暫停於您的視覺記憶裡最深的印象是什麼？或者叫您驚艷眷戀的是什麼呢？我印象最最深刻的，是一如所有宋代書畫同樣典雅的構圖，宋人的美學，果然不論是執筆或穿梭經緯、調動絲織，和諧典麗仍如自然的韻律。而，最教我驚艷，且如閃電曝光，於腦海不斷如萬花筒變幻的：是深如花蔭，又如雲起的藍色。宋代的藍色，不走現代西方的藍，那馬卡龍的、第凡內的少女的藍色。我感覺，北宋的藍，像是帶有自然秩序的脈動，不論織就仙山樓閣，或是百花禽鳥，因為有這深如花蔭的藍色，就有一種定入心魂的穩定力量啊。也許，下次我們再想到「北宋色」，不單單只是古樸古意的塵煙色，也可以是這深深的北宋藍。

（圖一）宋沈子蕃緙絲《花鳥軸》。
（圖二）相互依偎的一對珠頸斑鳩。
（圖三）宋緙絲《富貴長春》軸。
（圖四）宋緙絲《翠羽秋荷》。
（圖五）宋緙絲《芙蓉雙雁》軸。

南宋山水小品

流風所及，如沐春風

您仍記得緙絲麼？我們曾提到它獨特的、通經斷緯的織造方式，使得織品打破限制，可以織出書畫如筆墨設色，尤其宋代的文風使它更富藝術價值。但如果我們細細考究，便會知曉，緙絲，此類特殊的織紋方式，於古代早已流傳久遠。現如今我們看到的所謂文物，多半是古人精湛的生活用品、百工藝業，它們絕大部分都經過長遠時間不斷改造與精進，成為「有藝術價值」的精品。爾後，經過時間流傳與潤澤，而成為文物。當然，也有某些工藝，「橫空出世」了，則絕對需要倚靠「發現」和「發明」了！發現新的物質、材料，發明新的技術等。譬如，前文提過，中國工匠苦苦追尋的「白瓷」之路，

圖一

從邢窯到定窯，工匠不斷精進技術，改善胎土與釉料中的「鐵」含量。但是，絕對契機則須待景德鎮發現潔白的高嶺土與瓷泥，白瓷突然躍上世界的舞臺，華麗登場啊。

我們或也可以再從另一個角度探看，同一時代的技術、材料、工藝，乃至美感，也會跨領域、跨品類交互影響呢。比如，緙絲工藝的圖案、構圖美感……當織造者指尖觸摸著柔軟纖細的絲線時，應該不會想到，他所織出的作品，竟將影響到同一時代橫軸上，堅實瓷器上面的印花圖案啊。宋代瓷器中的定窯與耀州窯，雖說是單色瓷，但工匠擅長於陶泥胎底微濕潤時，刻花、劃花、印花以增添作品的美麗風情。其

圖二

中印花一種技術，便深受緙絲圖案的啟發與影響。例如，故宮典藏的一只北宋時期的「耀州窯青瓷印花菊花紋碗」，其幽綠卻瑩亮的橄欖色釉上，可見碗內底部中心被印以一朵菊花，並以此為起點，沿碗壁周身印滿了纏枝花紋。滿滿的圖案，是否讓您想起那百花不露底緙絲《富貴長春》軸呢。另一只宋代「耀州窯青瓷印花菊花紋茶盞」也有同樣的趣味。略略呈斗笠型的茶盞，盞內印上纏枝菊花六朵，盞心一樣有菊花紋樣，青綠微黃的釉色，於印紋深凹之處，積釉明顯。其立體明暗，叫人著迷，又見到緙絲的影響。

二十多年前的一個夏天，我和先生一起，先是抵達寧夏，準備從這裡開始內蒙之旅。剛到寧夏的第二天，於博物館旁的古董店，見著一對小巧的耀州窯茶盞，碧綠瑩瑩，非常可愛，全部的心思一時都被它勾引了去，一問價格，是三千人民幣。我們身上所有，也就三千人民幣，但那是我們準備往內蒙的全數旅費啊！這麼多年過去，我每每問學生，倘若是你，你會即刻買下，然後，搭飛機回臺灣？或者，轉身離開，即便知道此生再不可能擁有，也要往外走去，去看看世界的風景？所有的學生都和當日的我們同樣選擇了後者。那一次，我們只在那家小店買了一只素樸粗碗，兩百元。後來遇見能辨識文物的朋友，都說是真正到代的宋碗。啊，無緣擁有，只得於心裡角落安放著那對耀州茶盞。

同一時代的流風所及，從緙絲到耀州窯，然而，緙絲如畫的構圖，也受到南宋山水小品的影響呢！這便是我要放到您多寶格裡的國寶了。中國繪畫史上，被稱為南宋四大家的，是李唐、劉松年、馬遠及夏珪，四位畫院畫家。若相比較，他們的畫風卻非同一風格與流派。李唐，被稱為北宋山水畫最後的屏障，可以想見，其畫風仍是北宋一派堅厚、凝重的寫實山水。此畫家，著實大名鼎鼎，除了是臺北故宮博物院三大巨碑山水之一、《萬壑松風圖》的繪畫者外。您必然聽過，北宋徽宗皇帝開創畫院，藝術家性格的皇帝並且自己出題閱卷，當然是閱畫卷了；李唐便是從大名鼎鼎地「踏花歸去馬蹄香」一試，被選為畫院待詔的。您也許好奇，除了這個題目，畫院還出過什麼題目？據南宋鄧椿《畫繼》，記錄自北宋熙寧年間到南宋乾道三年，與畫壇相關的見聞。包含畫院「命題作畫」或「下題取士」的例子，譬如：「野水無人渡，孤舟盡自橫」、「嫩綠枝頭紅一點，動人春色不須多」、「亂山藏古寺」，又譬如「竹鎖橋邊賣酒家」、「蝴蝶夢中家萬里」等。遇到了藝術家皇帝，真是不只考技藝，還考創意，顯然畫師也不能僅僅匠人，還需飽涵文學素養。而由於金兵攻破汴京，北宋覆亡時，畫家李唐已過花甲之年。自北方南渡至杭州，他筆下的寫實山水，顯然也被江南的溫潤霧靄所改變。從《萬壑松風圖》大山大水的巨峰古松，到《清溪漁隱圖》，他用繪畫壯闊山形的筆墨，改畫煙雨江南；他用既寫意又寫實的筆意，勾勒「雪裡煙村雨裡灘」，開創出南宋水墨蒼勁的一派，樹木、山石，一樣氣力完足。他的「截景法」構圖，可以繪寫雨中的溪崖村落，也可以創作《採薇圖》，描繪伯夷、叔齊亡國後的遺民心志。行文至此，您一定知道了，此類極似我們今日截取部分畫面以凸顯最精緻，或最主要意趣的截圖法，正是開始於南宋「小品」山水的創作啊。

藏於臺北故宮博物院，南宋畫家馬遠最最著名的《山徑春行》圖。此圖乍看，畫面右半邊幾乎空白，僅餘左方兩棵蒼挺柳樹樹幹相叉交斜，與一洞門相似，有小僮攜一古琴，微低下頭朝主人走去。前方的高士右手撫著鬚髯，左手自然垂下，寬大袍袖，觸顫花朵。他的腰桿前挺，望向遠方。除了這看是主角的高士，身後柳樹高揚，似絲

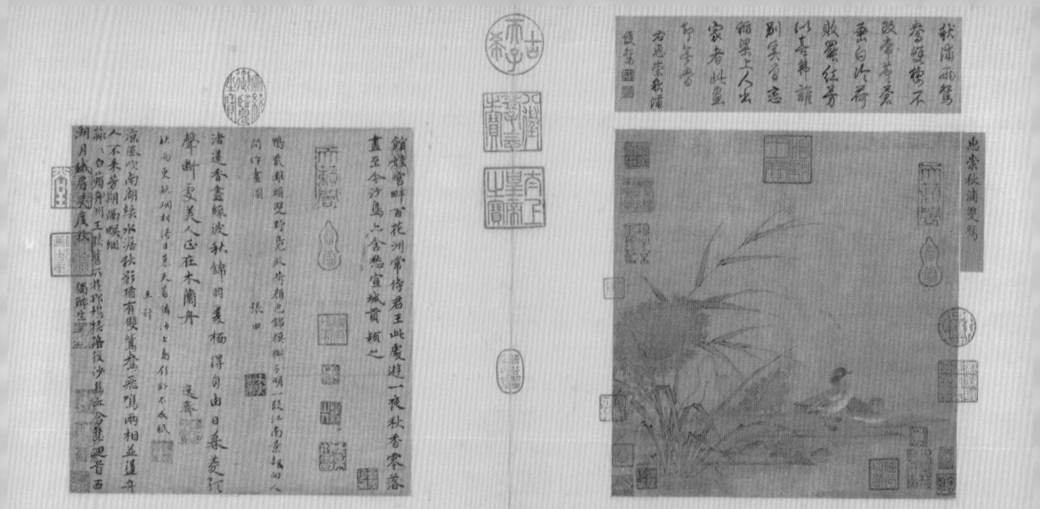

圖三

帶飄灑而出的枝枒、柳絲條更是主角呵。相較於畫家用爽俐中鋒畫出高士挺拔的身形（光是看，就好像能感受到脊梁骨帶動身體的力），更襯托隨風揚起的柳條兒，其筆韻纖細卻綿長流暢，絕不呆滯。如果您再仔細觀察，柳條兒、鬚髯都看似不經意地揚向同一方向，啊，那是風的方向了，連帶被人驚起、飛離地面的鳥兒，也像迎著風，這真是畫家的功力。我們因此跟著鳥兒翅羽，細看這看似空白之處，其實有淺淺淡淡的坡土延伸，遠方且有縹緲水澤無盡延伸。於高士的對角方向則有詩句：「觸袖野花多自舞，避人幽鳥不成啼。」學者考證此詩為南宋寧宗的楊皇后所題。也可佐證北宋畫院到南宋畫院，以畫證詩，或詩畫相映的特色。這個特色也許且能提供我們另一個思考點：究竟，從王維的「詩中有畫，畫中有詩」、蘇軾提倡的「詩畫合一」，詩寫出意象，畫，畫出詩意。到徽宗皇帝以詩句出題，令畫家作畫，直至此題詩於上，如同讀畫的正解答案。此畫上題詩究竟必要？當然，倘為佳作，自會相映成趣，或相得益彰。然而有時，一成套路，畫上必要題詩，會不會有點像讀了一篇很棒的文章，正享受著，隨即看到：這個故事告訴我們……或：從這個故事，我們得到的啟示是……總覺得煞風景了。但無論如何，在以往山水畫中，某一棵樹，某一人兒，皆小如微塵之眾，馬遠此樣「截景法」構圖，使得人與樹與特定的景，皆成為主角，而且是有故事或戲劇張力的主角。尤其他總偏安一角的構圖，左下一角，或右下一角，總能更加突出畫面主體，因此被時人與繪畫史稱為「馬一角」。

馬遠此類，約莫 30×45 公分的畫作，除了有如將大幅山水「截景」的構圖，也與北宋晚期出現的小景山水頗為類似，北宋僧人惠崇的《秋浦雙鴛》：右下角有碩大殘荷、蘆葦，映襯水坡岸邊一安閑臥坐、一簌簌站立的水鴨。即使蘆葦筆觸俐落有勁，整體的氤氳水色仍使畫作顯露雅淡閑然。可見南宋此類山水小景已成為主流。我則偷偷猜想，是否與五代以至宋代之後，生活自地面的臥坐往上升高，與家具高度升高有關？這類小畫的尺寸，著實更適宜布置、搭配生活家居布置呵。從馬遠，再到其子馬麟，以小布局構畫哲思或詩情的，越加多元，汀渚水鳥、山水人物、折枝花卉，如風蕩漾。

從緙絲到南宋的風景小畫，這《秋浦雙鴛》構圖，也有宋代緙絲《翠羽秋荷》的意趣。我們之後即將看到的「剔犀」漆器亦同，山中高士、仙人樓閣、美人撲蝶。我們幾乎可以想像一個最美好的黃金時代，文學的、藝術的、技藝的，有形的詩，無聲的詩，像風動，如雲湧，流風所及，如沐春風啊。

（圖一）宋「耀州窯青瓷印花菊花紋茶盞」。
（圖二）宋馬遠《山徑春行》。
（圖三）宋惠崇《秋浦雙鴛》。

《溪山清遠》

澄懷觀之，臥以遊之

一年四季，您最喜歡的季節是哪一個呢？「喜歡」，真是比「愛」更直覺的、感官的、心靈的、身世的、個體的全面集合啊。所以，我想您必定有自己的答案。我最喜歡的季節，也是最期待的季節，應該是秋天了，因為，金黃爽颯的秋天，正適合旅行；更重要的是，因為秋天中有一個十月，那是每年臺北故宮博物院為了慶祝生日，每每端出大菜的時節，經常還是結合書畫、器物、文獻等跨類別的，絕對是一年度最重要的大展。比如二〇一七、二〇一八，臺北故宮連著兩年策畫了「國寶的形成——書畫菁華特展」、「國寶再現——書畫菁華特展」，前者，有三十四

件國寶，後者有二十六件國寶，一字排開有東晉王羲之、唐代韓幹、閻立本、玄宗，宋代范寬、蘇軾、米芾、徽宗、高宗、陸游、蕭照、夏珪、朱義，元代趙孟頫、吳鎮、張雨、倪瓚、明代四大家等等，簡直夢幻隊伍，無一不是藝術史美術史上金光燦爛的名字。您可以想像在此盛宴中，每一幅作品都可能激起我們粉絲般的朝聖或激動心情吧。但不知道怎麼地，因為疫情，生活像被翻了個翻，有時並不能像以往自由，許多事情需要調適，或徹底被改變了，有種恍如隔世之感。此段時間，我時常憶起二○一八年秋天的展覽，猶記自己於故宮展廳中一架長長、長長綿延的玻璃展櫃前，一吋一吋觀看夏珪《溪山清遠》長卷的心情呵。

此畫本幅為長達889.1公分，高46公分的紙本長卷，由於南宋距今時間久遠，展出時必須搭配較為昏暗的燈光，以保護畫卷。如是，像一個夢境的夜晚，我們捱著玻璃緩緩移動：夏珪從霧中風景起筆，乾筆擦出最近我們的巨石，而越往遠處眺望去。於霧中，山色迷濛，樹影搖動，遠山上的樹影，倘越想定睛細看，越是朦朧得山影只剩淡筆。於此朦朧雲霧之間，我們走入畫中，從巨石崖邊尋找路徑。所幸，山石後方有山路小徑曲折連通，一路山行漸趨平緩，往前行，只見前方巖岩間，露出

蒼勁且姿態妍麗的松樹，畫家筆力遒健，松樹的每一枝幹與松針，皆勁拔有力，與襯托其後的煙靄花樹，形成力量與柔美的相映。再往下走，您知道剛剛經過的，是一株迎客松了，繞過巨大而陡峋的山石，更多林木相迎，像沐浴於濕潤空氣裡，有庭臺樓閣、小橋流水，有人策杖而行，有人安坐石上，三三兩兩往來。這，莫非是不知有漢，無論魏晉的落英繽紛之境麼。行走至此，本也想就此停歇下來，但又想看看大山之後是什麼，天空雲霧所飄向處，又是如何風景？我們起身再往前行，順著這一碩大造型奇異如一斜倒平臺的大石後頭，竟豁然開朗，江面廣闊，遠山迢迢，望不見盡頭，只見水畔有帆桅三艘，我們像也被水氣浸潤著，眷戀地想像遠方點點是否村莊人家，或是扁舟一葦，欸乃向前。

乘著漁帆行於空濛水色間，忽見前方巨嶺有如刀切斷崖直下，自江面上望，高峭不得見頂；我們順著粼粼江波，於巨巖下方靠岸，佇立崖下小亭，此山真是壯觀如巨碑！幽黯或明亮處，石塊肌理竟如森林蓊蓊鬱鬱。與江邊漁父點了頭，讓我們更往山裡走去吧，沿路所見直如各種技法展示的斧劈皴法，山形以各種面向朝我們層疊而來。或有向陽處樹木於隙縫間斜叉矗立，或有山坳如動天福地處，仍開出山徑，而遠看如細竹的棧道，像世間必定存在的生路。如此更向前望著平緩寬坦處走去，松樹又在前方迎立，又有水澤相親。在此天地開闊處，有樓閣式竹橋亭亭而立，清風徐徐，有人休憩談笑。步下竹橋，更有茅屋建於水澤邊，水邊扁舟上有人正交遞貨物，我們抬頭上看，幾棵高挺大樹於崖頂上，有花綻放，嫣嫣裊裊，遠看如煙雲，不知道居住於此的人們，或是文人雅士行走至此，會為此茅屋取何齋名呢？

我們開始像手執一只山居地圖，尋找於此叢山峻嶺及溪谷山澗間隱藏的樵居人家：果然有籬笆草屋，有高樓於松樹林間掩露，有小亭獨坐在巨石之下，獨享山巔之高。此間山色如疊起的重嶂，山嶺深處更有山嶺拔起，松風鳥鳴，似又聽到有潺潺湍湍溪泉聲響。是了，走過懸立於濕漉江水之上的竹板吊橋，水波於溪石間迴流縈繞，水色與天色交連，嶺上浮雲漸遠，山清氣朗，不遠處茅舍柴扉在望，林木圜擁之處，是家了。

《溪山清遠》是一首抒情詩啊！我們於玻璃展櫃前，隨著腳步一步一步踱步向前，彷彿仰臥扁舟之上，隨江漂流，觀看江山清景。此古人一手執卷軸，一手舒展，如展江山，正是南朝宗炳《畫山水序》已然提及的：「老疾俱至，名山恐難遍睹，惟當澄懷觀道，臥以遊之。」臥遊、臥遊，古人眷戀山水，只恐不能日夕盤桓，於是畫象布色，即可臥以遊之。您必定已經感覺到，此類長卷與我們先前記述北方山水的巨碑氣勢，全然不同，它有種如歌如訴的情調。尤其繪製與裝裱方式，本就不為懸掛，而是便於隨時展畫：時而登峰攬勝，時而入溪流泛舟，古人所謂「張絹素以遠暎」，正是長卷迷人之處了。我們隨著夏珪簡化了北宋以至李唐的樹、石、皴法，見他精簡的筆法與蒼勁有力的勾勒，充分顯露毛筆線條的各式姿態（您真要讚嘆毛筆的無所不能），水與墨的比例正在變化中，水愈加多了，水墨的層次愈加多了，而似有若無的淡墨造成迷濛的空氣感，越加多了。我們看著看著，就走進了南方的山水。

宋室南渡，隨宗室與朝廷南移的文人百姓不知凡幾，亦如盛唐開疆闢土，多少原居南方，慣看娟秀水色的南方詩人，乍見大漠孤煙，湧起多少詩興，成就邊塞詩最好的時代。我們文前提到的李唐，即為身兼北方浩瀚山水與南方山水的大家。從李唐到蕭照，

圖三

圖四

圖五

再由馬遠到馬麟，陳葆真老師〈從空間表現法看南宋小景山水畫的發展〉，認為：「相對北宋畫家之精於掌握『唐式三法』：即高遠、深遠和平遠的設計，以表現千巖萬壑的氣勢，南宋畫家巧於運用『宋式三遠』，即幽遠、迷遠和闊遠的表現以創造迷濛氤氳的氣氛……夏珪在《溪山清遠》中更結合了『唐式三法』和『宋式三遠』，使畫面的空間結構巧妙地呈現各種變化。他同時更減化造形，並加強水墨暈染，強調筆墨情趣變化，實為元代水墨畫美學精神的濫觴。」

夏珪的《溪山清遠》是畫下了南方之愛啊！夏珪為寧宗朝的畫院待詔，出身浙江錢塘，當時人每以「馬夏」稱之。亦如我們曾經說到馬遠因其擅長的邊、角構圖，被稱為「馬一角」，夏珪則被稱為「夏半邊」。繪畫史家有時會歸因於宋朝失去半邊江山，只餘殘山剩水，畫家亦有家國之嘆。我們或也可以回到繪畫發展與畫家審美的不同觀照思考，他們顯然從大山水中發現「局部」之美，甚至由理學的內省與自察之間，細節體現「局部」之美。但無可置疑地是，南方山水必定以自然的溫柔力道，潤澤了畫家筆墨。《溪山清遠》的主體，與其說是山脈江河，不如說是水氣煙雲，大片大片襯托於山後的霧靄模糊了山形，模糊了邊界，甚至，這作為我們習慣觀看的山水畫主體，也全部被水氣所浸潤了。徽宗皇帝在位時，任職畫院的韓拙所寫《山水純全集》，提出他自己的「三遠」說：「有近岸廣水，曠闊遙山者，謂之『闊遠』。有煙霧溟漠，野水隔而彷彿不見者，謂之『迷遠』。景物至絕，而微茫縹緲者，謂之『幽遠』。」您看，這闊遠、迷遠、幽遠，如詩一般呵！他們成了南宋山水全新的繪畫標誌。而，關於夏珪，關於他的生平，我們所知甚少，但他用《溪山清遠》畫下了南宋最迷魅的水墨風景了。

寫著寫著，我好像明白了，為什麼於疫情撲朔迷離，世界動盪難平的幾年，我會時常憶起二〇一八年秋天的《溪山清遠》了，它潤澤的水氣煙嵐，洗去一切躁動，尤其長卷的盡頭是那樣等待著的茅屋柴扉。當看盡世界的風景，好喜歡內心深處有一扇門、親愛之人等待著，讓我們平靜返家，安頓身心。

（圖一）《溪山清遠》圖。
（圖二）迎客松。
（圖三）巨嶺有如刀切斷崖直下。
（圖四）竹橋人家。
（圖五）林木圜擁之處，是家了。

清宮舊藏鼻煙壺

極可愛翫

由於電腦技術日新又新，我們經常可以透過網路與社群媒體上，看見原本距離我們時代遙遠的古人或畫作，被修圖成為可愛的形象。比如，史料所載嚴肅的雍正皇帝，比YA的萌萌滴樣子，他的十二美人，頓時變成芭蕾舞者、服裝設計師、漫畫家、甚至還發明朋友圈，這的確讓我們與古人親近不少。而事實上，就算不靠修圖，這些正史記錄裡板著臉孔的古人們，經常在某些他們所喜歡的生活小物上，不經意且自然地流露出他們眼睛發光，或萌萌地表現呢。

翻篇至此，我想與您分享一類被清代皇帝稱為「極可愛翫」的

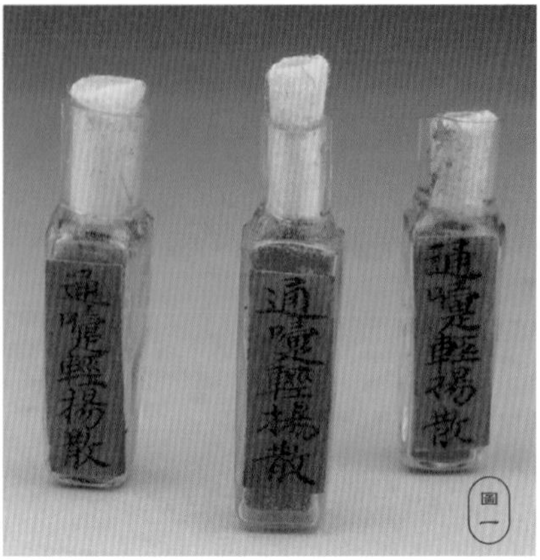

圖一

小玩意——鼻煙壺。臺北故宮博物院曾於一九八九年、二〇一三年舉辦過「通嚏輕揚——鼻煙壺文化特展」以及二〇二〇年的「士拿乎——清宮鼻煙壺的時尚風潮」等特展。其主題名稱，由裡到外，展示出鼻煙從西洋傳來，到成為生活必需；以至鼻煙壺成為工藝表現的類別，並成為潮流風尚的過程啊。

首先，我們遇到的第一個知識點是：鼻煙是什麼？畢竟，於今生活日常已非尋常見。它之名為「煙」，的確仍與菸草有關。鼻煙是將菸葉烘烤、去莖、磨粉、發酵，進則嗅聞之。據說有治療氣喘、頭疼、鼻塞、去寒的功效。最早吸食鼻煙的，為北美的印地安人，之後經由海上貿易與殖民，由傳教士與商人帶到歐洲，遲至晚明，才傳入中國。我曾聽故宮導覽志工前輩談起，有次，她在美國看到有賣鼻煙，便刻意購買些許以體驗，然其氣味著實不佳，她當真無法體會明清兩代，鼻煙怎會如此風靡了全國。我想其中有一個至關重要的關鍵，在於她所購買者為可供嗅聞的菸草本身，卻不是泱泱中草藥大國加工後的鼻煙啊！鼻煙於西方或也有加入花卉香料，然而，進入中國後，則被調

圖二

配以各類中藥與香料，名頭之多，竟還可以分為酸、羶、糊、豆、甜五大類味道，甚至也有加上焦味的。我們只需讀《紅樓夢》五十二回，寶玉令麝月：「取鼻煙來，給他嗅些，痛打幾個噴嚏，就通了關竅。」麝月果真去取了一個金鑲雙扣金星玻璃的一個扁盒來……寶玉道：『嗅些，走了氣就不好了。』晴雯聽說，忙用指甲挑了些嗅入鼻中，不怎樣，便又多多挑了些嗅入。忽覺鼻中一股酸辣透入囟門，接連打了五六個噴嚏，眼淚鼻涕齊流後，便覺得通快些，只是還覺些頭疼。」可知道，故宮鼻煙壺特展中的第一主題：這「通嚏輕揚」，正是鼻煙最大的功效。故宮舊藏鼻煙以三只小如指節，2.3公分的小瓶裝，上頭醒目貼著紅紙寫就的「通嚏輕揚」四字啊。我猜想那味道，應該如是強力版臺灣常用的「綠油精」、薄荷油等刺激醒腦氣味，一入鼻息，便噴嚏連連了。

也有一說鼻煙於明萬曆九年，隨利瑪竇進入中國，以時間橫軸來看，此一時期，鼻煙早已風行歐洲各處，就算不是利瑪竇，其他傳教士也有可能隨身攜帶入華。時至清代，官方紀錄就愈加清晰了，據《熙朝定案》所載，康熙二十三年（一六八四），皇帝南巡時，曾於南京詔見汪儒望、畢嘉兩位傳教士。傳教士進呈四種方物，康熙傳旨云：「朕已收下，但此等方物，你們而今亦罕有，朕即將此賞賜你們，惟存留西蠟即是，准收。」西方傳教士，常迎合康熙之於西洋奇器的愛好，歷來進獻的方物，有許多科學儀器，如驗氣管、望遠鏡、渾天儀、日晷、日月星鍾、天文比例尺，還有照面鏡、玻璃瓶、玻璃綵球、萬年眼鏡、西藥、西洋文具、西洋秤、西紙等。此次被康熙皇帝特別留下的「西蠟」，便是康熙年間鼻煙 snuff 之音譯。我的一位學妹春雅，專門研究清初文人劉廷璣，他的《在園雜志》亦曾記下許多清初瑣聞，簡直煌煌大觀。其中就有鼻煙一條：「以煙雜香物花露，研細末，嗅入鼻中，可以驅寒冷，治頭眩，開鼻塞，毋煩煙火。」可見康熙年間，鼻煙已經流行，宮廷中並將鼻煙與西洋藥品同等列入醫藥品項。人們將已成粉末的加料菸草，置於大拇指向手腕方向的微凹之處，湊近鼻子嗅聞之。起初的菸草大多由西方進口，而後，因吸食人口大增，中國也有自種菸葉。鼻煙也從以玻璃藥瓶大量裝承，到以盒裝，其後更發展成適合潮濕東方，小口可利保持乾燥的小瓶，且為了與大「瓶」區隔，於是，「鼻煙壺」成為通用的名稱。

這小至指甲大小，個人使用時，至大不超過8公分左右的鼻煙壺，在有清一朝，早已跨過實用一途，不僅僅是人手一只，能工巧匠並利用各種材質各種工藝用以製作鼻煙壺，真真是「微型的」工藝大觀。鼻煙壺能大流行，除了鼻煙上癮是第一癥候，而第二，則還在於鼻煙壺的可展示意味。二〇二〇年的「士拿乎」特展，共展示臺北故宮收藏超過一千只鼻煙壺中的三百六十八件，為什麼是三百六十八呢？我們可以先來看看，清代的鼻煙與鼻煙壺到底流行到什麼程度？《典藏．古美術》二〇二〇年八月號的編輯手記，標題是「好個通噓輕揚，治人際百病」！您一定疑惑了，怎麼打個噴嚏還能治人際關係呢？原來清代人打招呼聊天，是從鼻煙開始的。「蓋清時，友朋會晤之際，第一事即互惠鼻煙，以示恭敬之意」。意思是，朋友見面第一件事，是先遞上鼻煙，以示友好。而遞上鼻煙，不過僅第一步，此人能否成為友朋知交，能否進一步相談，還得看這互惠的鼻煙，是否為互為欣賞的類型。再來，即是鼻煙壺本身了！這鼻煙壺於清代，直如我們今日開口便談的天氣，清代人一開口就談鼻煙，且互相賞鑒鼻煙壺。在可談與不可談、該談與不該談之間，談鼻煙壺即是最好的橋樑，可以過渡話題，也可以容許考慮能不能繼續話題。如此一來，問題出現了，倘若您只有一只鼻煙壺，遇到陌生人，鼻煙壺還是最好的開場白，但又遇見熟人呢，如何借鼻煙壺開場？至此，我們已然通曉臺北故宮博物院策展人的用意了，三百六十八件，足夠您日日都有鼻煙壺可以當作話題。這可不只是臺北故宮博物院博物館才能做到的手筆，據說清代的富貴人家，都有此收藏規模。「可一日無米麵，而不可一日無鼻煙。可一日不飲食，而不可一日不聞鼻煙」？鼻煙以至鼻煙壺，更成為穩固人際關係，甚至加官晉爵的玩意兒呵。

不知道這樣類比是否恰當？如同我們今天每人人手一杯的咖啡，為了裝咖啡，相映而生的各種咖啡杯就成為文創與材料的大競技。然而，鼻煙壺更小更精巧、便於攜帶；我們或許可以如此理解，鼻煙壺成為如此潮流風尚，大抵正與它的「小」有關，因為小，於是可以隨身，這與女士的珠寶首飾、男士的手錶，可以成為收藏大類亦同。因為舉手之間，立馬成為焦點與話題，「斷捨離」的觀念，顯然不存在於清代鼻煙壺的愛好者觀念中。於是，鼻煙壺因其展示與炫富功能，成為清代精緻工藝的集大成者。不誇張地說，所有您可以想像得到的工藝技術，都可於鼻煙壺一類

圖三

作品見到。我於故宮典藏目錄中粗略記錄了一下，可見：青花瓷、青花釉裡紅、銅胎琺瑯、玻璃胎畫琺瑯、粉彩、瓷胎黃釉、瓷胎綠釉、核雕、琥珀、蜜蠟、瑪瑙、璧璽、海藍寶、髮晶、青金石、玉髓、象牙、珊瑚、白玉、翠玉雕刻，玻璃內繪畫……各種媒材，各種工藝，各種新技術，真是一個工藝的微型小宇宙。

因此，我想邀請您與我一同走進臺北故宮的展場，想像我們正看到「士拿乎！」三字，被顏色妍麗的鼻煙壺們包圍著。您已經知道，「士拿乎」正是清代當日對 snuff 的翻譯，它同時留存住鼻煙壺最早被士大夫階級廣為使用的現象。走進展場，我們會注意到，展場的規畫仍像是一條曲水流觴，策展人每每利用場地區隔與看板，規畫出一條隱形流動的河道，讓我們看到他心中最美好的沿岸風景，此次特展策展人，將他們分為「新」、「藝」、「境」三部分。

「新」包含著幾種「新」之意：鼻煙是外來的、流行的新，玻璃是中國可自己生產的新，兩相迸發，果然出現以玻璃，亦即古人所說的「料」質

圖四

地的許許多多精巧無比的鼻煙壺。事實上，進口自西方的鼻煙，原就大部分裝置於玻璃瓶中，也是因為玻璃材質的穩定，尤其有色玻璃不易受光與受潮，且不易受味道侵染有關。但您必定記得我們說過，身為好奇寶寶的康熙皇帝，熱衷開發製造中國玻璃，此項新技術，也被用來大力展現於鼻煙壺製作。展場直如顏料被打翻了，藍色的：藍色透明玻璃內刻花、藍色玻璃胎描金、如夢幻的淡藍色。黑色的：黑玻璃灑金星。甚至有雙色套、三色套、四色套，如同剔犀漆器的作法，匠人覆燒幾層各色玻璃，再往下剔刻出不同地色，即可於小小鼻煙壺瓶身浮雕出荷塘雁影、霏雪煙雲、雙色四色花影蝴蝶、套飾紅花、綠葉、黃蝶及藍色湖石玻璃。再者，也有因為內裝金屬小匙，當向內掏挖鼻煙，使用頻繁實不免產生刮痕，激發出工匠發明以L形畫筆，於玻璃內壁繪畫的技藝。花卉、仕女、聊齋故事，甚至山水行旅圖都可藉精巧鼻煙壺流動於指尖。

而玻璃材質中，工藝最為超卓的，當是玻璃畫琺瑯一種。一般的鼻煙壺多在3、5公分之間，於如此小巧玻璃瓶身，施以琺瑯釉。但由於玻璃的熔點與琺瑯發色溫度極為靠近，不同琺瑯顏色的發色溫度又不盡相同，如此反覆反覆入窯燒製，簡直是一場與溫度的精細角力了。我們可以細看臺北故宮所藏，惟一一件落有「雍正年製」的「玻璃胎畫琺瑯竹節式鼻煙壺」，當上面小巧半圓珠形的銅胎畫琺瑯、黑地彩繪雙蝶花葉紋蓋與牙匙被取下時，明顯可見竹節內身為白色玻璃。您知道這白色玻璃在當時有個特別的名字叫「呆白玻璃」！這呆，顯然不是笨拙之意，而是我們今日所稱的「萌」，或天真可愛的意思啊。我們可以想見鼻煙壺在清代，被康熙稱為「極可愛翫」，不是沒有道理的，沒有人能逃脫可愛小物的療癒神力啊。這件展場內歷史價值最高的鼻煙壺，便於呆白玻璃上，設色如班竹，青綠色上帶些黃褐色點點淚痕，定睛細看之下，還有小蟲、蜘蛛靈動於竹葉之間，連底款的「雍正年製」四個字也被一朵靈芝包圍著，而這一切只在6公分的方寸之間。策展人侯怡利老師更說，這件作品可能便是雍正六年《活記檔》所載的「玻璃胎節節雙喜鼻煙壺」了。我們不難想像，當時為了開發琺瑯色釉，無事不與的雍正帝，看到這件作品會如何瞇起眼睛、捻著鬍子微笑了。

這類小巧的鼻煙壺，是不是正好適合放入多寶格中呢！是的，人同此心，展場裡一個中島式玻璃展櫃，便將一件多寶格開箱展示：此為隆哥在位時燒造的一批四十三件玻璃胎畫琺瑯鼻煙壺，利用日本的蒔繪描金漆盒作外箱，每一只鼻煙壺的題材圖案皆不相同。每一只皆被巧妙設計，置於錦盒小匣，有單獨、有成雙、也有三個一列，排置箱中成回字，真是我們前文所說：箱中有盒，盒中有匣，天地之間又開出天地來了。

除了新玻璃與新琺瑯彩釉的工藝外，舊有工藝當然也被創新成為各種胎體，展場內便以藝術、工藝之「藝」來統稱。您可以看到圖像中有一件乾隆朝的「玉夔龍鼻煙壺」，熟悉瓷器的您必定知道，瓷器器型有天球瓶一類。此件鼻煙壺正是以天球瓶為造型，圓墩墩球形有螭龍盤環，似將遨遊長頸向上。您記得我們說過，即使是被稱為軟玉的和闐白玉，硬度也還在摩氏硬度的6.5左右，玉匠除了外在雕刻，還得向內掏膛出壺內空間，絕對需倚賴技術本位。如此天球造型內壁猶厚，尚不需與薄度抗衡。

圖五

圖六

玉制鼻煙壺更有游魚、雙魚、玉錦荔枝、茄、瓜等等，造型多樣，全部都僅小小開口，若又冀盼薄透可心，那就更需奇技。當然，咱們乾隆老爺凡走過必留下痕跡的個性，於鼻煙壺上也不惶多讓，他將老件玉器改制鼻煙壺，也使我們哭笑不得。如「玉龍紋鼻煙壺」，便是將春秋時期的微梯形劍鏢改制，布滿紋飾可見金黃沁色，古意十足，當然，壺底也刻就「乾隆年製」四字。每回哭笑不得之際，我仍不知該以何種態度面對乾隆將文物改製、提字、刻字的行為？明明知道封建社會，天子富有天下，紫禁城宮中即是他的私宅，文物即其家中藏物，題字刻字，原也不能置喙，只能說古今對於文物保護的觀念著實不同。

除此之外，我們並且發現臺北故宮典藏的鼻煙壺內，有別於他種文物的獨特性格；同一形制的鼻煙壺，有十件、十二件、二十件、二十四件的現象。例如：「玉瓜鼻煙壺」十件，被裝置於葵花形錦盒中、「白玉茄式鼻煙壺」一組九件，「釉上彩花卉紋鼻煙壺」二十件共儲於木匣，又如「瓷胎松綠石釉雙喜鼻煙壺」一式十件，共儲一匣。皇帝貴為

圖七

天下一人，應當不會喜歡撞衫，這類一式多件的鼻煙壺便是年節或賞賜之用。康熙就曾賞賜已經告老還鄉的老臣高士奇數件鼻煙壺。尤其，清代多長壽帝王，康熙與乾隆晚年皆曾於壽誕時舉辦百叟宴、千叟宴，這鼻煙壺就是入宮作客最好的伴手禮了。

究竟鼻煙該如何使用？我們今日因公共健康，菸品廣告尚且需加警語，我們也就暫且略過。然展覽中還是提供我們有物為證，以明瞭清代鼻煙的實境，例如家庭用大容量鼻煙瓶、各類挖取的杓與裝承的碟。有趣的是，當時也有旅行用套裝組，以小匣內裝有小鼻煙壺三或四瓶，我想必定裝承有不同味道的鼻煙吧。冊展人侯怡利老師接受《典藏》古美術採訪時，被問到許多有趣的題目，比如展品中最貴重與最難得？最大與最小的鼻煙壺？我們不妨也可於腦中想像遊歷：最小的一只，堪稱迷你，高僅僅2.5公分，由全天然的葫蘆製成，配以牙雕蒂頭蓋及小匙，裝在一只蔭紅雕漆盒中，五臟俱全。最大的一只則高10公分，為葫蘆模置成長頸四方瓶；由此，又讓我們看見一項令人驚異的工匠技藝：葫蘆塑形，我們今日也仍常見。然而，清宮這葫蘆鼻煙壺不只塑出外型，連同葫蘆上的四方開光蓮花紋，及底部紋飾，也一併天然造就了，非工匠雕刻，這又是一項逆天巧技，當然也堪稱最難得殊勝。

這種種工藝、材質、風格，簡直如煙花四射，叫人眼花撩亂，目不暇給。不知道您鍾情哪一樣式？我仍偏愛雍正朝的整體氣質。如前文提到有底款的呆白玻璃竹節式鼻煙壺，如捻一支竹節於手，連帶竹節上的小生態也一應俱全了。又如本篇圖六一只「銅胎畫琺瑯黑地夔龍紋套匣」，像現代的都彭打火機上蓋打開，內裝一只呆白玻璃鼻煙壺，那琺瑯黑地配以幽深藍色繪雲紋，莊重典雅莫過於此。再一件「銅胎畫琺瑯黑地五彩流雲玉兔秋香鼻煙壺」，全器不到6公分的高度，有清初流行的扁圓壺身，黑色琺瑯色地，有五彩流雲浮漾於上，如聞仙樂飄飄。圓壺中央並開光內襯出，一面為雙兔偕行於靈芝花樹間，另一則是溪流岸邊有兩兔倚頭覓草，小兔姿態靜動和諧，畫匠直如將小巧的瓶身當畫布來作畫了。不可思議的是，器身含括了如此多樣元素與意涵，整體卻一絲不苟，依舊凝鍊雅致。

我們逛了一整個鼻煙壺大觀園，我不禁想問：是古人想太多？還是現代人想得不夠多呢？倘使每一件我們生活中的必備物品，都能有各種材質、各種工藝，各種美感、各種風格可供選擇，那該有多好呢。

（圖一）清十八世紀「通嚏輕揚」玻璃瓶裝鼻煙三瓶。
（圖二）清十九世紀「白套四色玻璃花蝶鼻煙壺」。
（圖三）清雍正「玻璃胎畫琺瑯竹節式鼻煙壺」。
（圖四）清乾隆玻璃胎畫琺瑯鼻煙壺四十三件貯於蒔繪漆盒。
（圖五）盒裝成套鼻煙用具。
（圖六）清雍正「白色玻璃鼻煙壺」帶銅胎畫琺瑯黑地夔龍紋套匣。
（圖七）清十八世紀「葫蘆花卉四方鼻煙壺」。

《漢宮春曉》

流動的快樂頌

您仍記得《唐人宮樂圖》畫面麼？後宮嬪妃十人，圍坐於巨大的方桌周圍，或倚坐，或撥弄琴弦，或品茗……凝望泛出時光痕跡的蒼黃色澤下，影像漸次淡去，淡去，只餘下艷紅色的披帛，不禁想起白居易詩「昭陽殿裡恩愛絕，蓬萊宮中日月長」啊！一想到深宮內苑，可能想到白髮宮女，現今的我們更因大量宮廷劇不斷搬演，甚至很難不想到「宮鬥」戲碼。我常常深以為苦，不過是想看看歷史劇，怎麼非得忍受勾心鬥角，非得看殘害忠良的虐心情節呢！因此，在此，非得與您分享一卷另類的「快樂頌」了，同樣是宮苑題材，這畫，卻像一首春天的抒情詩。

圖一

此為明代四大家之一的仇英，大名鼎鼎的《漢宮春曉》其長574.1公分，高約莫30公分的長幅絹畫。構圖仍走中國長卷的套路，一如宋代張擇端的《清明上河圖》，起自郊原，漸入市井人家、村落、城鎮，繁華待盡，又漸歸郊原。而《漢宮春曉》，則是起於郊原春色，湖石、花樹於薄霧中娉娉裊裊；遠方微露出尖頂寶塔，鞦韆架。順序向前即可見琉璃瓦宮牆與如意紋直櫺窗戶門。一入宮牆，畫面即時清晰起來，牆外霧靄，如雲氣襯托宮牆內如仙境一般。您說，怎麼不是仙境呢？水中鴛鴦，枝上白鶴，嘉木奇石；手執紈扇的妃嬪、侍女和孩童，倚欄賞荷，一旁有孔雀散步，小宮女一旁旋跳般歡快舞動著。孔雀的後方，為我們所見的第一間屋舍，小小的角屋，但窗內擺設有雲龍屏風，屋瓦下的斗拱以點翠顏色裝飾得雖華麗卻無比清雅。

以此作為起點，連片的樓閣屋宇，綿延於畫面上部，因而形成有如戲臺或舞臺搬演故事的效果，一區一區、一場一場生動的生活劇。有圍爐烘烤以筷夾食的、有撥弄阮與琵琶的、有聚首正將古琴、簫與笙一一拿出的、有慵懶於屋內側臥於織有花卉紋飾地毯上讀書的（叫人無比想望欣羨！）。也有蒔花弄草、花竹下乘涼，有刺繡、下棋、賞看畫像、熨燙布匹……孩童跳躍，撲蝶的、澆花的、凭欄的、往來傳遞茶食的宮女，站立聊天的女官、妃嬪，每一身軀與姿態全是流動的。畫面中最引人注意，且不得不使人聯想的，即畫面最左端的「摹繪寫真區」。在這裡，我們必得重新注意，此為一幅長近600公分的捲軸，古代的長桌或長案，雖皆訂製，但極少超過200公分。因此，長幅捲軸仍須以觀看中國卷畫的方式，一手放一手捲。那麼，當我們自春天的郊原，邁進宮牆內苑，一路隨歌輕輕踏著步履，此畫師為皇后繪像寫真所在，已經是宮苑至深之處了，當然，也是整幅畫卷最後的驚喜與精粹。敞亮通透的堂廡之下，竹簾捲起，兩進屋宇中間放置了一架、繪製有祥雲一般五彩浪花的屏風。屏風前安坐一位被端舉著各式妝奩水匜的、眾人簇擁著的，應該是此後宮之中品秩最高的后或妃，正嫻靜地端凝前方的畫師寫真中。

我們此前才提到，我們真是擁有太多共同的文化脈絡與記憶啊！此畫作名為《漢宮春曉》，此畫師寫真作畫情節，不由分說便使我們連想起初出漢宮的明妃，想起王安石所說的「意態由來畫不成，當時枉殺毛延壽」之昭君出塞故事啊。這麼鮮明，具標誌性的典故一旦出現，我們便會不由自主地審酌畫面內含元素的時代問題了：漢白玉石階，對的。審美取向，是的，頎長身形，柳枝細腰，符合漢代美感。鵝蛋臉、柳眉、鼻如懸膽，小巧的櫻唇，明顯不是崇尚穠麗豐肥、臉若銀盤的唐代，嗯，還算符合。再來，珠翠釵環，盈盈的點翠顏色有點兒不搭；髮型呢？漢代多低低的挽髮，或高髻雙環髻，畫中宮妃侍女多頂上小髻，直如宋代，更有點明代氣息。再看後宮著官服的，應該是女官，那全然就是明代女官服飾無誤了。如此再一凝神觀看眾女士衣裳，並無

漢宮的窄腰深衣，亦不見善舞的長袖，反倒是明代貴婦繫在腰間的各色、各式宮條正於此長幅畫卷中，如音符，如風的氣息，於畫面處處飄揚著、靈動著。再要往下檢查，突然想猛一拍拍自己的額頭，這也忒煞風景了！你怎麼忘了，中國的山水畫，不是風景畫啊！是畫家的胸中次第。人物畫自然也全非寫真的肖像畫啊！顯然，畫家並不想還原寫真如實的漢代深宮，或考據衣飾場景。此多達一百一十四人的群芳圖像，當真是春日的大觀園了，或者，可以說是女性圖像的理想國啊。刺繡、讀書、撥玩樂器、作畫、捻花、嬰孩小童遊戲玩耍，家常里短、總有一件正是我們想做的事，或者，就只想倚著欄杆發呆。

我們也曾提到晉代顧愷之的《女史箴

圖三

圖四

圖》、《洛神賦圖》，女神似的人物，不落煙塵，畫中人物的性格也掩了一層輕紗。《漢宮春曉》直是將張萱《搗練圖》、周昉的《簪花仕女圖》，如《韓熙載夜宴圖》一樣動了起來。我每每看著看著，心裡會想：這像不像是從一首宮體詩，到一闕閨怨詞。待到明代仇英的《漢宮春曉》，已然是一卷話本、一部小說，一部多焦點、多情節、物質文化的《金瓶梅》了。《漢宮春曉》中的每一個人物都值得您細細端凝，每一畫面裡小僅1、2公分的人兒，其面容因身分動作，表情盡皆不同，她們是日常的、生活中的；她們或也略顯豐潤，或多清肌秀骨，她們身形柔軟卻絕不病態，絕非清末改琦筆下風吹就倒的、弱化的女性，她們像是各有個性的。這時，您會不會想問了：這長畫卷末署名的「實父」、「仇英」何許人也？何以如此擅長繪畫女性？或還想問，畫中這麼多動作、物件，這麼多因動作牽動來的心思，他怎能都知曉？

仇英，顯然是一位「非典型畫家」！

從極少數的記載中，約可推論他生於明弘治至嘉靖年間，少曾從事繪瓷畫房舍彩繪、漆匠行業；年長後則擅長臨摹，於山水、人物、界畫無不專精。後又受教於當代畫家，更得文徵明讚譽，時至晚明，已與沈周、文徵明、唐寅，並列為吳門四家。寥寥簡素的敘述中，我看到幾個閃著異樣光澤的關鍵字：繪工、漆匠，還有界畫！《漢宮春曉》的主角當然是人物，但她們被置放於規整如尺線的屋宇房舍、連棟宮牆、欄杆院囿，漢白玉階，都是整齊如彈線，如我們當代的建築圖，此即中國古代的「界畫」。如若有人記錄仇英蓋過房子，我也不驚訝，中國的界畫正是構畫如比例尺，一絲不苟嚴絲合縫。我和先生年輕時，認得一位專門收藏古樂譜的陸老師，其先父據說即是勘輿中山陵的相士。當日我們猶是大學生，便請路老師相看，他說我先生是：「吾少年也賤，故多能鄙事。」大家都調侃他，笑個不停。待年歲已長，我知道這「賤」字，從孔老夫子的年代，乃指出身可能不高，反而能染習各類民間市井氣。一如沈從文先生於湘西記下少年的自己：「我讀一本小書，同時又讀一本大書。」書本的世界是有形的，而眩目他、使他迷戀不可自拔的，是學校外的生色光影、新鮮氣味。他說：「我不安於當前事務，卻傾心於現世光色，對於一切成例與觀念皆十分懷疑，卻常為人生遠景而凝眸。」所有的文學、藝術成為格律、走向套路，就非得從民間找到強盛的生命力。二〇二〇年，洛杉磯郡立美術館做了一個「仇英真相終大白」的特展，其目的在打破仇英為無法「斷文識字」的工匠形象，證明他為深具廣伯文史素養的畫家。我真不覺得仇英曾經的工匠身分有何不好，這正是他鮮活的藝術生命力的活水源頭啊，尤其，這是明朝。

明代，從前朝歷代承繼了手工藝、作坊，成為中國最具備資本主義規模的時代，

那被「反清復明」的前朝舊臣口口聲聲、心心念念的明朝，究竟有何可戀？張岱的《陶庵夢憶》，顯然做了最好的回應：繁華靡麗！煙花、噴泉、撫琴、品茶、乳酪、菊海、樓船、海戲、雅石、弄雪⋯⋯看似一部文人集體墮落的繁華史，卻是文化頂極盛極的夢華錄。那個張岱午夜夢回不可思議、無路可返的故國舊園，正是今日迷魅全世界的中國文玩的發生之境啊。

（圖一）《漢宮春曉》長幅。
（圖二）明仇英《漢宮春曉》卷。
（圖三）明仇英《漢宮春曉》卷。
（圖四）明仇英《漢宮春曉》卷。
（圖五）人物局部。

明代漆器

堆疊夢境

在我們同看趙孟頫為好友畫下的夢中故土《鵲華秋色》，陪著大癡道人黃公望獨坐山嶺巖岩，看他畫下永恆的富春山水，伴隨倪瓚漂泊四方，畫下不到岸的、無人的孤亭，畫下無人之境，這一篇，讓我們安坐下來一起同看靜物。您知道，臺北故宮博物院被文化部門評定為國寶的兩百件左右的文物，其中最大的類別是什麼呢？是的，是書畫，約占了十分之八、九。因此，有時候我心心念念要放入您多寶格中的文物，他們並未被專家評定為「法制」意義上的國寶。然就

圖一

其意義與獨特視之，它們皆是時間凝煉的瑰寶、某一時代特有的產物，它們就是我心中的國寶！青銅、瓷器、玉器，常設展多可見其身姿。此處我想請您和我一同注視一種品類，這真非得好好說說不可，不然，我擔心它的發明權和專利，又要歸入擅長「發揚光大」傳統的日本呵。是的，正是漆器，那在日本料理與生活小物小櫃小匣盒，處處可見的紅色黑色的身影。

於今考古出現最早的漆器，出現於何時呢？答案是，距今六千到七千年、浙江餘姚的河姆渡文化，那是一只「木胎朱漆碗」，猜想您必然同我一樣，為先民的智慧讚嘆不已。木與石，是火出現前即已可用以裝承的天然容器；木，相較於石，更輕盈也更便於造形利用。但實際斲取，木質則更易於造形，雖然相對亦也易於磨損。真不知道是於何種機緣，先民發現此取於漆樹的汁液，將之塗於木胎表面，既可增加光澤，更加抗酸耐鹼，而且硬度甚高，可耐磨損。從此，開始了漆器與木、竹、布，以及其後的金屬等材料的美麗邂逅。

文獻上首見漆器，則是《莊子》〈人間世〉一篇，閱讀文字，耳邊彷彿聽到浪漫的莊子帶著恐嚇的語氣說道：「山木自寇也，膏火自煎也。桂，可食，故伐之；漆可用，故割之。人皆知有用之用，而莫知无用之用也。」樹木長成可用之材，因而為人斫製為斧頭把柄，又回頭來砍伐林木。油膏可為燃料照亮四方，自身卻飽受高溫燃燒之苦。桂樹樹皮可入藥，遭人砍伐；漆樹亦因汁液可用，而遭受割取之苦。聽起來讓人心驚膽顫，莊子實在是寓言、說故事的高手，將他的「無用之用，是為大用」哲學思想，落實入如此鮮明易懂的生活樣態，連帶漆樹因有用而遭「割」的意象，自兩千年前至今都鮮明無比。

多年前，我曾與家人同往臺灣島嶼最中心位置的南投、暨南大學訪友，友人即曾領至該地的漆樹園參觀。印象中，林木蒼鬱，挺直叢立，樹幹被橫割出一道又一道的細細溝渠。據說，割漆只能半夜進行，因漆樹喜歡潮濕燥熱之地生長，可以想見於蚊蚋之地工作的辛苦呵。那自樹隙間流下的白色乳汁，經空氣氧化後，逐漸呈金黃或琥珀色，最後成了黑漆古色，而這一切都要摒除陽光，務須蔭乾。行文於此，我想起《史紀》〈滑稽列傳〉所記段落：秦二世欲將城池上漆，他的臣子優旃回答：「善，主上雖無言，臣固將請耳！」優旃真是史上最善於勸諫上位者的典範了。他說：太好了，太棒了！主上您就算不說，我也想請奏呢！您看，乍聽到君王動了個勞民傷財的歪主意，他第一時間並未直接站到對立面、就攻擊位置。反倒是先讚聲大好，喝了彩，爾後再緩緩地說：「易為漆耳，顧難為蔭室。」意思是：上漆容易，但為了達到蔭乾效果，您得在城池外頭蓋個遠大於它的蔭室、大房子。他先讓君王卸下防備心，然後知難而退。此寓言所以言之成理，正因自古至今，此種天然的生漆塗料，皆需要蔭乾，以防太陽日曬產生龜裂。漆器實則是時間堆疊出的作品，一遍、蔭乾，再上一遍、再蔭乾，再上一遍，倘若要達到可雕漆的程度，可能將近三百層，約莫兩年半的時間了，又是一類時間之河於工匠身旁無聲流淌而過的藝術。

圖二

而令我們嘆息的是，在古代，巨大的成本正是鑒別階級的所在：戰國曾侯乙墓出土有華麗又龐大的內棺漆畫、彩漆木雕鴛鴦形盒、彩漆二十八星宿圖衣箱……其中一只衣箱，蓋面且刻有「紫錦之衣」，表明專以呈放紫色衣裳，真是處處華麗。昂貴的漆器行至漢代依然盛行，故而才有《鹽鐵論》所批評：「故一杯棬用百人之力，一屏風就萬人之功。」一只杯子耗費百人之力，製作一矗立的屏風更需萬人之力。此刻，再看西漢馬王堆出土的六百多件漆器作品，即可知道那黑色、紅色身影是如何充盈在漢人生活中啊，杯盤盞碟，家具几案，滿眼漆黑，處處朱紅。

圖三

今日，不論我們走在臺北故宮，走在首都博物館，走在上海博物館，我們會以為宋代以降，瓷器才是王道，我們可能以為那被歸入「雜項」一類的漆器不復存在。而事實上，從宋代的考古出土，甚至文人筆記，如周密《武林舊事》，吳自牧《夢粱錄》都記載漆器在日用中的多樣性。由此可知，於宋朝，這木胎、竹胎胎骨輕盈，施以漆料的用具仍在，不只仍在，其工匠技藝愈加成熟，並且將漆材料運用得愈加神乎其技。尤其南宋定都杭州，許是因為南方取材方便，或也與江南較為潮濕，漆器保存狀態更穩定有關，出土可見不凡成熟的頂峰之作。一九七八年，江蘇常州武進南宋墓出土記載有「剔犀執鏡盒」，其盒面、手柄部、周圍皆剔刻了雲紋圖案，表面髹黑漆，盒內是黃色，刻紋斷面則見朱，黃，黑三色更疊，其漆堆積肥厚，刀口圓熟。

經過文風鼎盛、講究工藝技術的宋朝文化的累積，正是漆器能於明代更開出顛峰藝境的原因了！南宋精到的肥厚致密堆漆，以至「剔犀」，意即於多次髹疊的漆層上雕飾紋樣的裝飾技法。這上從髮字部首，下作休的「髹」字，原意是漆以黑紅色的漆，用為動詞。在堆疊肥厚的漆層上，「剔」雕出如犀牛皮受損後的層次變化，工藝專詞所以稱漆器作「剔紅」，便是從這剔雕工藝而來。

明代著作，亦是中國古代惟一一部專論漆器工藝的專書《髹飾錄》即記：「剔犀，有朱面，有黑面，有透明紫面，或烏間朱線，或紅間黑帶，或雕黸等複，或三色間疊。」如何能使成品呈現紅間黑帶，或紅面黑底呢？生漆本身已是塗料，除了以彩漆於表面繪畫外，也絕少雕刻後上色，那麼，此等效果是如何達成的呢？您知道這就是匠人的巧思獨運了！他們會在一層一層塗漆的過程，將某幾層塗一種顏色，某幾層又塗以不同漆色，等待髹疊完成全部漆層，往下剔刻時，便可利用深淺層不同色地，展現顏色變化與層次。我們可於臺北故宮院藏一件南宋到元時期的「剔犀雲紋盒」見到，其盒蓋髹塗黑褐色漆，漆層間夾暗紅線五道，盒身則髹塗黑漆，為黑間暗紅線六道。蓋面剔刻四如意雲首紋，側壁則繞飾八如意雲首紋，器身亦繞刻八如意雲首紋，這如意雲紋間夾飾香草紋的捲邊紋飾，漆質乾淨清澈，堆漆肥厚典雅，色地層次全部一體成形，幾百年的時光將它潤澤如蜜色欲滴，凝視它一整個下午也不覺多餘啊。

當您知曉漆質需醇厚雅麗，髹漆、剔犀工藝皆已瞭然於心，我們開始可以把臺北故宮博物院院藏的明代官方漆器精品，放到您的多寶格中了。

首先，第一件是明十五—十六世紀標誌永樂款的剔紅茶花圓盒。扁圓形狀蓋盒，有圈足，底部及盒內髹著褐漆。盒面雕折枝茶花，主枝自下緣伸展，接著一盛開的花朵，穿過圓心，向左開一大花，接著向右開一大花，盒面三朵大花平均居圓三角，其間或花蕾或小花。從這件作品，我們可以認識關於漆器常見的幾個名詞，譬如：「蒸餅式」與「蔗斷式」。因漆器常見小蓋盒，應與女性使用妝品與收放小物件有關。此剔紅茶花盒如一圓餅上下剖開，即為蒸餅式；倘若平頂、直壁，一直桶似地分為上下，便如一段一段的甘蔗形狀了。再進一步觀看，此圓盒堆出可供雕漆的厚度，匠人於其上雕出生動茶花，於圖中，您清楚可以看見褐黃色的底漆，花朵葉脈之刻痕足見漆質如釉凝厚又細膩。三朵主花中心並雕出幾何圖形的錦地紋，這看似裝飾花蕊部分可能出現的空洞，其實不折不扣正是明代漆器的一大特色，實乃匠人巧心設計。吳鳳培先生發表的一篇〈明代雕漆器地紋之研究〉，便統計出自永樂年萌芽，至有明一朝，採計共九十六種刻錦地紋。它們萌發於花心向外，或做水波，或做堆雲，或做燕尾、菱花、繡球……像自表面的花卉圖景中，還藏有一處又一處隱匿的祕密花園。

圖四

再來一件：明代十五世紀到十六世紀的一件剔紅菊花圓盒，這則是典型的蔗段式子母盒，邊緣圓潤，盒內呈現深褐色漆，傳至清宮使用時，另製絨座安放玉蟬。盒面主花作菊花三朵分別盛放於三支舒展的花莖之上，但是，明顯可見這三支花莖延伸外，另有下層樹葉與花莖穿梭其間。許是上層圖案於長時間的人手撫摸或擦拭下，經盤得熟而潤，幾個不同層次，造成一種恍如真實世界的光影掩曳。

我們再看一件，是臺北故宮所藏「明．永樂剔紅山水人物圓盒」。如果說前述二者是漆器工藝的基本示範，這一件則足稱精品等級。同樣是蔗段式盒，此盒於清宮被作為放置精墨使用，不知道是否因此而底部及盒內黑漆有重鬆痕跡。此盒面簡直為一縮小版雅致的微型山水庭園圖景，畫面中以欄杆巧妙分別出前景的人物與後方仙山樓閣。前方有盤坐下棋的老者、有將柴擔放置一旁拄杖觀棋之人，他們皆被奇石、柳樹、濃密林木環繞，另側則有一小童從石洞天地捧著果品恰恰走出。我們可以想像：捧此漆盒，如捧一方天地，又如同讀著一則故事：南朝任昉《述異記》所載，一人至石室山遇仙人下棋，仙人給予一棗核之物，含之不覺餓，俄頃，人問他：「何不去？」怎麼還不走?他轉頭一看，斧柯盡已爛去，正是「爛柯山」的故事啊，真是「山中一局棋，人間數百年」。我們再細細品味盒面漆層，依地、水、天作錦地紋，爛柯山故事於上層搬演，構圖層次清晰嚴謹，經歷時光浸潤，漆色紅潤堅實，石頭紋理作減地浮雕，打磨圓潤，工藝技巧精謹圓熟。而盒側的轉枝花卉，皆與同時代永樂製花卉盒的作法相同。臺北故宮所藏另一只「明．永樂剔紅觀梅圖漆盒」，其技法、構圖如出一轍，只是棋局換為拄杖賞梅的老者，再一細看，老者身傍有靈鶴俯首整理羽毛，啊，這是「梅妻鶴子」的典故了，又是一方洞天福地。

另外一只明代十六世紀上半的「仕女戲童小圓盒」，亦為典型蔗段式盒，盒底及盒內均髹黑漆，盒側雕刻回紋，回紋以一順一逆成組。盒蓋則鋪出回折紋錦地，形成如地毯般柔軟的背景。

圖五

前景沿著盒緣突出一小石丘，界定出地平線，右側太湖石伸出植物二、三枝，左側一盆假山，空間完整卻自然疏朗。一仕女微快步，手持枝葉，回身逗弄著雙手高舉跳躍的童子。仕女臉微側，臉形尖卻豐腴、型削肩，雙手交叉腹前，衣衫飄動下，姿態生動優雅。童子臉微揚，身形豐圓，伸手抬足，動感十足，亦是活潑可愛。漆色紅潤，刀法流動，打磨圓轉，手法十分精緻細膩。明代晚期由於商業興盛，市場活絡，文人參與工藝製作等因素，使得民間漆工藝欣欣向榮，吉祥人物、嬰戲、仕女題材普遍，除了沿續明初以來的器形外，小漆盒的數量大大增加，多作為香具或女性用盒，同時方匣、套盒等也不少，正適宜作為文房、古玩的收藏盒。

連著欣賞幾件漆器，可見它們從簡到繁，工藝越加精湛，漆器仍是有明一朝生活日用的高級工藝。臺北故宮已退休研究員蔡玫芬老師，曾爬梳明代四大小說之一的《金瓶梅》，藉著蘭陵笑笑生用文字建築起的一磚一瓦、一碗一盤，探看漆器於晚明寫實場景中的身影。《金》書中時時可見：罩漆方盒兒拿了四碟小菜、朱紅盒子裝盛有三十來樣美味、鮮紅漆丹盤配上雪綻般茶盞、「各樣菜蔬、肉絲捲，就安放小泥金碟兒內」、黑漆琴桌、大理石黑漆縷金涼床、黑漆歡門描金床、「南京描金彩漆拔步床」，甚至是「乃御前所製造，宮裡出來的，甚是奇巧」的漆製簪子、硃紅彩漆都照依官司裡的樣範……如此這般，竟可歸類出油漆、黑漆、紅漆、彩漆、金漆、描金、灑金、戧金、雕漆、螺鈿、瑪瑙漆等琳瑯滿目漆器工藝，完全驗證了工藝專書《髹飾錄》所言啊。臺北故宮博物院所藏漆器約七百件，包含多種製作工法，有雕漆、螺鈿、填漆、蒔繪等，尤其雕漆中的剔紅工藝為數最多，其時間跨度從宋代到清代皆有，多數仍以明清為主。其中有許多明代漆器，遲至清代才進入宮廷內苑，例如康熙皇帝六十大壽時，親王與大臣們便進獻多件永樂以及嘉靖款的漆器，也有一些以清宮特有的黃籤條寫明為乾隆年間收入。

史料總留給我們許多線索。永樂元年，中國曾贈日本國王五十八件剔紅漆器，件件無疑皆為明初洪武、永樂精品。明代漆器的製作，於宋代、元代奠基下更加精進，連帶漆樹種植總量也大增，兼以手工業發達，成為一連串的產業發達。我年輕時讀歷史，總有些納悶，倘以康熙的治世成就觀之，明朝中晚期連續幾代帝王簡直荒謬不堪，為何仍有為數眾多的志士能人嚷嚷不休地要反清復明呢！後來再讀明朝張岱的《陶庵夢憶》，讀公安三袁的晚明小品，再回頭環顧明代的文物工藝，我好像懂了。中國兩千年文化不斷的積累，時至明朝，已經開出最華麗馥郁的花朵啊！《髹飾錄》正是如此一部誕生於明代中晚期的工藝奇書。在匠役制度解放、經濟蓬勃發展與消費市場空前繁華等因素的推波助瀾下，各式奪目的工藝相互競技，並出現一群以技藝成名的行家；風尚的推波助瀾下更出現許多「生活家」。他們行文盛讚工藝之美，將之應用於

圖六

生活風雅之趣，他們品評文物，帶動文人百姓一同風雅。臺北故宮博物院在二〇一九年的特展「小時代的日常——十七世紀文人的生活提案」，即以「物」前導，將時代帶到我們的面前。

這便是我想將明代漆器放入您的多寶格的原因。從永樂到宣德，屬於官方的「果園廠」呈現最好的工藝，帶動民間仿效。髹漆層層疊疊，錦地有山林雲朵，葉脈花朵穿梭盛放，開出奇異花園。但是，漆器的故事總未了！從未因作品完成而停止，漆器的魔法師，永遠屬於「時間」，時間堆疊造就它的美好，時間且又造就它的溫潤與成熟。董橋寫過：「世界太喧鬧了，我們差點錯過了這樣遠古的一聲喟嘆！」漆器的美，日本人說了很多，他們看到的是它的「幽暗」美學，一如谷崎潤一郎所吟詠其於幽闇中自帶微光的《陰翳禮讚》。然而，我卻喜歡將漆器撫摸盤挲於手掌，光陰一吋一吋無聲走過，將之浸潤其上，我們喚它：「包漿」。由此，漆器刻線溫柔、瑩潤如玉，色澤如蜜沉浸入肌骨，包漿使之圓潤成熟。再藉一句董橋先生的話，他說：「沒有文化鄉愁的心井注定是一口枯井。」（董橋《這一代的事》（香港：牛津大學出版社，二〇一五），頁一五一），我們何其幸福豐潤，我們有滿滿的故宮博物院啊！

（圖一）曾侯乙內棺漆畫（湖北省博物館藏）。
（圖二）一九七六年武進南宋墓出土「剔犀雲紋執鏡盒」（常州博物館藏）。
（圖三）元朱面剔犀香草紋漆盒「三色更迭」。
（圖四）明十五—十六世紀「永樂款剔紅茶花圓盒」。
（圖五）明永樂「剔紅山水人物圓盒」。
（圖六）明十六世紀上半「仕女戲童小圓盒」。

明四大家

從禮物到商品，兼說唐寅

您是否記得我們曾經提到的嬰戲貨郎題材的大家，宋代畫院畫家李嵩；他與仇英同樣出身民間，一樣體察入微，作品鮮活可親。然而，他二位雖同樣來自民間，卻有極其不同的時代環境差異。李嵩的當代，作為肯定作品的甲方為官方，在上位者，他仍需要投其所好，或起碼至少不能迥異於當朝品味。而仇英所處的時代，甲方換成身擁消費能力的人與市場，他們才是決定作品取向的人，於繪畫的生態而言，這是鋪天蓋地、一個全新的消費時代。

因此，我們必須關注兩個名稱：一是「文人畫」，另一則是「職業畫家」。首先，我們於此書提及的繪畫作品，無一不是「文人畫」啊！此乃傳統重士輕商的結構，從士而出仕，學而優則仕，讀書與致仕，連連三個仕，正是中國古代堅不可破的學官之路，且延展成仕紳階級，幾乎主宰社會發展，甚至成為心靈發展的主要旋律了。雖說「文人畫」此一名稱，將待明代的董其昌，才被落實。讀書人，或士大夫的繪畫作品，從墨分五色的王維開始，以至蘇東坡對其「詩中有畫、畫中有詩」的讚美與推崇，強調畫境與筆意需飽涵哲思與胸襟，文人之畫的次第便已被拔高。而中國繪畫的江河流泉更往前湧動，元代畫家則畫出亂世紅塵中一座座挺拔山巒，與他們昂立的樹影、孤亭。顯然，所謂「文人」，早已非指其仕紳身分或官職，文人畫的審美乃審其內在宇宙，審其精神澄懷；而所謂文人，便連通與整個哲學、思想，乃至文學、藝術、生活，與生命的全體了。

倘用我們今日流行話語，「仙」？不「仙」？或許是中國繪畫的最高指標。作畫的心境能否高遠曠達，自在如風！所謂墨戲，正是如此。元四家之一的吳鎮曾言：「墨戲之作，蓋士大夫詞翰之餘，適一時之興趣。」倪瓚說的「聊寫胸中逸氣耳」。與董其昌所說「寄樂於畫」，皆可視為同一件事呵。文人墨戲，本也圖個暢神，或與友朋交心，或如王羲之寫字換鵝罷了。如此一來，既然，文人畫所直面者為畫家本身的內

在氣質與氣韻，那麼，觀察或評定作品是否為文人畫？其指向，當然應由畫作本身而後才是畫家其人！因為作品才是畫家的胸中次第，其氣韻底蘊了。您便明瞭，何以無需打破仇英的工匠形象，證明他是深具廣博文史素養的畫家。以《漢宮春曉》為例，他的界畫規整，他的人物比例寫實細節，其極度精緻的純熟功力，或有「匠」之嫌。我們讚他設色典麗，人物、建築、湖石、器物……以墨線勾勒輪廓，再填色敷彩；植物葉片則直接以顏料畫出，變化靈活。我們見到其中最艷麗色，便是如點翠鮮藍的屋宇彩繪，以及如蝶飛舞在衣袖、髮飾、垂條、鞋履、古琴架、漆盒、竹簾繫帶……上的各式中國紅色，全部艷而不俗。尤其畫中一百四十一位人物面容，於微細無比的面積上，幾位主要宮嬪后妃、掩映在三白妝容之下，幾筆便勾勒而出的表情，卻如此靜定嫻雅啊！多年看佛像畫及塑像，知道法像最為難得，因為心境不好的藝術家便勾勒不出祥和慈悲的面容。我們細看《漢宮春曉》所感受到的春日氣息，溫柔而溫暖，這是直達畫家心源，極為難得且難以矯揉的。那麼，既然文人畫的精神在於內在，而非身分，仇英已經用他的作品體現了文人畫的溫婉與典雅，甚至《漢宮春曉》的和諧，不也是華麗的桃花源、一場穩定的、生命的宴席麼。（只要我們省略皇帝的存在，而此畫中的確也不存在皇帝本人啊！）

圖一

由此可知，文人畫為指畫家內在心源是否具備胸中逸氣，這是迴別畫「家」與畫「匠」的分野。若以此判別，文人畫與職業畫家，當是兩種不同指向了。傳統仕紳階級中學而優則仕的士，作畫為暢快寫意，他們有官職在身，作畫倒是業餘之樂。當遭逢時代變革，他們無法仕，亦不能仕，該如何是好？臺北故宮知名國寶，世界現存千年墨跡之一的北宋黃庭堅《花氣薰人帖》或可聊述一二。與東坡居士同稱為「蘇門四學士」的他，用近乎懷素的草書，圓勁寫道：「花氣薰人欲破禪，心情其實過中年。春來詩思何所似，八節灘頭上水船。」我們讀之吟之，不覺笑出來，我們總慣性以為詩人的詩興如似水龍頭，隨時扭開則靈感泉湧不歇。黃庭堅卻說，你們動不動要我作詩，但即使如此花氣薰人的宜人春日，我卻像枯水期的船，需要縴夫拉動才能前進啊。據說此詩前有識語，明記駙馬王詵頻頻前來索詩，詩人「老嬾不喜作」，因而戲答，這真是「雅債」了。但您記得麼？倪瓚之往來投宿於友朋宅第，一幅又一幅為酬謝而畫的畫；對此我總覺得有些滄桑，有些叫人心疼。然而，畫家應該料想不到，有一天，字畫是可以按尺論幅來議價啊。清代揚州八怪之一的鄭板橋，鄭燮，更是乾脆不囉唆，直接貼出潤格價碼，他說：「大幅六兩，中幅四兩，書條對聯一兩，扇子斗方五錢。凡送禮物食物，總不如白銀為妙。蓋公之所送，未必弟之所好也。若送現銀，則心中喜樂，書畫皆佳。禮物既屬糾纏，賒欠猶恐賴帳。年老神疲，不能陪諸君子作無益語言也。」

從北宋的雅債，到清代的潤格，明代四大家，正是藝術走向資本主義的關鍵時期。《漢宮春曉》長卷末、拖尾最後，有收藏家項元卞所題「子孫永寶，值價貳伯金」等語，可知此作於當時已價值不菲。然而，於此清雅畫卷寫上價格，真也是劃時代的標記：藏家一方面感性寫道「子孫永寶」，一面也告訴他們藝術品有其世間論價。顯然，置身王綱解紐，閹黨權臣亂政的明代，不能仕、無法仕的文人有了新的可能性。比如，我們將凝視的另一件國寶：《山路松聲》圖軸。此為大名鼎鼎的唐寅、唐伯虎的作品，長寬 194.5×102.8 公分的絹本。畫家為贈別吳縣縣令所畫，畫面左方深遠山體聳立，藉瀑布流動，帶動視線向下，向右延伸。山壁間有松樹簇擁如華蓋，盤虬的松樹枝幹如有姿態，大石之間有小橋可臨水。山水畫可行可止，畫中人與抱著古琴的小童靜立於此，不知道是山中人？或者偶然過客？時光於焉凝止於松風流泉聲中。構成畫面的元素，與北宋以來的山水畫作並無二致，但其秀麗，有工筆的雅致清潤。畫上題辭：「女几山前野路橫，松聲偏解合泉聲；試從靜裏閑傾耳，便覺沖然道氣生。」其畫淡然閑定，使我們閱聽野史、影視中瀟灑風流、花邊故事裡的江南才子唐伯虎形象，有了不同形象。

唐寅，堪稱當代一時風流俊傑了。明成化六年生於蘇州府，出身市井，年近三十歲中南京鄉試解元，亦即第一名。此一試第使得他聲名大噪，儼然吳中新秀，他躍躍欲試，隔年即參與會試。如此直上青雲之路，卻因捲入考題外洩案而戛然止步，唐寅從此絕意仕途，寫詩作畫於江南。此《山路松聲》圖軸所以名列國寶，正充分展現其文人畫精神與價值。然而，唐寅與其他三位被稱為明四大家的沈周、文徵明及仇英，又不相同。沈周與文徵明如是一路扛著文人畫正宗的大旗，仇英則自有他人無法逼近的工筆長才，唐寅卻是兼合三者，猶如可文可武，他猶善於詩，其詩與畫如浸潤於色澤濃麗的宮體詩裡。此處宮體詩三字卻未含任何貶折之意，他未流於形式，沒有匠氣，

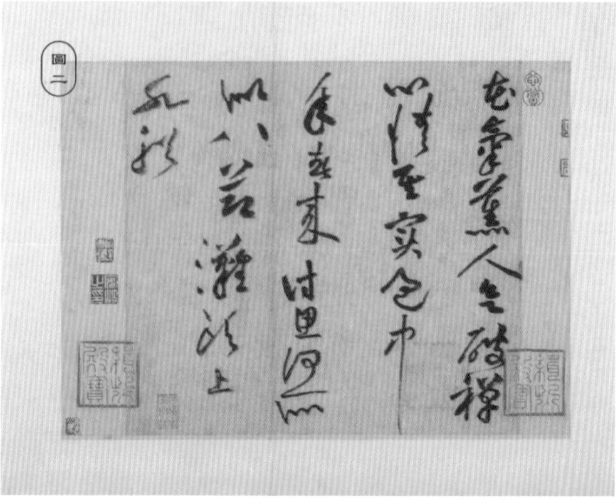
圖二

他有怨有訴，明明形象華麗、姿態鮮妍，但故事卻總哀傷。不知道當日高價買畫的人們看中的是什麼？是否只看到唐寅二字，有沒有察覺他詩畫底層的比興與感傷呢。例如未被列入國寶，臺北故宮博物院的另一幅《班姬團扇》軸，清新淡雅到可以視為另一種白描美學了！我們於雍正琺瑯彩瓷篇中，曾經提及，雍正朝對於琺瑯彩瓷技術的掌握，遠比康熙朝成熟，大有可以繁複鬭妍的可能，但他選擇節制，選擇淡雅。此《班姬團扇》看似水墨勾勒，其實暗香浮動，衣服線條彈勁勾出姿態，菱花織錦圖案一絲不苟。美人微微昂起的下巴曲線，一點，真的只是一點艷麗朱唇，於焉點出柔卻韌的人物性格，那平行於美人身軀的粉白葵花，倒像是她的臨水側影呵。果如唐寅題識引用漢代歌行所言：「常恐秋節至，涼飆奪炎熱，棄捐篋笥中，恩情中道絕。」秋扇見捐的典故於此：詩，可以興，可以怨，唐解元的畫也可以。臺北故宮所藏另一幅唐寅畫作《陶穀贈詞

圖三

圖》，畫陶穀手捻鬚髯，歌妓坐彈琵琶，畫中園石、樹木、芭蕉雖也設色，但古樸如蔭。惟陶穀著淡青色長衫，女子月白衣衫，兩人如懸浮於空中。全畫既有南宋院體的嚴謹秀雅，又兼元人的清瞿。倘若再對比一張現收藏於北京故宮博物院的《王蜀宮妓圖》（原名《孟蜀宮妓圖》）。四名像從《漢宮春曉》放大亭立的盛裝女子，她們頭戴蓮花飾冠，三白妝下有娟秀容顏，身穿雲霞彩衣，於此枯立等待君主召喚。正面以示的兩位，端莊又嫵媚，而她們背面的、側身的，畫家用中鋒畫下，如飛瀑流動畫下背脊上的衣衫。我每看一回就要讚嘆一次，秀雅身體的充盈感與骨骼姿態，像在說故事。

藝術史學者高居翰說：「文人畫理想最適合真正意義上的業餘畫家……這套理想乃制訂於文化和教育通常伴隨社會地位和權力的時代和環境條件之下，並且適用於這樣的情形，在其中，有修養的畫家通常能夠承受得起將所從事的藝術單純作為一種業餘愛好，將他的作品贈與相識好友而不在乎酬報。許多例子都是畫家出身於殷實之家並擔任官職。那樣環境條件在元代已經不復存在，當其時，受過教育的人不准參與公職，被迫從事其他的營生，包括出售（或變相出售）他們『閑暇時間』活動的產品。有明一代，於黨派林立的官僚機構出任官職是充滿危險的，而報酬又只屬微薄，因此自願離職乃常見之事。但正如文徵明的事例表明，即便是某人辭退了公職，進入處士或是退休文人官員的行列，他仍舊繼續享有曾經出仕而來的特權與聲望，對其作品的需求也相應地有所增加。」明代四大家正處於此一藝術行為商品化的階段啊。

唐寅往來公卿商賈宅邸，後捲入寧王叛亂，雖裝瘋以求避難遠禍。晚年乃於蘇州城外自建桃花庵，有詩曰：「桃花塢里桃花庵，桃花庵里桃花仙。桃花仙人種桃樹，又摘桃花換酒錢。」而仇英曾館餼於收藏家項元卞，館餼意即接受供養，我們前文提到臺北故宮以《漢宮春曉》為名的畫作，即有九幅，盡皆與此商業生態脫不了關係。

當然，因中國書畫素有「傳移模寫」傳統，「臨摹」原是學習前代名家最好的方法。但是，如非手邊有真跡，如何模寫？誰人提供摹寫材料？並非所有文人、畫家皆有家傳精品啊。明代的收藏大家，可能便提供摹寫範本，甚至於供養與販賣之間，扮演曖昧的角色。從好了說，名家臨摹至維妙維肖之境，美其名曰「移畫」。北宋范寬的《谿山行旅圖》，同胞兄弟有三。《富春山居圖》，有「無用師卷」與「子明卷」。元四家之一的王蒙，其《谿山漁隱》又是三胞胎。誰提供了真跡？對於藝術家來說，當情感的雅債，變成有時程索求的市場供需，種了桃樹，拿桃兒換酒，醉了一場，醒來還得再種樹去，真是酸甜冷暖在心頭呵。

此為一條從「禮物」到「商品」之路。以文人而言，自己創作的詩文書畫最是「禮輕情重」之物：有感於心，發而為文，書寫之，書畫之，相持以贈，最是美麗不過。然因其物美好非常，取得不易，往往便成熾手可熱之物。往往更因文人畫家盛名或高位，非友人或文人圈，實難接近，物稀為貴，一旦出現在市場，更屬難得。於是各方汲營索求，以致從「雅債」（明代菁英階層裡，最核心的一種文化模式，即互惠往來的過程）變成「清債」的生態，等而下之，作偽、仿製、贗品，無所不用其極，甚至成為商業產業模式。「雅」成為債，倘為創作心有餘而力有未逮，遲緩創作，尚猶可寬限。然而，當「雅」（文玩）成為世人追逐目標時，為生活所迫欠下「雅債」的創

圖四

圖五

作者，其苦可以想見。二〇一八年臺北故宮博物院「偽好物」特展，前所未有地讓一干「偽」畫共處一室，且此又非尋常一室，乃是博物館殿堂。然而，踱步其間，真叫人一顆心無處安放。其幾可亂真、足亂視聽的精良程度，完全顯露因明、清全民「瘋」好物，導致偽畫叢生，甚至出現產業鏈的真相。尤其，明代四大家，被稱為吳中四大家，環繞「蘇州」此一文風鼎盛、工藝精湛之地，成為因需求而興的大量偽作以及書畫市場的蓬勃之地。您是否亦覺弔詭？市場或富人高價購買書畫的意欲，究竟為何？如同表裡，恰正一致，富貴而知穿衣吃飯，飽食進而欲求美感，這可以理解。但當時標榜蘇州（或江南作坊）

偽作的「文化物」，畫必仇英，書必文徵明，以《清明上河圖》為名者，不知凡幾。「雅」所好者，顯然是為趨近某一階層！我們何曾看過東坡居士與唐解元生前富裕，富人階級附庸風雅，其雅所來之處，卻是最清貧的文人品味啊。

（圖一）明仇英《漢宮春曉》卷（部分）。
（圖二）黃庭堅《花氣薰人帖》。
（圖三）明唐寅《山路松聲》軸。
（圖四）明唐寅《班姬團扇》軸。
（圖五）明唐寅《王蜀宮妓圖》軸（北京故宮院藏）。

從文徵明到文震亨

小時代的日常

從仇英，到唐寅，明代的畫家一樣有文人心性，他們不同於元代畫家遁逃於山嶺江河之間，他們走向人間。然而，道家小隱隱於山林，大隱隱於世的方式，是否也有相對應的快樂指數？明代的畫家從業餘走向職業，他們快樂嗎？出世與入世，哪一個更適於意呢？

這一次，我想來說說一個家族，一個濃縮了明代文化生態的家族，這是明四家之一的文徵明。文人與官職的纏揉程度，如果使用類似光譜的形式來觀看，「官譜」上的四大家，仇英是最為淺淡的市井氣息，唐寅非出身官宦，但一場科舉弊案，使他身陷泥淖，生命中許多選擇或叛逆，恐怕都是面對學官之路的反作用力。我們一直還未能詳述的沈周，父祖輩交往多藝壇，書畫乃其家學，他一生未涉科舉，卻創作不歇。他如是把生命全部氣力用於統匯宋元以來的大家創作，集合成為諸法皆備的有明風格：沈周、沈石田於明代畫壇，像一位大老師，從仇英、唐寅、文徵明皆受其啟發。

那麼，文徵明呢？在「官譜」上又在何位置呢？

文徵明，本名文壁，字徵明，祖籍衡山，中年以後以字行，先祖與文天祥同族，以軍功出於世，明以後追隨朱元璋，父親則官至溫州府知府。我們細陳這一列冗長的家族背景，意在使您感受到文徵明何以能在青年之前，參加了九次科舉考試，未能得第，其間甚至有過因書法不佳，被列三等，方始努力習字的過程。如此挫折，他卻一試再試，原因何在？古代科舉造就仕紳階級，然仕紳子弟，同樣需要科舉以維繫家族榮盛。這正是文徵明九試未第，仍得一試再試的原因了。直至嘉靖二年，他方受舉薦及吏部考核，即使只是職低俸微的翰林院待詔，此時早已聞名天下的文徵明，還是決意入翰林院。果然，這經歷不過是再次上演了一部勾心鬥角的大戲。他受到同僚排擠與嫉妒，惡言相向，說：「我衙門中不是畫院，乃容畫匠處此耶？」任職後的第二年，文徵明上書辭職，三年內三次提辭，才獲批允，回到蘇州定居，一場官宦大夢，至此方醒。而今往後，他專職戲墨舞文，至九十高壽，為吳門四家最長壽的一位。

走了這麼一趟宦海浮沉，讓中晚年的文徵明更加溫文與靜謐了。他的《江南春》圖軸，長有106公分，寬僅30公分，是非常標準的長軸尺寸。畫面上方寬闊布白，使焦點下移至最靠近我們的江岸上，是婷婷秀立的兩棵高高的林木，以及相對低矮卻似老梅姿態的一棵枯木。由此向上的三段式構圖：精心布局另有中段、低低壟起的土坡及蒼蓊密林。小橋、柳樹、小樓，時光悠悠於遠山靜水之間，映襯出扁舟之上適意的漁父與旅人。整幅畫設色典雅，筆墨娟秀，這是明代此等大家的基本素養配備。然而，此畫自有其被稱為「神品」的夢幻之處，即在草尖、樹芽、水涯、柳條兒、遠山霧靄間無處不在的點點新綠，讓人心馳神漾，如入早春郊外啊，滿眼生機，心曠神怡。這是文徵明七十八歲時繪畫的，您感覺不到他的用力，

當然也不吃力，一切如有自然之法，自在構圖。沒有強烈皴法，連同山形輪廓也只是乾墨輕擦，但是盈盈綠意，如風飄逸。您一看此畫，必然也感覺到畫間有倪瓚、倪雲林構圖風格了，是的，此畫名為《江南春》，正是致敬倪瓚的〈江南春〉詞。文徵明題字於上，應和寫道：「水中荇帶牽柔萍。人生多情亦多營。嘉靖丁未春二月。徵明畫。并書追和雲林先生詞二首。」藝術家多情，我們都能懂，但這多營，營生的營、經營的營，是怎麼回事呢？藝術家又不是生意人，要經營什麼呢？

曾任臺北故宮博物院的研究員劉宇珍，也是科律格（Craig Clunas）《雅債——文徵明的社交性藝術》中文翻譯之一。在其發表於《故宮文物月刊》上，有一篇名為

〈雅債縈身的文徵明形象〉。這題目有沒有讓您也感覺到，如有羅織密布的網線籠住兜住綑綁於他的周身。和黃公望、倪瓚、眾多的孤獨的創作者，踽踽獨行於江河山川的形象全然不同。所謂雅債，終究還是「債」啊！如何欠下？如何償還？身為當代最舉足輕重的物質文化研究學者——科律格，於他的《雅債》裡，將文徵明從家族、從友朋、從官場、從「吾吳」（亦即吳地吳門），再到友人、請託人、弟子、幫手、僕役，與其他藝術家，以及他的聲望、商品，全部爬梳了一回。科律格曾言：「直到對蘇州文化圈思索了約莫二十年之後，我才有把握直接面對這個人。」因此，我們應該了悟，明代的文化生態已經不只是各言爾志，各抒己懷；創作者及其作品已經千山萬水迴繞於家族、庇護主、友朋、商業交易的複雜關係中。這一條中國文人走了千年的風雅之路，到了明代，成了一條收藏之路，作品也從禮物變成商品。

「禮尚往來」原本是維繫中國人情與世情的方式之一。明代中業以降，上至貴冑，下至販夫走卒全民瘋文玩的心態，究竟為何？光流傳至臺北故宮院的《漢宮春曉》就有九幅之多，正是來源於此。倘若真是美的賞析，美的藝術？又何必深究「作者」身分？何必仇英，何必文徵明？「物」之貴重，深究到底，恐怕與傳統士農工商，以士為首的價值難脫干係。富而好禮，得文人之物，或以文人之物綴飾以提高身分，「禮」正可襯托其在以「士」為首的社群關係中，難以攀得的身分。

明代的文化生態是否讓您感覺到二十一世紀，我們當代的氛圍呢，當藝術品，尤其古代書畫已經是不可攀及的奢侈品，我們卻不見得勢必與他們背道而馳！您記得我曾說到，玻璃展櫃前人人平等啊。還好有博物館，我們可以趕赴一場又一場的盛宴，於文物面前聆聽他們的身世與記憶，觀看他們的美好與滄桑。更加幸福的，是將他們的靈氣，吸取而成我們生活的一部分。一樣是秋天開始的故事，二〇一九年九月，臺北故宮舉辦有一檔展覽：「小時代的日常——一個十七世紀的生活提案」，通過一個角色，一個十七世紀生活於江南的小資文青，文震亨的視角，提供我們文物與生活的可能、可親的關係。文震亨便是文徵明的曾孫，他寫下《長物志》，所謂「長物」，看似多餘之物，實際是投射和沉積文人的選擇和品格意志之物。《長物志》被稱為晚明士大夫生活的「百科全書」，全書十二卷，無疑標誌著「賞玩文化」至此成熟。這不折不扣是一部明代當日的文青生活指南：從室廬、花木、水石、禽魚、蔬果五志，再加上七志書畫、几榻、器具、衣飾、舟車、位置、香茗等，環環釦釦如一同心圓，文人為其核心，賞玩雅事不僅在書齋、生活，更走入園林自然。文震亨玩得通透，他能冶遊，也能歌詠園林、繪畫園林，甚至自造園林。當日策展，將展間布置成一文人書齋，展出墨玉筆山、各類文房四寶；青銅彝鼎、瓶器香爐，尤其一卷長一千多公分的孫克弘《銷閑清課圖》，描繪烹茗、展畫、焚香、聽雨、閱耕、洗研、薄醉、賞雪等日常消閑二十景，濃縮了晚明文人美感生活。

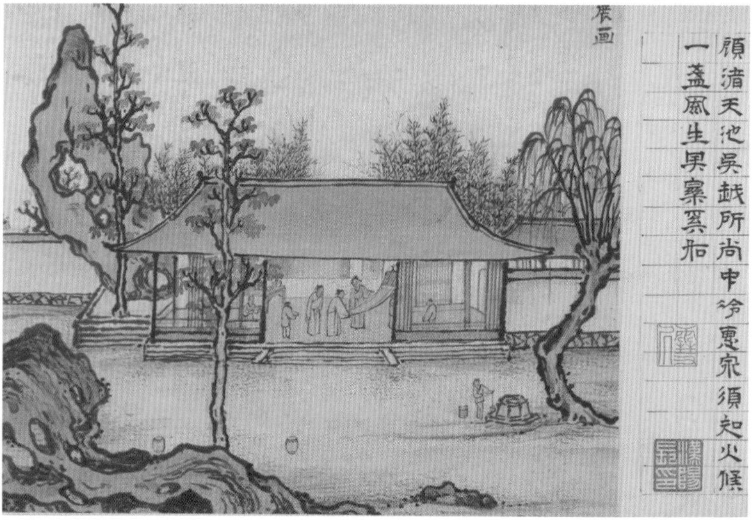

圖三

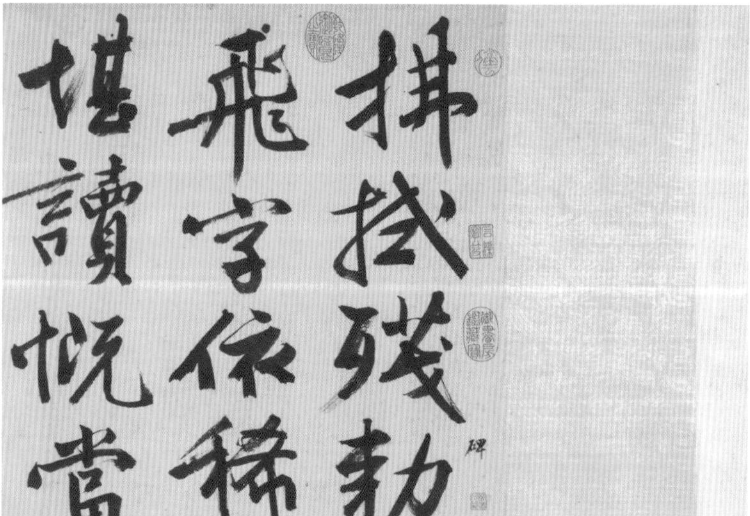

圖四

我想到了「翫」這個字，《文心雕龍》和嵇康的《琴賦》，用到此字，意味「久玩」之意。明代文人玩得這樣沉浸、如此盡興，難怪朝代都覆滅了，他們還心心念念，戀戀不捨啊。您看過文徵明所寫的行書：《題宋高宗賜岳飛手敕詞》麼？我永遠記得展出的那次，故宮的一位老師，站在展櫃前，要我們臺北醫學大學的同學猜猜，這是文徵明幾歲時寫下的呢？猜六十的，請站最左邊，而後是猜七十、八十、九十的。拳頭大小的字，筆力遒勁、氣概縱逸！大部分的同學都選了六十、七十歲左右。您覺得呢？答案是九十，就在文徵明辭世前幾日寫下的，書寫繪畫已然沉入他的脈動，是身體的一部分了。我真喜歡這久玩的「翫」字啊。

（圖一）「小時代的日常」展廳。
（圖二）明文徵明《江南春》圖軸。
（圖三）明孫克弘《銷閑清課圖》卷，展畫。
（圖四）明文徵明《題宋高宗賜岳飛手勅詞》卷。

天香茄楠

如金堅毅，如玉溫潤

您是否曾玩過一些心理測驗的小遊戲呢？比如問您：最喜歡的杯子器型？杯子材質？選擇原因等等。而您所有的描述，都對應到所喜歡的伴侶典型。又比如問您看人時，第一眼會先注目人的哪一部位呢？這可能與您重視的價值有關，當然，這多少帶了一點遊戲的趣味在內。描述愛情的無與倫比，我們常會說到一見鍾情，從「見」字看起來，是視覺的鍾情了。然而，卻有許多研究都指向：我們的嗅覺是比視覺更直通內心的，在我們習慣或啟動眼見為憑的機能之前；嗅覺，已先一步奇妙地悄悄做了決定。因此，氣味也是決定環境、氛圍是否宜人，是否使人歡悅的重要因素。

咱們的老祖宗，老早便是善用嗅覺的箇中高手！甲骨文即有「香」字，下作口或甘字，上則為禾黍之物，《說文解字》釋其意為：芳也。我們再探，那麼，芳又是何意呢？芳字從草方聲，造字本義是周身皆被豐茂的植物包圍，以今日我們重視療癒之力來看，這芳之香，只需想像被許許多多草本植物包圍，已經叫人通身安適啊。一九八三年，於上海清浦出土的良渚時期灰質竹節紋熏爐，爐蓋上有十八個小孔，我們雖無從得知上古焚燒於其中的，是艾草之類的驅蟲草木，或是為添香而擲入的芙蓉花木之類。從漢代為數眾多的博山爐看來，屋內增加香氛，已經是貴族階層居家必備的浪漫要素了。臺北故宮院藏二十餘件青銅博山爐，多為漢代，其形如豆字。但為數最多為上蓋鏤鑄如山峰疊嶂，中間主峰則被依次層巒簇擁著，或有雲紋環繞，其間兼有不規則小孔作為出口。當煙霧裊裊升起，夢幻幽緲，應該真會有海外仙山、仙境之感吧。當時的人們鍾情的氣味是什麼呢？漢代距離戰國不遠，他們是否仍沉浸於《離騷》屈原的馥郁香氣裡呢？「扈江離與辟芷兮，紉秋蘭以為佩」；「朝飲木蘭之墜露兮，夕餐秋菊之落英」；「戶服艾以盈要兮，謂幽蘭其不可佩」。蘭、木蘭、秋菊，看來屈夫子喜歡的是木質調的香氣。

我曾於臺北故宮有過一次極特別的觀展經歷，那是二〇一八年的「天香」特展。啊，想起來，真是恍如前世；新冠疫情前的我們與人相親，和文物之間除了玻璃，不

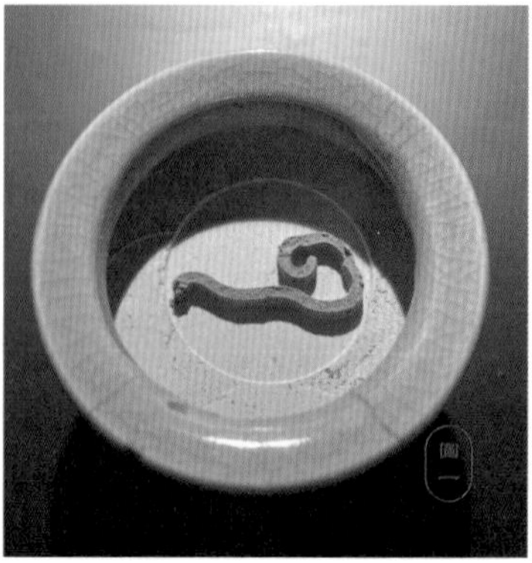

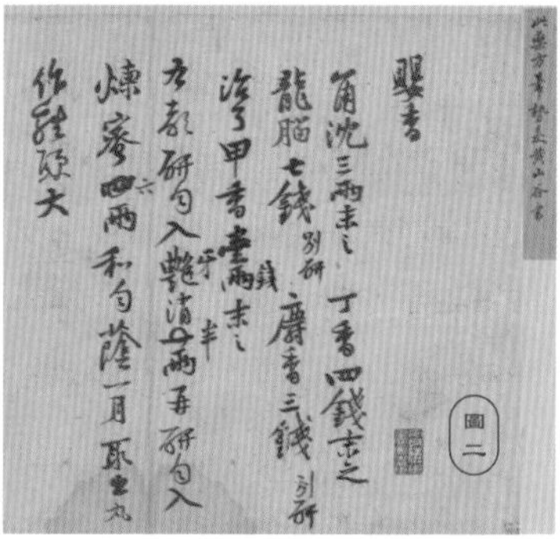

需再隔著口罩，來掩住口鼻。因此，當我走進一屋子盈滿沉香文物的展間，氣味彷彿穿越玻璃，整個展間有種若隱若現的香氣，眼睛貪婪瀏覽沉香時，會忽而嗅聞到，又是一陣驀然靜定，啊，這就是沉香啊。

甚且，這並非一般的沉香，而明清宮廷舊藏的、可被稱為「茄楠」的頂級沉香啊。

關於沉香現存最早的記載，約為東漢南海楊孚所著的《異物志》和《交州異物志》。《交州異物志》記載：「蜜香，欲取先斷其根，經年，外皮爛，中心及節堅黑者，置水中則沉，是謂沉香。」時至西晉稽含的《南方草木狀》則記：「交趾有蜜香樹，幹如柜柳，其花白而繁，其葉如橘，欲取香伐之，經年其根幹枝節，各有別色也，木心與節堅黑沉水者為沉香。」此乃公元三百年左右，關於嶺南（尤其是惠州）、海南，甚至是扶南（及現今廣東、越南、老撾、柬埔寨等）地區的植物。其可入藥的植物多達五十多類，「南方草木狀」五個字真好聽，彷彿身入大花園，俯拾可觸花木扶疏，叫人神往。熟悉沉香的朋友，或許已然發覺，上述地區的確也是現今市場上最多見的沉香產地。待到文藝復興的宋代，從焚香、線香，宋代的四大雅事：插花、掛畫、點茶，香之事則有了一個雅致之極的名字，叫「篆香」。怎麼香可以篆刻的嗎？香雖不見得可以篆刻，文人雅士卻可以造出如篆形象的圖案。幾年前，我曾經帶著剛剛上高中的兒子，母子兩人一同至青田街的富山香堂學習篆香。我們需先於小香爐容器上填平夯實白灰，再置上清雅圖案的模具。待將香粉填入模具中，緊密填出圖案，等到取走模具，便可點香。此過程真像習字之前的磨墨，將浮躁煙火氣逐漸平息。尤其，香一點上，立馬可考核填置香粉時有無偷懶，如香粉填壓不實，點起香來斷斷續續，真是有如心浮氣躁的蚯蚓了，這經驗有趣且歡愉。《一条》視頻上，也有臺灣香道劉靜敏老師說到她每天「早上的開始，就是點一爐香，慢慢地透過這個操作的過程，讓自己的情緒平靜下來」。以篆香開啟一日的序幕，

也著實令人印象深刻。如此看來，宋代人的雅事，莫不帶有養心養志的意涵啊。

中國最完整的香之著作，也書寫於北宋，即《香譜》一書，該書作者是否為洪芻，學界仍各有爭議。然而，書的價值與內容，絕對經典無誤。書中分以「香之品」、「香之異」、「香之事」、「香之法」四大類，從宋代至今一千年，此書仍為歷代努力依循的準則，或者可以肯定關於香的材料、用香的方法，各種合香配方，幾乎隨《香譜》出現，大抵已然通曉完成。「香之品」列有香之四十二品，如：龍腦香、麝香、沉水香、白檀香、蘇合香、安息香、丁香、乳香、青桂香、白茅香等等，以及我們今日習慣入菜的茴香、白茅香、迷迭香都列身其中。您一定要問了，如此為數眾多香之品，何以獨獨沉香拔了頭籌，成為香之上品呢？此則如同千年文人獨尊蘇軾的《寒食帖》，有異曲同工之妙。一來，除了沉香本就天生異稟獨具香氣，更需神妙緣分方能生成。有似東坡居士才華洋溢，需兼以滄桑一世，方得成就千年神品。

沉香泛指瑞香科沉香屬的樹木，但是，如牙香樹、沉香樹等卻不一定都能成為「沉香」，其中的關鍵就在「結香」或「結油」與否，這也是我們今天判斷沉香等級的重要關鍵。而這關鍵，卻像是天將降大任於斯人也，非可自選。沉香木需經歷小如蟲蟻齧咬，大如刀傷、斧劈，或天然災害，其傷口被真菌感染，自身啟動保護機制，分泌樹脂，並進而擴大成結香方成。而各樹種不同、土壤不同、環境不同、傷口受刺激方式不同，致使結油香氣各不相同，即使同一地區，不同沉香塊體氣味也不相同，每一沉香都是獨一無二、無與倫比。多次帶學生走進沉香特展的展場，身為老師的我，每每小心謹慎地、擔心自己出現老生常談口吻，拿沉香之受傷反而昇華，來勉勵學生啊！

但確實如此，沉香因為其天生馥郁兼與後天奇遇，所在之地又多蟲毒瘴癘，物稀為貴，為中國香品最上乘之物。除靜定氣味，更有堅硬材質，難怪受宋代以來的文人喜愛。蘇東坡稱讚沉香是「既金堅而玉潤，亦鶴骨而龍筋。惟膏液之內足，故把握而兼斤」。這是他遭貶惠州時，贈與弟弟蘇轍所寫的〈沉香山子賦〉，語氣詼諧閑散，實在不帶遭貶謫的淒苦。老哥哥說了，這產於海南的異產，與其他沉香都不相同，質地如金堅硬，如玉之潤澤，外形堅毅嶙峋，集聚靈氣，彷彿鶴骨龍筋。沉水級的沉香，內部油脂滿溢，盈臥於掌心沉如千斤。又描述他送與弟弟的這方沉香山子，如華山倚天，又如孤峰直插雲間，若將此置於几席之上，直如「養幽芳於帨帉」，有「無窮之氤氳」啊。東坡居士憑這幾句詩，又成了沉香的最佳代言人了。除蘇軾外，北宋張擇端的《清明上河圖》長卷記錄汴京生活百科，畫卷裡也有沉香身影，如居鬧市中的「劉家上色沉檀揀香」鋪，帘招之下，不知道有何等芬芳，可惜畫面無法攜帶香氣。《香譜》之後，又出現《天香傳》、《香乘》等論香的重要典籍，文人筆記也多有記述，

從這些記述中，我們也可以看到沉香越來越被推崇，沉水，更被稱為供奉高天上聖之「天香」。當然，價格也是水漲船高，明代寫實小說《金瓶梅》裡寫李瓶兒帶著豐厚資產嫁給西門慶，她對西門慶說：「奴這床後茶葉箱內，還藏著四十斤沉香，二百斤白蠟，兩罐子水銀，八十斤胡椒。你明日都搬出來，替我賣了銀子，湊著你蓋房子使。」（第十六回）沉香等於有價資產。

沉香已是難得，明代時，更將沉香中的上品冠以「奇楠」、「茄楠」，也就是佛經中的伽藍、迦藍等梵文譯音，您一定記得北魏時期的《洛陽伽藍記》中說到「伽藍」是「花果蔚茂，芳草蔓合」之地啊，難怪將此桂冠加於沉香，也用來區別一般沉香木，及有結油的沉香了，這茄楠二字，在北宋《天香傳》仍未出現呢。

明代文人文震亨的《長物志》也曾詳細說明沉香，他說：「有糖結、金絲二種。

糖結面，黑若漆，堅若玉，鋸開上有油。若糖者最貴，金絲色，黃上有線，若金者次之。此香不可焚，焚之微有膻氣。大者有重十五六斤，以雕盤承之，滿室皆香，真為奇物。小者以製扇墜數珠，夏月佩之，可以辟穢。」可見明清兩代沉香越加珍貴難得了。

沉香中的上品茄楠並不適合燒焚，反而更適合用來雕琢。沉香可以祭祀，用來室內薰香，更可配戴。臺北故宮收藏有明、清宮廷為數不少的沉香，特展時分以「收藏陳設」、「隨身佩飾」、「品香香具」。這又讓我多有感觸！不禁要喊一聲：貧窮限制

圖五

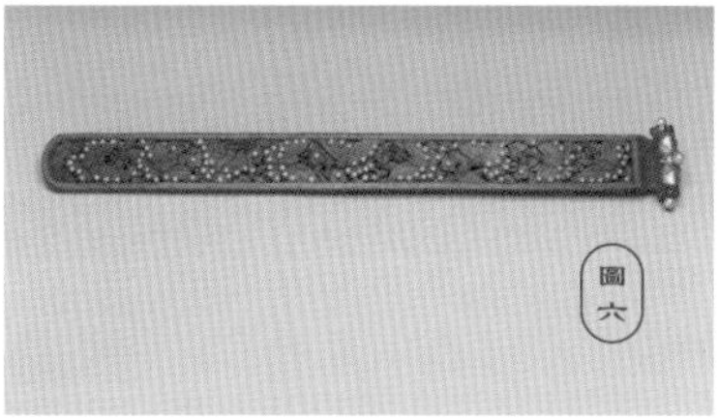
圖六

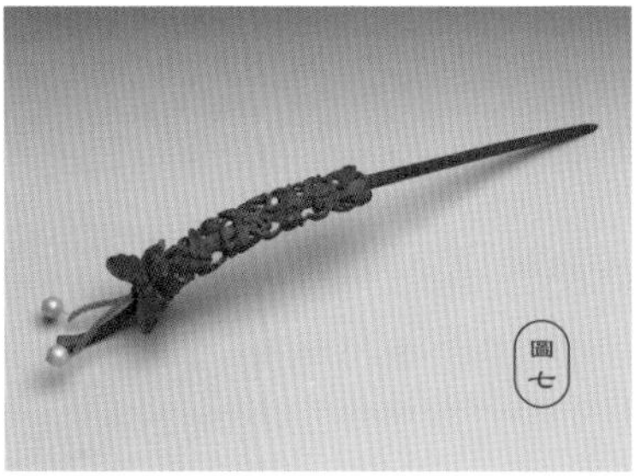
圖七

了我們的想像！但是，轉又一想，觀念不對？是時代限制了我們的想像！我們今日因材料稀缺，將小小沉香論克算，又將結油分成九等，又分沉水與否，簡直貴如黃金鑽石；而安坐玻璃展櫃中的，如以整塊茄楠木雕刻的「香山九老」，高達18公分的料，當真是宮廷才能有。香山九子用的是大唐詩人白居易與另八位七十歲以上致仕的文人文會的故事。雕件保留最大料塊，循著香材紋理淺浮雕出偉峨直下的山壁，老者各有姿態安坐於山壁下緣，微小的佔比，更顯山形之昂立，其生動又文趣盎然，且結香如時間凝聚的氣韻，沉靜而亮堂，即使未能嗅聞其香，已覺心曠神怡。當然，山壁正面也刻了乾隆老爺的《題刻畫伽楠香山九老圖》。同樣如此大塊沉香料的還有如清乾隆時期，寬17公分、高26.5公分雕伽楠木螭虎龍尾觥，據《活計檔》記載，在乾隆二十一年八月十五日為「伽楠香螭虎龍尾觥一件，傳著配有錫屜匣盛裝，屜下裝蜂蜜。伽楠香木外配錦屜、錦袱入乾清宮時做上等」，符合文獻紀載以匣盒養香的方式。其器型仿製西漢角形玉杯之形制與紋飾雕製而成，全器以鏤雕與浮雕，結合鳳紋、螭文與龍紋而成，在鋪首上方刻「乾隆年製」隸書款，是重要的仿古陳設器。後配得錫匣、文錦匣與錦袱，並刻得款，入乾清宮收藏。也有高29.2公分沉香木雕牡丹花紋瓶。

然而，最讓人眼花撩亂，或驚嘆的，是沉香被如此廣泛運用在宮廷內苑的生活中。比如為數眾多的十八子手串。滿清一朝因信奉藏傳佛教，從帝王、妃嬪以至貴族，莫不人手一串十八子。當年改編自歷史小說家二月河原著的《雍正王朝》，劇中就特別著墨了康熙臨終前，將手腕上一串十八子交掛到胤禛手上，叮囑他，善待你的兄弟、善待你的子民……這也鋪陳了史實中雍正登基之後，念珠不離身，而且隨身必配戴茄楠沉香，時時嗅聞的習慣。本篇圖五看到的手串，不僅以上好茄楠製成，且於球珠中鑲嵌了金纍絲「福」字、「壽」字裝飾於背雲、佛頭塔與墜角。難得的是同時也看到清宮中放置茄楠手串的大大小小錫製圓盒，（我真是喜歡博物館將此些裝承設備同時展出，如放耳環的小木匣等，我們可以看到我們眼中看見的文物，在他們所處的時光空間中，是如何「生活著」）這與茶葉置放錫罐收藏也是同樣道理，既可密封保持乾燥，味道又不會侵染。清宮的錫盒內還多半放有香末，不只置放手串，還可以養香。此十八子手串還男女有別呢！手串如何男女有別呢？女性配戴的十八子，在串珠上會多了兩條小繫繩，如清宮藏茄楠木雕「囍」字手串；茄楠木圓珠淺浮雕「囍」字，間隔四個珊瑚珠為佛頭、佛頭塔下又以真珠間隔雕粉色碧璽魚為背雲，裝飾有翠玉墜角，佛頭塔上的繫繩，您猜到作用了嗎？女性可以將手串別於旗袍斜襟之上，方便女性家務，當然，也方便嗑嗑瓜子，吃吃小茶點的。

再有就是女性妝髮必備的「扁方」，這是清代女性特殊的兩把頭必備之物，需將此物固定於頭頂髮束中，再將髮束做八字形纏繞於上，便可做出兩頭大的兩把頭。我

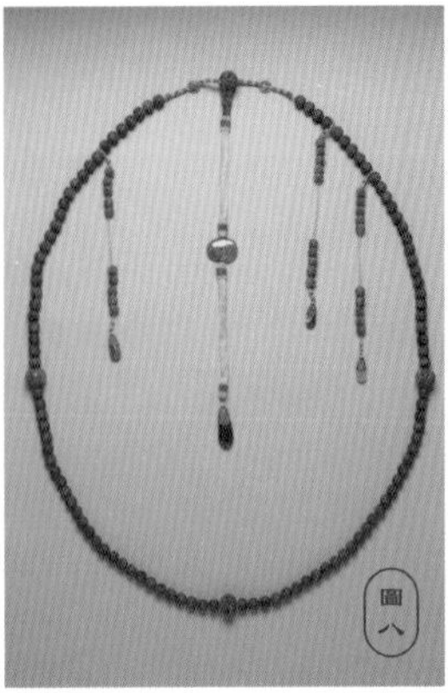
圖八

每次於「集瓊藻」清宮文物展間都要手舞足蹈地示範，完全不在乎其他參觀者眼光，就想讓大家知道扁方是如何使用啊。而「集瓊藻」中展示的，有白玉扁方、碧玉扁方，都華麗貴氣無比，但是一相比較，茄楠扁方更屬上乘，材質既輕又堅，且又輕盈，至於頂上，當然更加舒心了。比如茄楠木嵌金鑲珠蝴蝶扁簪，以整塊茄楠木雕製成，以淺雕鏤空刻蝴蝶花卉，鑲米珠於其上，周圍嵌有金纍絲，軸嵌金蝙蝠並嵌珠，上下嵌碧璽花，花心嵌珠各一。又比如茄楠木雕瓜蝶耳挖簪，耳挖簪以整塊茄楠木做成，簪首鏤雕瓜藤攀附，間有蝴蝶，最上方以蝴蝶收尾，並有金絲嵌珍珠觸鬚。紋樣為「瓜瓞綿綿」，寓意子孫昌盛，簪首前端則為耳挖，是的，您沒有看錯，是耳挖。古代髮簪前端多有耳挖，以故宮收藏為例，若輸入檢索關鍵字「髮簪」，可能多達十分之八，有耳挖形狀，這又是一個時代的觀念懸殊了，我們今天大概會以衛生問題來否決複合型髮簪耳挖子啊。

也有女性配戴的茄楠木鐲子，變化多樣，有樸素木環，卻曖曖內含光。也有巧工細嵌內圈金環，而在茄楠木外壁以鍍金珠組成長壽與團壽字樣，並有兩只同樣式，顯

然是一對的。更有外圈形似鏤雕金鐲子，但於鏤雕圓桶環形中空處置放了茄楠木香料，想來其間的香料必定是可以更換，看來又是一個宮鬥戲碼的好素材啊。當然也有重大儀典必備的朝珠，也有整串一百零八顆的茄楠木朝珠。滿清以少數民族入關，重視祖宗家法，儀禮中男女朝服式樣大多相同，以朝珠為例，不過以左二右一放置胸前或身後，來區別男女，其餘四顆主珠及背雲，組成皆相同。本篇圖八此串朝珠，於每顆茄楠木中巧雕了一個又一個的囍字，不知道是否真是婚慶時使用啊！也有小小不過一公分左右的茄楠，被雕刻成魚、葫蘆、花卉、八寶式樣等等，有當作扇墜，也有被放入鏤空白玉香囊、或纍金絲編織小香藍中，那真是暗香浮動了。

「天香」特展，同時展出明清宮廷中的品香器具，又是叫人艷羨，香劑、香杓、壓香子被放置在白玉貫耳小瓶中、白玉置香小圓盒、白玉鏤空香爐，真讓人有穿越之想像。年輕時讀張愛玲的短篇小說集，覺得她用的這些小說篇章名，真是新奇又靡麗。〈第一爐香〉、〈第二爐香〉、〈沉香屑〉……彷彿這位上海天才小說家，像我們這樣說著說著。「親愛的朋友，請讓我先為您點上一爐沉香……」稍安勿躁，等那香的輕煙裊裊升起，她就會為人們展開那華麗又蒼涼、上海浮花浪蕊 、癡男怨女的舊時代與新時代交錯的傳奇啊！為什麼那麼年輕的張愛玲，懂得在說故事之前，先點好一爐香；我猜，她的童年，距離那顯赫家世崩塌，走了神，那時隔尚不久。以她見過的世界 那個官宦大家，屋裡人們正襟危坐要談話前，一定會先點上一爐香。這似乎不經意地讓我們一窺：中國的香文化，如何如影隨形在當時士大夫、文人的廳堂、書房、甚至女人的閨房啊。

然而，我私心喜愛沉香，還是回到於它的氣味。像徐四金小說《香水》，我們如何能書寫氣味？人們常說：白檀夜沉；沉香氣味，像是面對自己的夜晚，所有內心獨白，夜靜春山空的、人閑桂花落的、草葉的、纖細苔蘚的氣味的總和。那似有若無，不張狂，不侵略的，卻讓人定靜的，是沉香。

（圖一）本書作者所作「篆香」。
（圖二）宋黃庭堅「書嬰香方」。
（圖三）清乾隆六年楊維占雕茄楠木「香山九老」。
（圖四）清乾隆雕伽楠木螭虎龍尾觥。
（圖五）清茄楠木嵌金手串。
（圖六）清茄楠木嵌金鑲珠蝴蝶扁簪。
（圖七）清茄楠木雕瓜蝶耳挖簪。
（圖八）清茄楠木刻「囍」字朝珠。
（圖九）清白玉雕直紋爐瓶盒組。

《具區林屋》

——魔幻寫實的王蒙

二〇一九年開始的新冠疫情，有似將歲月隔成了前世與今生，太多巨變，太多猝不及防……其間，連帶從未閉館的臺北故宮，也停止對外開放長達數月啊。後因疫情趨緩，雖然開放，但再次踱步展間，彷如直入無人之境。直到二〇二〇年十月臺北故宮展出三大鎮院國寶，人們如蟄伏等待春天已久，都湧流到了故宮。

展場居中的依然是范寬的《谿山行旅圖》，居右為郭熙的《早春圖》，左側則是李唐的《萬壑松風圖》，他們仍以巨碑姿態，昂然挺立。我每看一眼，感動之餘，也感慨：千年的時光中，多少人執起毛筆，畫下他們心中、眼前的山水，自然的山水於代代人眼前四季輪轉。而畫家筆下的山水，則於廟堂與書齋、蘆舍間，用各種方式流傳著。也許是賞鑒，也許是傳移模寫、也許是言傳、也許是刻在心上了。其中定也有如漏在指尖的沙，隨時間消逝呵；他們的樣子呢？應該也是各有姿態的啊！如同沈從文先生曾述：「夜深人靜，天宇澄碧，一片燦爛星光所作成的夜景，莊嚴美麗實無可行容。由常識我們知道每一星光的形成，時空都相去懸遠，零落孤單，永不相及。然而這些星光雖各以不同方式而存在，又仍若各自為一不可知之意志力所束縛、所吸引，因而形成其萬分複雜的宇宙壯觀。人類景觀亦未嘗不如是。」

以此三大鎮院國寶觀之，《谿山行旅圖》強大又莊嚴，《早春圖》既秀且媚，而被稱為北宋山水最後屏障的李唐，顯然於剛與柔之外，尋索另外的山水景觀。《萬壑松風圖》中，從荊浩到郭熙建立起的高遠、深遠、平遠理論，又再次被移形換影。巨碑式的偉峨主山依然聳立，中段松林密叢仍在，流水依然潺潺。然而，高、深、平的比例被打亂了，流水奔瀉，松林彷彿虬結張揚朝我們湧來，讓人顧不得遠山縹緲，只看見深墨如刻的樹幹，像亂世中依然不肯屈服的姿態。「大局」被打破了，只看見「局部」，幽遠不見了，只看見倨傲。靜觀其變化，顯然山水畫所繪胸中臆氣，每代、每人本即蘊含各自不同的存在，山水畫原就不可能有統一風格，於正統或主流之下，當

然也有不安現狀、亟欲尋求突破的力量了。

此處，我想收藏到您多寶格中的畫家王蒙，即為一位雖被正統含括，卻十分不正統的創作者。您一定熟悉他的名字，他與黃公望、倪瓚、吳鎮，被稱為元代四大家，其他創作者同樣於元代亂世中孤絕，用畫作遠逸淡化了身影。王蒙卻是用濃墨皴點，將山與樹充盈整幅畫面，彷彿構圖已經不是重點，每一塊山形每一處肌理才是他要我們看見的。被臺北故宮典藏的國寶，是他的《谷口春耕圖》軸，山形自右上方頂端斜傾向左，約莫於由上往下三分之一處，接上由左方而來的山脈。由此而下，整幅圖的三分之二便充滿一波又一波的山峰。如此的充塞程度，太有特色，以至於使人不由得將之與元四大家的另一位、疏淡到太有特色的倪瓚來比較。隔江山水、平淡、蕭疏，倪雲林一切的節制，留給我們天地之間的容身之處：只要你願意，總有那麼一個無人之亭、靜謐的山水等候你可以望、可以止。那麼，王蒙呢？

我們先從探看王蒙的身世開始。王蒙出身藝壇世家，外祖父即元代最負盛名的趙孟頫，您當然記得他的《鵲華秋色》圖。然而，趙孟頫傳世的精品，遠不只此幅，他的書法，行、楷秀美而遒魅，成就非凡。我們還未能提及到的，趙孟頫之妻管道昇，能文能畫，她傳世近千年的〈我儂詞〉，您一定熟悉，是的，正是「你儂我儂，忒煞情多；情多處，熱似火；把一塊泥，捻一個你，塑一個我」。此類世家，一如我們提過的明代文徵明家族，藝術成就是我們看到的最後產出，讓我們欣羨，難以迄及地，是他們擁有更多親炙文物、賞品書畫、學習典範的機緣啊！繼承，無疑只是第一層次，有此好機緣，再能融匯進而迸發創造力，不墨守規矩，能成一代大家，那便是文明與文化之幸了。

元四家中，王蒙年紀最輕，但該官或隱之路，王蒙也如同他的前輩與同輩們一樣進退踟躇。倪瓚曾有詩勸他：「連榻臥聽雨，劇談清更真；少年英邁氣，求子不多人。仕祿豈雲貴？被琛非所珍；當希陋巷者，樂道不知貧。」元朝當道，王蒙選擇了辭官歸隱，卻於明初，因曾入宰相胡惟庸府邸觀畫，遭受牽連反而橫死獄中。他絕對是才華洋溢的，倪瓚稱他「叔明筆力能抗鼎，五百年來無此君」。能得孤高的雲林先生此等讚語，王蒙是惟一一位。我也真喜歡倪瓚的真情，面對武功路數與自己迥異的同行，毫不吝惜鼓勵讚揚，而非相輕或打壓。王蒙當然不負期待，同樣行走於山行險阻的歧路之上，他用自己飽滿的創造力，畫下深刻筆觸與滿畫面構圖，畫出走向亂世山水的另一條路。

首先，滿畫面構圖，是王蒙展現創造力的第一特徵。《花溪漁隱》、《谷口春耕圖》、《夏山高隱》等畫，我們好像還能看見山的輪廓，與天交接的邊際。而《青卞隱居》、《葛稚川移居》、《具區林屋》的畫面則似有如大圖被兩指放大又放大，局部越來越清晰。宋代山水的高遠、深遠和平遠，在此已經失去必然存在的規範。同樣山水可居可遊的意義上，王蒙看起來並不想遠望，不想形式，他想邀請我們置身於真實的山水之中，這是不是出現了另一種形而上的內省？看起來，畫家關注、更想扣問的是：什麼是真實的山水？我們要的是什麼樣的山水畫。臺灣的現代主義作家李渝，同時亦是藝術史研究者，她的藝術研究關注在：藝術如何呈現豐饒的心靈意志，尤其是自十六世紀以來，已被尊為正統的文人畫。此如高牆聳固的正脈與主流之下，一是畫家如何於正統中走出新

圖二

路；二則是，倘若不走傳統老路，他們是否能在被歸類為「歧邪」與「變形」的末流後，仍堅持做自己。以王蒙的滿布畫面構圖來看，李渝用以評論李可染的一段話，就非常適合用以理解王蒙的企圖了。李渝說：「畫家不再遵守『自山前而窺山後』的古律，用重疊的巒峰來建立萬水重山的效果，卻擴大前景或中景的體積……現在自山前而窺的不再是『山後』，而是『山裡』；『深遠』與其說是深深地遠去，不如說是深深地進入。它不再是試圖製造觀者與題材間的距離、退出畫面性的，反而是對立性和尋找性的，誘引觀點漸次覓入塊體，透進山的幽邃內裡。」

具區林屋

明仇英畫

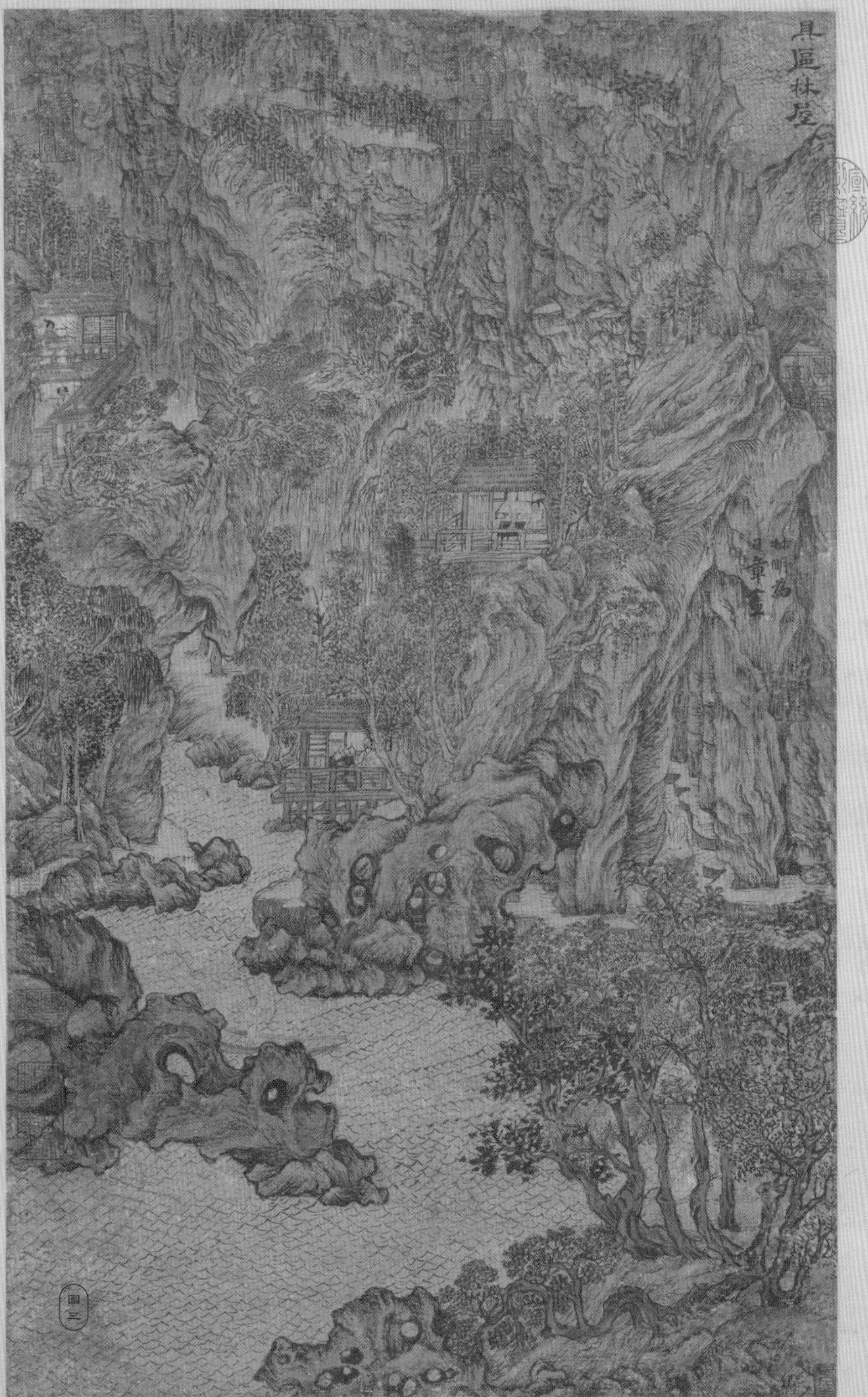

圖三

當我們一旦攫取到「山裡」這兩個字，李唐《萬壑松風圖》右下處向上的山徑，王蒙《谷口春耕圖》軸畫面最中央、迢迢向上的山路，看起來都是在邀請我們入山了。既是請君入山，我們眼中所見必不是朦朧渺渺，如夢似幻。如同李渝老師所說：「不是深深地遠去，而是深深地進入。」但如此一來，寫實細節便成為王蒙必須處理的另一重要關節了。我們可以試著由觀看《青卞隱居》、《葛稚川移居》、《具區林屋》等圖，您必然會感覺到有濃墨密點皴在山巔樹林、山陰相背、狹窄而長的山巒疊合之處。這點點密皴，正是他著名的解索皴與牛毛皴法，此法好用蜷曲如蚯蚓的皴筆，以用筆繁變著稱。另一則是以淡墨鉤石骨，純使焦墨皴擦，至石中絕無餘地，再加以破點，望之鬱然深秀。由此既勾出山石的肌理，又因層層皴擦，乾濕互用，層次繁多，變化萬千。乾墨盡顯堅毅險拔，而濕墨則形成草木華滋，沉鬱豐滿。尤其《葛稚川移居》和《具區林屋》兩圖，以赭石、藤黃、硃砂填染山石、樹葉，這更是前代畫家與同時代其他三家淡雅畫作從未出現的深秋韻致，秋色正濃，紅葉點染於布滿畫幅、姿態各異的重山與疊嶂，倘您再細看，他的溪水，雖在山嶺之間，竟像五代畫家趙幹的《江行初雪》波光粼粼。（這又是一件我們尚未能言及的國寶中的國寶啊！）時代越往後，王蒙越來越被重視了。七〇年代任職哈佛東方藝術史的漢學家羅樾（Max Loehr），指《青卞隱居》：「似乎不是在描繪某段山水的景致，而更像是在表達一樁恐怖的事件，一段噴迸的視覺經驗。」而高居翰則言「這幅畫及其他王蒙的畫作，更特定地反映了他的『心緒交煎』於元末明初的痛苦環境中」啊。王季遷則道：「《具區林屋》圖，也看不出是郭熙，也看不出董、巨，而完全是他自己的面貌了。王蒙不只有頭等的筆墨，他也花了相當大的功夫把山水風格帶到爐火純青的境界，可以說他的成就和他的外祖父趙孟頫是一樣高了。」

您是否又聯想起我們開頭提到沈從文先生的那段話呢？宇宙星體之所以那麼迷人深邃，正因為有身世不同的星宇發光發熱著啊。同樣的時代，同樣的載體，不同的畫家也展現了不同的創作。王蒙這密不透風的山石、豐富的紋理與勃發向上的創造力，真的叫人驚艷，一見難忘。他畫作帶來的、對於山水畫的騷動，當然，也影響了其後的創作者。我們可以再看一幅明末清初的《千巖萬壑圖》，畫家龔賢畫下其被稱為中國畫史上最奇特的一幅畫。請容我在此用身為藝術史與小說家身分的李渝老師的原句，她描述著：「敧峭嚴峻的崖石，雲煙無著無落的漂流，枯木像白色的幽魂排站在碎石的灘岸，溪澗顫抖的摸索出前路。有月光從不知名的某處照進來，落在樹林的後邊，月光的水面，和孤寂的徑路上。不過兩呎高的畫面流漲著伸延著，去到沒有邊界的地方。」龔賢的繪畫的過程，像從白走到黑，人們分別他前後期的作品，叫白龔與黑龔，也有讚他是「知白守黑」。我們彷彿同時看著寫實的畫作，卻又像在夢境裡漂流著呢。

我倒是看到王蒙畫中，如《老子》所說的「知其白，守其黑，為天下式」。看起來是和光同塵、消極地揣著明白糊塗過。但是，看起來寫實理性的王蒙，於他的山水裡安了一座又一座茅舍小屋，放置了一個又一個策杖入山的、垂釣的人兒、安家落戶的妻女家眷。他的畫面充塞，卻意外地平靜而和諧，看起來遙遠卻又十分親近。也許，通往桃花源之路，不一定要淡遠，也可以魔幻寫實啊。

（圖一）宋李唐《萬壑松風圖》。
（圖二）王蒙《谷口春耕圖》。
（圖三）王蒙《具區林屋》。
（圖四）龔賢《千巖萬壑圖》。

《快雪時晴帖》

夢裡尋夢的奏鳴曲

這麼多次同遊故宮花園，穿梭古今，探看文化的奇花異果；這當中是否有您心目中的夢幻逸品，我們卻一直未曾走到它面前的呢？在您回答之前，我想，書聖王羲之的書帖絕對會是許多人心中的神品，本書當然不能錯過啊。

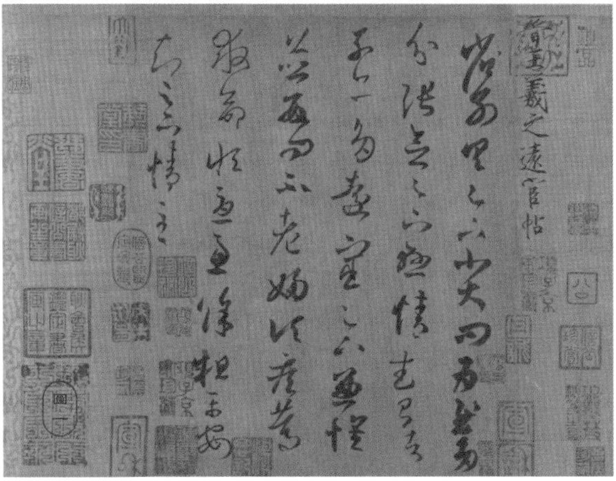

書聖的作品，大家最耳熟能詳的，必定是他的《蘭亭集序》，我記得朋友牧原問我：影響最深，或最喜歡的是哪一本書？我說：毫無疑問，是《紅樓夢》。但倘若單篇文章，那麼，定是《蘭亭集序》了。王羲之寫那天朗氣清、惠風和暢、美好的一個春日，喜歡的朋友都在身邊。「夫人之相與，俯仰一世，或取諸懷抱，悟言一室之內；或因寄所託，放浪形骸之外。雖趣舍萬殊，靜躁不同，當其欣於所遇，暫得於己，快然自足，不知老之將至。」距離現今一千六百年前的感慨，我們與他仍心有戚戚。當遇見使我們歡愉的物事，於之快然、滿足，年歲時光悠悠，因此歡喜無懼。中國的書帖既是視覺的饗宴，又是文學的心靈激盪；我們有時專注於字裡行間的意趣，又會貪看、耽溺於字的形體之美。

臺北故宮院藏，題為王羲之墨蹟的有五件，他們是：《快雪時晴帖》、《遠宦帖》與《平安》、《何如》、《奉橘》三帖。《快雪時晴帖》為楷書筆意，《遠宦帖》為草書，而《平安三帖》則為典型行書。如果您曾有於海內外博物館，觀看王羲之書帖的經驗，您必然注意到，往往玻璃展櫃中佔比頗大的長軸，王羲之書法本身不過二十至三十分之一，其他全是後代藏家宣告所有權的題識。再者，每一次博物館號稱展出王羲之『真跡』，同時，必同時伴隨著，對於真跡的質疑了。然而，這卻不是惟一存於王羲之作品的現象，中國此類超過千年的書畫作品，皆類於此。記得我們提到中國書畫發展中有「傳移模寫」傳統，繪畫藉臨摹，學習大師風格與技巧。書法則由於篇幅、筆畫較有限，出現另一種「摹寫」方式。這方式雖說是古法，但你我都不會陌生；正是我們初初執筆習字時，可能都曾有過的「描紅」經驗。當書帖印上朱墨字體，您可置極薄的透明紙於上，依樣摹寫；或有字帖，朱色印上空心字體，我們可以依樣畫寫。自古至今，並非初學者才描紅，許多大家為深刻掌控某一書家的字體精竅，常常也藉描紅習寫。

再進一步觀察，流存至今的王羲之「真跡」，於高倍顯微放大鏡下，也全都現出「真跡」來了。俊逸飄灑的王右軍字，現蹤鏡頭下，可見細如髮絲的線條描出字的外輪廓，再填墨，此為「雙鉤填墨」技法。古代摹搨前，將浸過黃蘗的紙，即硬黃，加蠟加熱，使之透明，而後用毛筆勾勒出真跡外廓，再予以填墨，即是「雙鉤填墨」。高明的摹搨手，能夠讓作品達到真贗不辨的程度，當然，在現代的高倍數顯微鏡下還是不免絲毫畢現。但是，我們千萬不可因為科學鑑識，輕看了現今所傳王羲之「真跡」！一來，此等流傳有序的本子，幾乎皆為唐代的摹本，二者，此雙鉤填墨作品，的確能最大程度保留了原作精神呢。

大唐立國之初，由於太宗皇帝酷愛王右軍書法，方才即位，便令褚遂良等人「博購王羲之故帖」。《唐會要．書法卷》有載：「古今工書鍾、王真跡，得

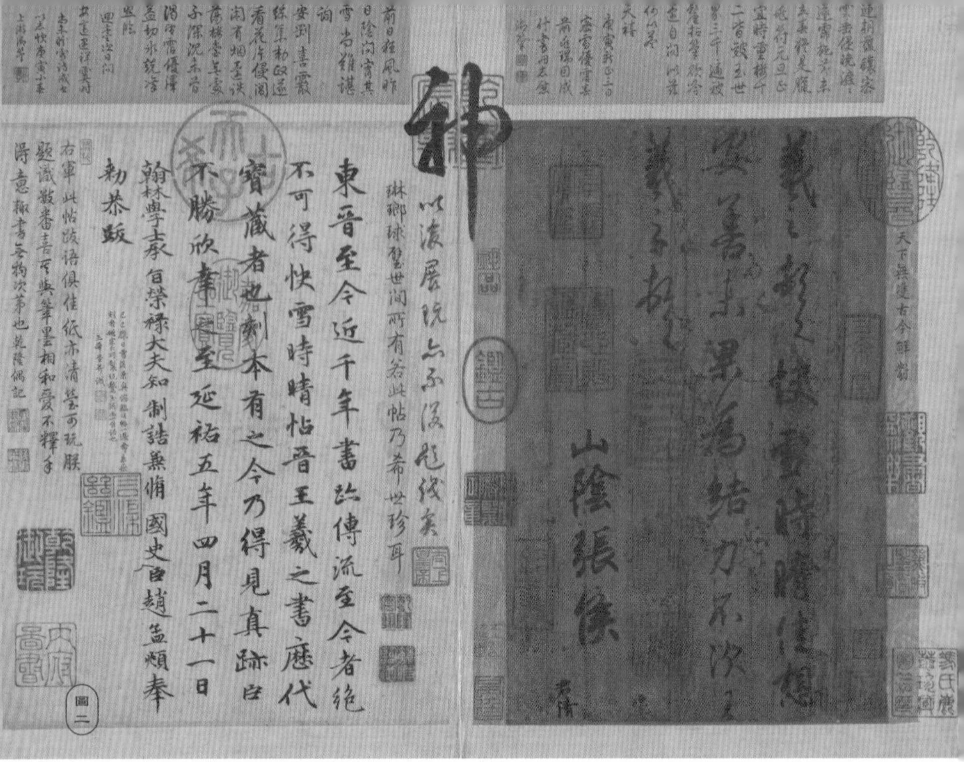

圖二

一千五百一十卷。」此博購之舉顯然十分有成。這看似因君王一人喜愛而有的舉措，明顯催化且影響中國字體的演變與定型。漢以前的篆書，以縱向均衡為美，漢代隸書則明顯地橫向書寫。大唐以楷書為科舉標準字體，然其當代流行的鍾繇真書卻是偏向扁行，如此看來，太宗皇帝將王羲之書法高舉至「盡善盡美」之地，也有助以行書之縱向美感，加固唐代楷書的正方平衡之效。除此之外，皇帝並且命令虞世南等書法名家臨摹天下第一的《蘭亭集序》，或大量「雙鉤填墨」保留書聖字跡。第三，則是將王羲之字集翻刻刊行。當然，這一而再、再而三的舉措，王羲之「書聖」的地位也由此確立。此雙鉤填墨之法，聽起

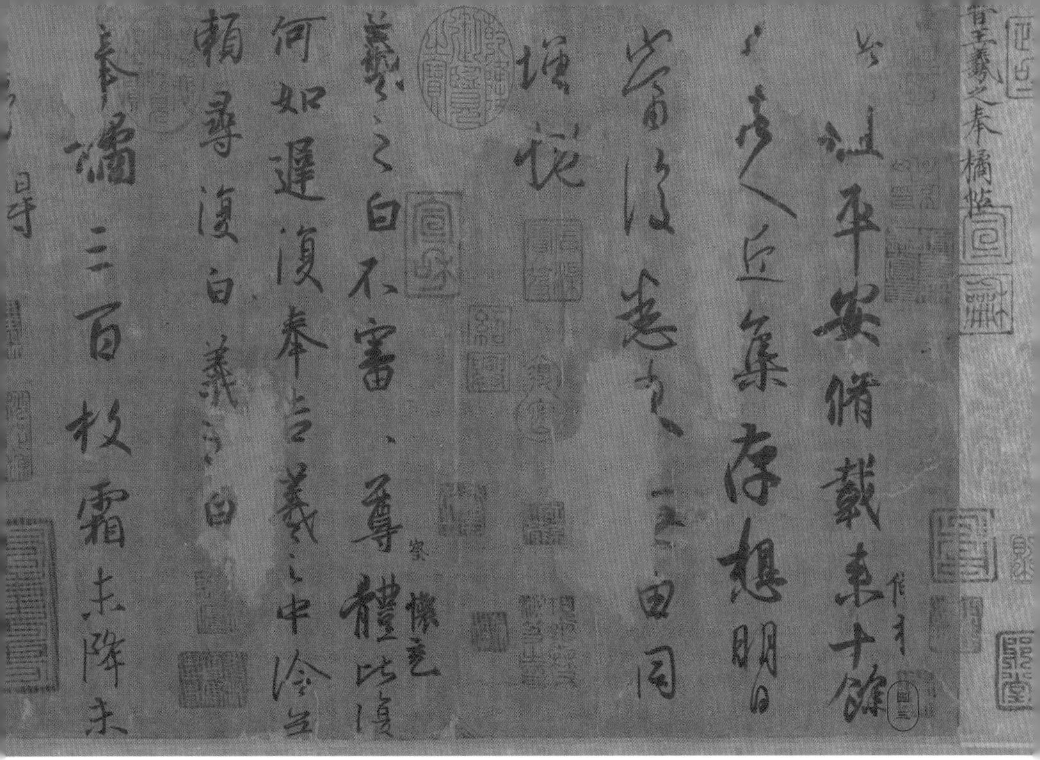

來很匠氣，很低階，但我們試想：凡已成大家的高手，即使臨，或摹，也很難避免自己的慣性與筆意。反倒是老老實實依樣畫葫蘆，並且嚴謹地絲毫真實鉤出邊廓，反而最精密地留存了原作。我們至今仍不能知道，究竟王羲之的《蘭亭集序》「真」真跡是否仍靜靜陪伴唐太宗安躺於昭陵，但是唐摹本於宋朝仍不少見，否則，米芾不會撂下「媼來鵝去已千年，莫怪痴兒收蠟紙」這樣話語呵。然而，宋代距今又是千年之遙，時至今日，唐摹本也少而珍稀，自然等同於真跡了。以此刻將放到您多寶格中的《快雪時晴帖》來看，連同上頭題字、鈐印諸人，都是一部中國藝術史啊。

公元三〇三年，王羲之出生於瑯琊郡臨沂。《晉書．列傳》記王羲之幼訥於言，人謂之奇。年歲漸長，方因書法知名，當時人論其書法筆勢飄若浮雲，矯若驚龍，今日看來，仍十分貼切。而今日所知關於他的生平，包含《晉書》已記載的坦腹東床、性愛鵝：會稽有孤居姥養一鵝，善鳴，求市未得，遂攜親友命駕就觀。姥聞羲之將至，烹以待之，羲之歎惜彌日。又比如，山陰有一道士，養好鵝，羲之往觀焉，意甚悅，固求市之。道士云：「為寫《道德經》，當舉羣相贈耳。」羲之欣然寫畢，籠鵝而歸，甚以為樂。」又比如，為助老婦營生，將其所賣素面竹扇皆書字，這類透著瀟灑，或說是任性的經歷，倘若仍以「見字如面」為密碼，我們的確可以直達坦腹東床以來，王羲之率真的形象。但是，您不會忘記，世多稱其為王右軍，他的人生畢竟也有西晉遭匈奴之亂，渡江南遷，進而建都健康（今南京）的背景。除了那天朗氣清的春天之歌《蘭亭集序》外，今日存世的他的書帖，都有種惘惘地、臨行匆匆之感。此類稱為「尺牘」的古代書信，也許比起詩帖、序錄，更加貼近生活，更是真情流露了。

臺北故宮所藏的《快雪時晴帖》，為寬 14.8 公分，長則為 23 公分紙本。原以卷軸形式流傳，清康熙時，由馮氏一族改裝為冊頁，進獻入宮。本幅不過短短「羲之頓首，快雪時晴，佳想安善！未果，為結，力不次。王羲之頓首。山陰張侯」二十八字，短短的只有信箋，左下是收信者位置。見此箋，我們彷若見到右軍大人作個揖，也許以他的率性，不過是舉起手，說聲：張侯，您好！之後的十五字：「快雪時晴佳想安善未果為結力不次」，流傳至今，起碼就有三種以上不同的斷句、句逗方式。「佳」字，該與前面的快雪時晴相連？或該獨自逗點，又或是與後相連成「佳想安善」？未果？或未果為結？這「力不次」又是何意？看來最簡單明白，可以意會的，便是「快雪時晴」四個字；那適切而恰當的一場見好就收的大雪，乍晴於是令人歡愉。其餘的十個字，幾乎斷於不同處，便有不同意思。就算斷得正確了，也無有十足把握知道王羲之所言究竟何事，因為王羲之的每一封小信札，都是寫給極熟極熟的友人。於是，只要極簡極簡的隻字片語，對方便心領神會。清代經學家阮元於《北碑南帖論》記寫：「晉人尺牘，非釋文不識，苟非世族相習成風，當時啟事，彼此何以能識。」《快雪時晴帖》的十多字，可以玩重組遊戲。臺北故宮另存王羲之國寶《平安》、《何如》、《奉橘》三帖，又是何種景況呢：

（第一則）此粗平安。脩載來十餘□（日）。□（諸）人近集存。想明日當復悉。□□（來無）由同增慨。

（第二則）羲之白。不審尊體比復何如。遲復奉告。羲之中冷無賴。尋復白。羲之白。

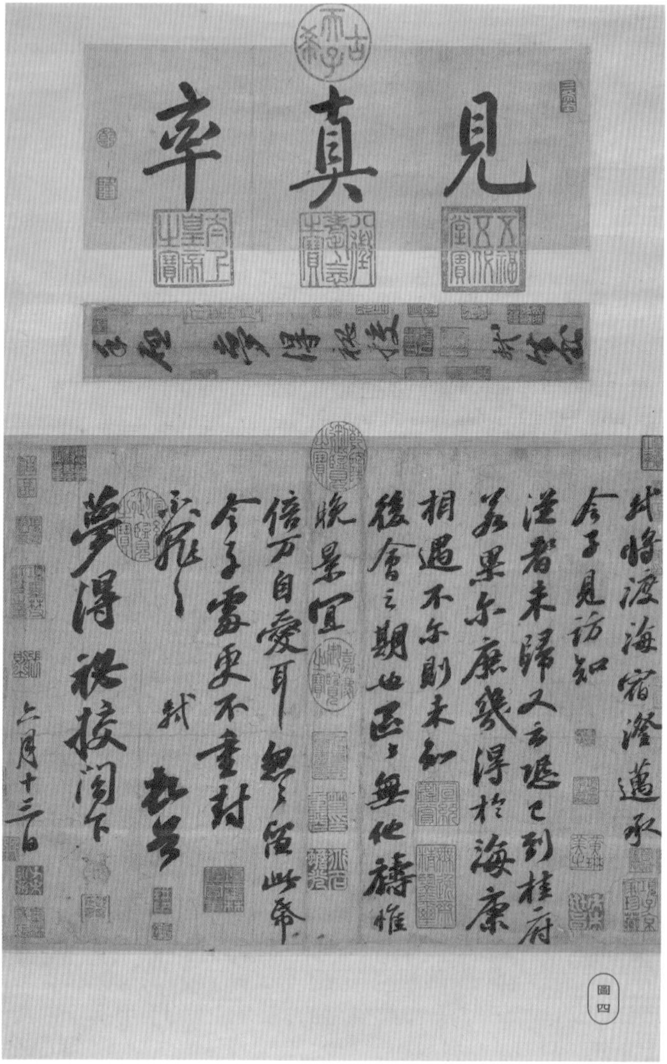

圖四

以上兩帖，竟是何意？顯然非得開小組討論會激烈辯論一番。而最無異議的，惟有《奉橘》一帖，上寫：「奉橘三百枚。霜未降。未可多得。」像不像是在黃亮澄澄的一籃橘子上，繫了一張紙條，急急讓小書僮趁新鮮送了去。

正因為都是寫給極熟的朋友，無須客套，不需正襟危坐，一筆一畫都像流洩而出，自然而顯天真爛漫。但那一筆一畫真真好看與耐看，尋常便條紙箋大小，都張馳有度，每一字單獨有法，連結成句又偃仰開合，行草變化，如蘭草於風中清舞。《快雪時晴帖》解法之一，是「未果為結，力不次」，彷彿說著：你的書僮正在等我回信，我就不細寫了，再說！家常的、隨意幾筆幾字，都質樸優美，點畫勾挑不露峰，結構平和而氣運內斂。尺牘所顯現的情真意切，也讓我們感動於，這當真是寫盡「墨池」的書聖王羲之，書法於他，早已經是身體的本能，已經成為肌肉記憶了。

尺牘，字跡如有溫度，更是見字如見其面呵。而《快雪時晴帖》當然不是特例，凡此大家，書法皆為他們生命不可分割之體。臺北故宮藏有被《故宮書畫錄》編號為，故書〇〇〇〇〇一號的蘇軾《渡海帖》。北宋紹聖四年，蘇軾遭貶海南島，三年後，總算獲詔將徙廉州。就在渡海前七日，他行至海南島北方的澄邁等候渡船，因友人趙夢得正好北行，他於是留下手札：「軾將渡海。宿澄邁。承令子見訪。知從者未歸。又云。恐已到桂府。若果爾。庶幾得於海康相遇。不爾。則未知後會之期也。區區無他禱。惟晚景宜倍萬自愛耳。忽忽留此帋。令子處更不重封。不罪不罪。軾頓首。夢得祕校閣下。六月十三日。手啟夢得祕校。軾□封。」寥寥數語，「則未知後會之期也，區區無他禱。惟晚景宜倍萬自愛耳」。致意這位自他貶謫於此，便多方照顧，甚至曾為他遠赴中州探望家屬的友人。「後會不知何期？惟能祝禱萬倍珍重！」千年後的我們凝視此信，仍能電光火石般感觸到蘇軾的情真意切。尤其，當知曉隔年七月，東坡居士的辭世；薄薄一紙，真是重如金石。而此作書法又充分彰顯尺牘特色，與蘇軾其他墨跡不同，其線條粗獷，如隨心而寫，卻筆筆勁道。原來的書信，被改製成了立軸形式。本有形式為一張信紙向左如筒狀捲起，騎縫線黏固，寫上「手啟夢得祕校。軾□封」。此同在一紙，包含有信封作用的數字，也被裁切，裱於本幅上方。目前所見版本，則會讓您一見難忘，當然，乾隆老爺又大書了：「見、真、率」三大字。

即使是雙鉤填墨，好的摹本仍得到歷代文人、收藏家的珍惜與珍愛。如我們文前所說，臺北故宮所藏《快雪時晴帖》，今日保存為長達 400 公分的長卷。當然，僅僅二十八分之一為《快雪時晴帖》的本幅，其他皆是填滿題詩、插畫、跋語和各種印章的篇幅。它們如是蓋在護照上的各國關防大章，像《快雪時晴帖》遊歷人間的身世履歷呵。從山陰張侯下的花押小字「君倩」，到褚遂良、宋代的蘇舜欽、米芾、入南宋內府，又入元代內府。明代則自內府流入民間，直到清康熙十六年，又三入宮廷內苑。

當然，此間，乾隆老爺就貢獻良多。研究者統計過長卷之上，光是乾隆一代，便蓋上一百七十個章。乾隆繼位後的第十一年，那年，他三十六歲，此年二月，他決定將王獻之《中秋帖》、王珣的《伯遠帖》，以及此《快雪時晴帖》一同收藏於養心殿西暖閣中，並題匾額「三希堂」，一誌三帖之天下稀有，二則有宋儒周敦頤「士希賢，賢希聖，聖希天」的至高期望。並為此題記於帖上：「王右軍《快雪時晴帖》為千古妙蹟，收入大內養心殿有年矣。予幾暇臨仿，不止數十百過，而愛玩未已。因合子敬《中秋》、元琳《伯遠》兩帖，儲之溫室中，言曰『三希堂』，以志希世神物，非尋常什襲可並云。」

就因為太愛了，我們都知道隆哥愛的表現，他長期並且大量題識，更兼書以許多與王羲之書藝無關之語，如大量吟詠下雪、瑞雪，或言農事，甚且並有乾隆所繪畫「蘭亭觀鵝」的詩與畫呢。用他的原句做解人，便是「愛不釋手，得意輒書，無居次第也」。正如《富春山居圖》（子明卷）一樣，此卷無疑又見證了乾隆的生命時光。前文提述乾隆十三年，他痛失所愛孝賢皇后，整整一年，《快雪時晴帖》上也失去他的蹤跡。乾隆的確珍而寶之此帖，相較於他巡遊各處，或攜畫幅同行，或使人快馬加鞭自宮中遠遞書畫前來驗證，此帖自收入「三希堂」，便鎮守於紫禁城。只是，此帖幾乎成了老爺子冬日一見大雪就記上一筆的「晴雨錄」啊。我總默思著，尋索著究竟該如何「善

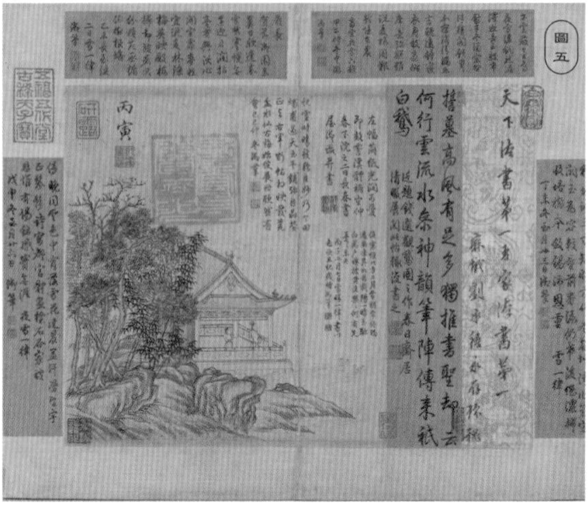

解」乾隆皇帝的行徑？，或許終可藉此《快雪時晴帖》，找到對話隆哥這蓋章題識狂魔的可能啊。《快雪時晴帖》後頁跋文中，著作《長物志》的文青小哥文震亨寫道：「若夫王嬙西施之美麗，有目共識，更無藉余之邪許也。」文哥說了，昭君西施已經美麗若此，何需我來多話呢！是啊，乾隆的愛，實在太纍贅了。

我亦認同曾任臺北故宮博物院書畫處處長的何傳馨先生所言：「有『書聖』之稱的王羲之，最能代表東晉時期書家追求『工夫』和『天然』兼備的特色。」一如陶淵明詩文的自然，晉人的好，總有一種從老莊超然物外的思想中尋求苟安生活的恬靜心境。他們的文質彬彬，是從工夫來的，而讓千餘年的文人喜愛的又是他們的天然與率真。您看，我們的文化啊，總是一方面以「規矩」教養我們，一方面卻又盛讚「個性」、崇尚自然；我們究竟要如何努力才能活出自己啊。

年輕時讀《紅樓夢》，沉醉於寶黛之戀、鳳姊之精、寶釵之端厚、湘雲之天真爛漫，或襲人晴雯這些丫頭各有心氣、命運之哀的亂針刺繡。但就是難以理解，曹雪芹寫下如此龐大一部風月寶鑑，卻似乎只為下這句：「假作真時真亦假」。年過半百以後，才慢慢體會：那是一個文明要足夠長的時光，塵變為沙，沙變為土，土結成石，石被運去蓋寶塔、蓋樓閣、蓋園林……然後更長更長的時光，大水、火燒、雷擊、兵災，曾經的華廈又崩成石、解為沙、歸於塵。這是一個經歷了過於漫長的心靈史，極致世故的文明，才那麼渴求、追尋所謂「假作真時真亦假」，才懂得那一瞬「快雪時晴」的剎那之情起，而後「水流心不競，雲在意俱遲」（杜甫語）啊。王羲之，那後來歷代大書家，無論顫顫危危皆無法複製的揮筆一就，那個意興湍飛，無數時光刻度中的一瞬，那麼尋常的人世情誼，竟成為千年真假，歷史排名應該列於前五的唐太宗與乾隆所執戀瘋魔的

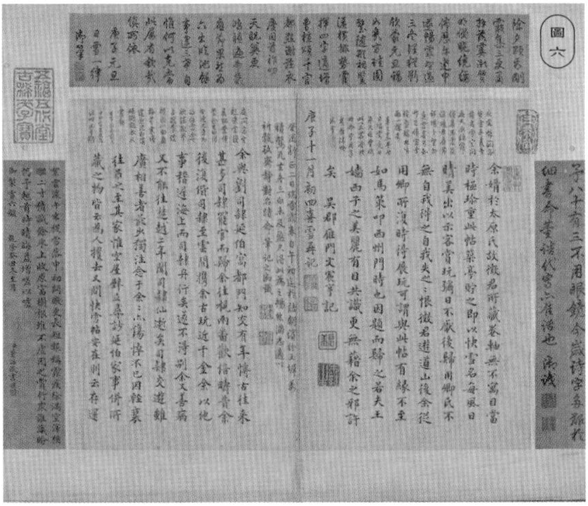

「中國第一書」。

這其中的領會、虛無、自由、靈性，或是整個臺北故宮博物院所有珍寶，我們看了不可思議的宋瓷、明青花、清三代琺瑯彩、文人山水、漢代玉舞人、商代青銅、緙絲、剔犀……像音叉共震，於時光長河中，那麼美、那麼真、那麼難以細說從頭、只能在夢裡尋夢的同一支奏鳴曲了。

我是鄭穎，謝謝您展卷閱讀。

（圖一）晉王羲之《遠宦帖》。
（圖二）晉王羲之《快雪時晴帖》。
（圖三）《平安》、《何如》、《奉橘》三帖。
（圖四）宋蘇軾尺牘《渡海帖》。
（圖五）晉王羲之《快雪時晴帖》中，清乾隆畫蘭亭觀鵝。
（圖六）文震亨題識。

麥田文學 329

戀物

36 件臺北故宮國寶，看見歷史的滄桑與時代的美麗容顏

作　　者／鄭　穎
責任編輯／林秀梅、陳佩吟

版　　權／吳玲緯　楊　靜
行　　銷／闕志勳　吳宇軒　余一霞
業　　務／李再星　李振東　陳美燕
副總編輯／林秀梅
編輯總監／劉麗真
事業群總經理／謝至平
發行人／何飛鵬
出　　版／麥田出版
城邦文化事業股份有限公司
台北市南港區昆陽街 16 號 4 樓
電話：886-2-25007696　傳真：886-2-2500-1951
發　　行／英屬蓋曼群島商家庭傳媒股份有限公司城邦分公司
台北市南港區昆陽街 16 號 8 樓
客服專線：02-25007718；25007719
24 小時傳真專線：02-25001990；25001991
服務時間：週一至週五上午 09:30-12:00；下午 13:30-17:00
劃撥帳號：19863813　戶名：書虫股份有限公司
讀者服務信箱：service@readingclub.com.tw
城邦網址：http://www.cite.com.tw
麥田部落格：http://ryefield.pixnet.net/blog
麥田出版 Facebook：https://www.facebook.com/RyeField.Cite/
香港發行所／城邦（香港）出版集團有限公司
香港九龍九龍城土瓜灣道 86 號順聯工業大廈 6 樓 A 室
電話：852-25086231　傳真：852-25789337
電子信箱：hkcite@biznetvigator.com
馬新發行所／城邦（馬新）出版集團
Cite（M）Sdn. Bhd.（458372U）
41, Jalan Radin Anum, Bandar Baru Seri Petaling,
57000 Kuala Lumpur, Malaysia.
電話：+6(03)-90563833　傳真：+6(03)-90576622
電子信箱：services@cite.my

封面設計／朱疋
內頁排版／朱疋
印　　刷／前進彩藝有限公司

初版一刷　2024 年 03 月 29 日　定價／ 680 元
ISBN 978-626-310-635-2　9786263106321 (EPUB)

戀物 / 鄭穎著. -- 初版. -- 臺北市：麥田出版，城邦文化事業股份有限公司出版：英屬蓋曼群島商家庭傳媒股份有限公司城邦分公司發行，2024.03
384 面；14.8×21 公分. -- (麥田文學；329)
ISBN 978-626-310-635-2(精裝)
1.CST: 文物 2.CST: 文物研究 3.CST: 考古學 4.CST: 文集
790.7　　113000434